普通高等院校国际化与创新型人才培养 · 现代经济学专业课程“十三五”规划系列教材

普通高等院校国际化与创新型人才培养
现代经济学专业课程“十三五”规划系列教材

· 湖北省高等学校省级教学研究项目“案例对比分析法在《货币银行学》双语教学中的创新与应用”（项目编号：2014064）相关成果
· 华中科技大学教材建设项目成果

货币金融学案例与分析

Money and Finance: Cases and Analysis

王　红◎编著

华中科技大学出版社
http://www.hustp.com
中国 · 武汉

内容提要

案例教学在当今高校教学和各大企业培训中受到了充分的重视和广泛的应用。本书紧扣货币金融学的重要知识点，从金融机构、金融市场、外汇市场、中央银行与货币政策四大方面详细介绍了具有代表性与典型意义的21个国内外经典案例。

这些案例丰富、生动、新颖、通俗易懂，涵盖了货币金融学主要关键理论，本书结合相关理论对这些案例进行了具体的分析，具有较强的实用性。除案例分析外，本书还提供了案例内容摘要、关键知识点及启发思考题，便于读者阅读时思考及对这些知识点的掌握。

本书不仅可作为高等院校金融学、经济管理学等专业研究生及本科生的教学用书，而且也适合金融领域专业人士及政府与企业人员学习和参考。

图书在版编目(CIP)数据

货币金融学案例与分析/王红编著. —武汉：华中科技大学出版社，2020.11
ISBN 978-7-5680-6707-2

Ⅰ.①货… Ⅱ.①王… Ⅲ.①货币和银行经济学-高等学校-教材 Ⅳ.①F820

中国版本图书馆 CIP 数据核字(2020)第 206626 号

货币金融学案例与分析　　王　红　编著
Huobi Jinrongxue Anli yu Fenxi

策划编辑：周晓方　陈培斌
责任编辑：陈培斌　张汇娟
封面设计：原色设计
责任监印：周治超
出版发行：华中科技大学出版社(中国·武汉)　　电话：(027)81321913
　　　　　武汉市东湖新技术开发区华工科技园　　邮编：430223
录　　排：华中科技大学惠友文印中心
印　　刷：武汉市籍缘印刷厂
开　　本：787mm×1092mm　1/16
印　　张：16.5　插页：2
字　　数：381千字
版　　次：2020年11月第1版第1次印刷
定　　价：48.00元

习近平总书记在全国高校思想政治工作会议上指出，要坚持把立德树人作为中心环节，把思想政治工作贯穿教育教学全过程，实现全程育人、全方位育人。根据这一要求，对于致力于世界一流大学和一流学科建设的中国高校来说，其根本任务就是贯彻落实立德树人宗旨，全面促进一流人才培养工作。

为了体现这一宗旨，华中科技大学经济学院制定了教学与人才培养"十三五"规划。基本思路是：贯彻坚守"一流教学，一流人才"的理念，抓好人才分类培养工作，更加重视国际化与创新型拔尖人才的培养。在教学方面，立足中国实际和发展需要，参照国际一流大学经济系本科和研究生课程设置，制定先进的课程体系和培养方案，为优秀的学生提供优质的专业教育和丰富的素质教育，培养具有创新能力的领军人才。为此，我们必须推进教学的国际化、数字化、数量化、应用化，改进教学方式，大力推进研讨式、启发型教学，加强实践性环节，着力培养创新型、领导型人才；进一步推进教学内容与方式的改革，规划建设一流的现代经济学专业系列教材，构建起我们自己的中国化的高水平的教材体系（即这些教材应当具有国际前沿的理论、中国的问题和中国的素材）。与此同时，注重规范教学，提高教学质量，建设并继续增加国家级精品课程及教学团队，组织教学与课程系统改革并探索创新人才培养的新模式。此外，还要加强实践环节，广泛建立学生实习实训基地。以此培养出一批具备扎实的马克思主义理论功底、掌握现代经济学分析工具、熟悉国际国内经济实践、能够理论联系实际的高素质人才，以适应国家和社会的需要。总之，这一规划确立的主题和中心工作就是：瞄准"双一流"目标，聚焦人才培养，积极行动，着力探索国际化与创新型人才培养新方案、新模式与新途径。我们也意识到，高质量的课程是科研与教学的交汇点，没有一流的课程，"双一流"就不可能实现。因此，抓教学改革、抓教材建设，就是实施这种探索的重要体现。

那么，如何做好现代经济学专业课程系列教材编写呢？习近平总书记提出，应按照"立足中国、借鉴国外，挖掘历史、把握当代，关怀人类、面向未来"的思路，着力建设中国特色社会主义政治经济学。根据习近平总书记系列讲话精神，一是要在经济学科体系建设上，着力在继承性、民族性、原创性、时代性、系统性、专业性上下功夫。要面向未来，从教材体系建设入手，从战略层面重视教材建设，总结提炼中国经验、讲好中国故事，教育引导青年学子在为祖国、为人民立德、立言中成就自我、实现价值。要着眼未来学科建设目标，凝练学科方向，聚焦重大问题，在指导思想、学科体系、学术体系、话语体系等方面充分体现中国特色、中国风格、中国气派。二是要研究中国问题。张培刚先生开创的发展经济学植根于中国建设与发展的伟大实践，是华中科技大学经济学科的优势所在。经济学科要继承好、发扬好这个优良传统，要以我国改革发展的伟大实践为观照，从中挖掘新材料、发现新问题、提出新观点、构建新理论，瞄准国家和地方的重大战略需求，做好经济学科“中国化、时代化、大众化”这篇大文章。

编写本系列教材的思路主要体现在如下几个方面。第一，体现“教书育人”的根本使命，坚持贯彻“一流教学，一流人才”的理念，落实英才培育工程。第二，通过教材建设，集中反映经济学科前沿进展，汇聚创新的教学材料和方法，建立先进的课程体系和培养方案，培养具有创新能力的领军人才。第三，通过教材建设，推进教学内容与方式的改革，构建具备中国特色的高水平的教材体系，体现国际前沿的理论、包含中国现实的问题和具备中国特色的研究元素。第四，通过教材建设，加强师资队伍建设，向教学一线集中一流师资，起到示范和带动作用，培育课程团队。

本系列教材编写的原则主要有如下三个。第一，出精品原则。确立以“质量为主”的理念，坚持科学性与思想性相结合，致力于培育国家级和省级精品教材，出版高质量、具有特色的系列教材。坚持贯彻科学的价值观和发展理念，以正确的观点、方法揭示事物的本质规律，建立科学的知识体系。第二，重创新原则。吸收国内外最新理论研究与实践成果，特别是我国经济学领域的理论研究与实践的经验教训，力求在内容和方法上多有突破，形成特色。第三，实用性原则。教材编写坚持理论联系实际，注重联系学生的生活经验及已有的知识、能力、志趣、品德的实际，联系理论知识在实际工作和社会生活中的实际，联系本学科最新学术成果的实际，通过理论知识的学习和专题研究，培养学生独立分析问题和解决问题的能力。编写的教材既要具有较高学术价值，又要具有推广和广泛应用的空间，能为更多高校采用。

本系列教材编写的规范要求如下。第一，政治规范。必须符合党和国家的大政方针，务必与国家现行政策保持一致，不能有政治错误，不涉及有关宗教、民族和国际性敏感问题的表述。第二，学术规范。教材并非学术专著，对于学术界有争议的学术观点慎重对待，应以目前通行说法为准。注意避免在知识产权方面存在纠纷。第三，表述规范。教材编写坚持通俗易懂、亲近读者的文风，尽量避免过于抽象的理论阐述，使用鲜活的案例和表达方式。

本系列教材的定位与特色如下。第一，促进国际化与本土化融合。将国际上先进的经济学理论和教学体系与国内有特色的经济实践充分结合，在中国具体国情和社会现实的基础上，体现本土化特色。第二，加强中国元素与案例分析。通过对大量典型的、成熟的案例的分析、研讨、模拟训练，帮助学生开阔眼界、积累经验，培养学生独立分析问题、解决问题、动手操作等能力。第三，内容上力求突破与创新。结合学科最新进展，针对已出版教材的不足之处，结合当前学生在学习和实践中存在的困难、急需解决的问题，积极寻求内容上的突破与创新。第四，注重教学上的衔接与配套。与经济学院引进版核心课程教材内容配套，成为学生学习经济学类核心课程必备的教学参考书。

根据总体部署，我们计划，在"十三五"期间，本系列教材按照四大板块进行规划和构架。第一板块：经济学基本原理与方法。包括政治经济学、经济思想史、经济学原理、微观经济学、宏观经济学、计量经济学、国际经济学、发展经济学、中国经济改革与发展、现代管理学等。第二板块：经济学重要分支领域。包括国际贸易、国际金融、产业经济学、劳动经济学、财政学、区域经济学、资源环境经济学等。第三板块：交叉应用与新兴领域。包括幸福经济学、结构金融学、金融工程、市场营销、电子商务、国际商务等。第四板块：创新实践与案例教学。包括各类经济实践和案例应用，如开发性金融、货币银行学案例、公司金融案例、MATLAB与量化投资、国际贸易实务等。当然，在实际执行中，可能会根据情况变化适当进行调整。

本系列教材建设是一项巨大的系统工程，不少工作是尝试性的，无论是编写系列教材的总体构架和框架设计，还是具体课程的挑选，以及内容取舍和体例安排，它们是否恰当，仍有待广大读者来评判和检验。期待大家提出宝贵的意见和建议。

华中科技大学经济学院院长，教授、博士生导师

张建华

2017 年 7 月

作为教育部指定的经济学(含金融学)专业核心课程之一,货币金融学强调的是货币、银行和金融市场的分析框架,主要讲授货币及银行、金融市场、中央银行和货币政策等相关的基础金融理论和知识,使读者理解货币的功能及在经济中的作用,了解银行管理、金融及外汇市场的运作,在金融学教学和培训中占据着重要的地位。然而,传统货币金融学教学多偏向于基础理论知识的教授,教学内容也较枯燥,在培养学生运用金融学理论分析和解决问题方面存在着不足。

案例教学法侧重于理论联系实际,强调培养学生分析问题和解决问题的能力,注重提高学生的创新能力及在金融领域的实际应用能力,因此,该教学法得到了广泛的应用,例如国外著名大学如哈佛大学等都拥有自己的金融经典案例库。为了使学生深入了解货币金融学所涉及知识点的前沿研究思想和成果,丰富学生的知识储备,培养具有国际化视野的、能将所学的理论知识运用到实际中的高素质金融创新型和应用型人才,在借鉴国外著名大学教学经验的基础上,根据我国教学大纲,笔者对国内外金融案例进行深入选择、分析和研究,精心挑选了近年来国内外广受关注的金融事件,从金融机构、金融市场、外汇市场、中央银行与货币政策四大方面编写了这本适用于货币金融学教学和培训的经典金融案例教材。

金融是现代经济的核心,金融机构是金融市场的主体,在现代经济中扮演着重要的角色。在金融机构篇,主要介绍了美国信用评级机构的发展历程和主要特点以及在次贷危机中发挥的作用,分析了世界各国的存款保险相关政策调整的国际经验,并以"开元 2012-1"产品为例详细介绍了资产证券化的流程以及银行等金融机构如何运用资产证券化处理不良贷款。为了防范金融风险,本篇还分析了英国诺森罗克银行与美国伊利诺伊银行挤兑风波以及美国储蓄贷款协会破产的根本原因。通过有关金融机构案例的学习,有助于读者了解和借鉴国内外金融机构的经验教训,掌握金融机构的运行与管理。

金融市场为资金融通提供了有形或者无形的场所,在促进经济平稳运行方面发挥着重要的作用。在金融市场篇,分析了 2013 年银行业陷入

“钱荒”的背景及原因。同时借助经典的经济学理论，通过新浪运用“毒丸计划”对抗盛大收购、中国平安收购富通集团等案例，分析“毒丸计划”进行反收购的利弊及应用前景，以及海外并购的风险和规避策略。另外，本篇还探讨了2015年以场外配资为代表的杠杆交易对我国股市的影响。通过这些案例的学习，读者将了解金融市场的利率及杠杆交易风险、新型融资模式、收购与反收购策略，同时理解商业银行流动性风险管理和对我国资本市场进行合理监管的重要意义。

外汇市场是指进行外汇交易、调剂外汇供求的交易场所。在外汇市场篇，选取了卢布贬值、量子基金与泰国和中国香港的两次“对垒”、瑞士的“黑天鹅”事件、阿根廷债务危机等世界经典案例，分析了固定汇率或联系汇率制度下，各国面临的汇率风险和产生这些风险的深层次原因以及国际套利交易对资本市场的影响。这些案例涉及卢布、泰铢、港币、瑞士法郎、比索和日元等货币，有助于读者深入理解外汇市场的运行原理以及运作。

中央银行是负责制定和实施货币政策的货币金融管理机构，在金融体系中占据着主导地位。在中央银行与货币政策篇，首先分析了20世纪90年代由于津巴布韦政府土地改革等政策的失败所导致该国发生恶性通货膨胀的全过程以及政府采取的应对措施。其次，以美国2009年至2014年实施的三轮量化宽松政策为案例，深入分析了量化宽松政策对美国及世界经济的影响，有助于读者全面了解量化宽松货币政策的原理、实施过程以及政策效果。为了比较欧洲央行货币政策与美国“量化宽松”政策的区别和联系，本书还深入分析了欧债危机期间欧洲央行的货币政策以及瑞士央行实施负利率政策的原因。最后，分析了“广场协议”签订的背景以及日本经济由于其央行货币政策失误而衰落的过程等。对这些案例的学习，有助于读者了解和掌握中央银行货币政策的原理、传导机制以及对经济和金融市场的影响。

本书内容丰富、新颖、通俗易懂，理论联系实际，编写的案例兼具实用性和时效性，为课堂教学和金融机构培训提供了充分的案例支撑，使学生能够了解国内外金融领域的真实状况，加深对所学金融理论的理解和认识。书中每个案例后的关键知识点及思考题，具有较强的启发性。本书还配有供老师教学和培训用的PPT教案等数字资源，可作为高等院校金融学、经济学、管理学等相关专业的本科生及研究生的特色教材及各企业、事业机构的金融培训教科书，也适合金融领域专业人士及政府与企业人员学习和参考。

本书的案例是作者负责主持的湖北省高等学校教改课题的成果，该课题获学校高水平教学成果奖。本书的编写工作历经数年，经过多次修改和论证，凝结了作者及其研究团队大量的工作和研究成果，在此对所有参加该课题研究及案例素材收集、整理及修改等工作的课题成员表示衷心的感谢，也对书中所引文献的原作者表示衷心的感谢。由于作者水平有限，书中错漏之处在所难免，敬请读者批评指正。

作者

2020 年 8 月

第一篇　金融机构

第二篇 金融市场

第三篇　外汇市场

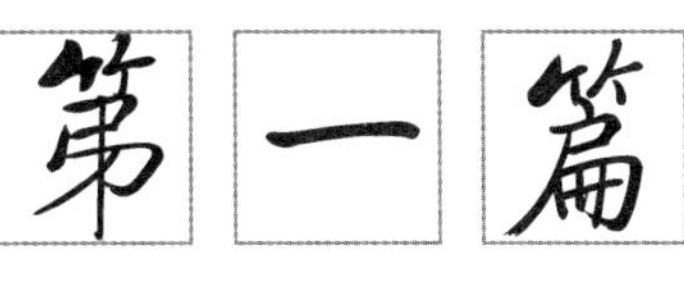

JINRONG JIGOU

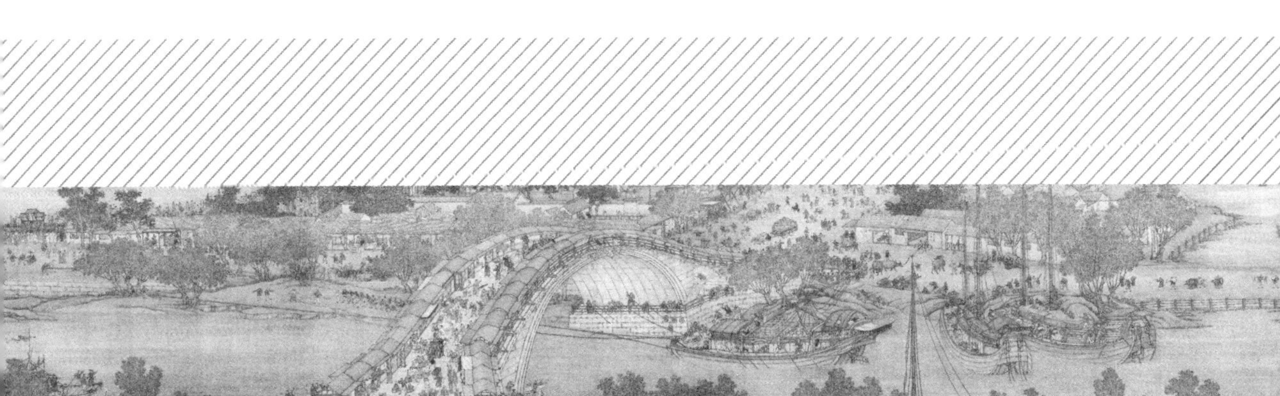

本篇概述：金融机构是金融市场的主体，在现代经济中扮演着重要的角色。在金融机构篇，依次介绍了美国信用评级机构、资产证券化、存款保险制度、英国诺森罗克银行与美国伊利诺伊银行挤兑风波以及美国储蓄与贷款协会的破产五个案例，这些案例分析了信用评级机构、商业银行、储蓄与贷款协会等重要金融机构的发展历程、运作方式以及在金融系统中的重要作用。

本篇的美国信用评级机构与次贷危机案例介绍了美国信用评级机构的发展历程和主要特点，分析了信用评级机构存在的问题以及在美国次贷危机前后发挥的作用，该案例对我国信用评级行业的规范发展具有一定借鉴意义。本篇的资产证券化与不良贷款处理案例以“开元 2012-1”产品为例，详细介绍了资产证券化的流程以及银行等金融机构如何运用资产证券化处理不良贷款，以帮助读者全面地认识和理解资产证券化业务。在维持金融系统稳定方面，存款保险制度的建立与完善，在一定程度上防止了银行挤兑风波的发生和蔓延，维护了存款人的利益，本篇的存款保险制度案例分析了世界各国的存款保险限额、组织模式与管理模式、功能及其对口方式等，并以美国为例详细地阐述了美国存款保险制度的建立及完善历程，着重分析了金融危机时期世界各国对存款保险相关政策调整的国际经验。为了防范金融风险，各国政府除了建立存款保险制度外，还应该对金融机构进行有效的监督和管理，英国诺森罗克银行与美国伊利诺伊银行挤兑风波案例通过回顾美英两家著名银行挤兑事件的来龙去脉，深入分析了这两次挤兑事件发生的根本原因。而美国储蓄与贷款协会的破产这一生动案例从金融机构自身风险管理和政府部门外部监管两个角度分析了美国储贷协会破产的根本原因以及各国政府对金融机构放松监管的严重后果，有助于金融从业人员和政府部门避免类似悲剧的重演。总之，通过本篇的学习，有助于读者了解和借鉴国内外金融机构的经验教训，掌握金融机构的运行与管理。

案例 1 美国信用评级与次贷危机

摘要:经济的健康运行需要一个完备的信用体系。信用评级在信用体系运行中发挥着举足轻重的作用,是金融市场良好运作中的重要一环。本案例介绍了信用评级机构的发展历程,阐述了信用评级的主要特点和面临的问题,深入分析了信用评级机构在次贷危机中发挥的作用。在此基础上,介绍了美国监管机构对信用评级行业的改革法案。该案例对我国信用评级行业的规范发展具有一定借鉴意义。

关键词:信用评级;利益冲突;次贷危机;《多德-弗兰克法案》

1 引言

信用评级机构是金融市场上不可或缺的服务性中介机构,主要从事对证券发行人和证券信用进行等级评定业务。作为独立第三方机构,信用评级机构最根本的作用是针对证券发行主体的信用状况发表独立意见,为投资者提供关于金融产品风险的信息。投资者主要依靠信用评级机构的评级结果来进行金融投资决策,因此,评级机构在金融市场中占据了重要地位。

虽然信用评级机构的诞生满足了市场的需求,但随着金融市场的快速发展,越来越复杂的结构化金融产品的出现,信用评级机构存在的问题也日趋突出。如在次贷危机爆发前,大量次级抵押贷款等金融产品被信用评级机构给予虚高评级,这误导了投资者买进高风险债券,为次贷危机的发生埋下了隐患。而在次贷危机一触即发时,这些评级机构又一夜之间下调了大量次级债券等的信用等级,加速了危机的爆发,因此信用评级对金融危机的催化作用不可忽视。金融危机后,美国在内的很多国家对信用评级机构的行政监管和司法追责制度进行了深刻的反思,加强评级机构的监管和对投资者利益的保护成为评级行业重要的改革方向。

2 信用评级机构的发展历程

2.1 信用评级机构的产生

信用评级又称资信评级或信誉评级，其基本方式是使用某种评级规则来计算某种金融资产或某个经济主体的违约概率，信用评级机构的出现可以追溯到两个世纪以前。

19世纪初，美国国内的投资开始向全国尤其是西部地区扩展，由于商人与投资目的地之间的距离越来越遥远，商人无法充分了解投资项目的信用状况，因此需要参考第三方机构提供的信用评估报告来做出投资决策。特别是在1837年金融危机中，大量债券违约，市场对于信用评估报告的需求迅速增加。在此背景下，1841年路易斯·塔班在纽约建立了第一个商人信誉评级机构，这便是信用评级的雏形。

1900年，约翰·穆迪建立了穆迪投资服务公司，1909年穆迪公司开始对美国铁路债券进行评级并出版了《穆迪铁路投资分析手册》。该书第一次详细分析了美国各铁路公司的信用水平及其发行债券的质量，这标志着美国信用评级行业的诞生。

2.2 信用评级机构的高速发展

早期的评级机构产生后，由于美国经济运行较为稳定，违约事件发生频率不高，信用评级的作用并未受到投资者们的重视。然而，在20世纪30年代的美国经济大萧条时期，大量债务违约，据有关资料显示，美国资本市场上有30%～40%的债券不能如期偿付。Hickman(1958)通过分析1900—1943年美国债券市场的违约情况，发现被信用评级机构评为“适宜投资”债券的违约率仅有11.1%，而被评估为“投机因素较强”债券的违约率则高达42.4%。该研究充分证明了债券违约率与其信用等级的显著负相关关系，这些都使投资者认识到了信用评级的重要性。大萧条后，为了能更准确地掌握金融产品的违约风险，投资者们更加重视信用评级结果。同时，美国的金融监管机构也开始将信用评级纳入监管体系，如要求银行等重要金融机构只能持有“投资级”以上评级的债券。美国信用评级业迎来了首次发展高峰，信用评级机构开始担任起金融市场“看门人”的角色。

2.3 信用评级机构的规范化阶段

为了规范信用评级市场秩序、促进信用评级机构的发展，美国于1975年开始针对评级行业实行认证制度，即信用评级机构可以向美国证监会(SEC)申请成为“全国认可的统计评级机构”(Nationally Recognized Statistical Rating Organizations，NRSROs)。在实施全国认证体制后，信用评级行业更加规范，评级结果的公信力有所加强，信用评级机构的市场影响力逐步增强。然而这一制度也大幅提高了信用评级行业的进入门槛，该行业的竞争程度随之下降。

2.4　信用评级机构的成熟阶段

20 世纪 80 年代开始，美国政府和监管机构更加重视评级机构的评级结果，信用评级机构在金融市场中的话语权得到极大的强化。同时，在经历了多次兼并重组后，信用评级行业形成了穆迪、惠誉和标普三家大型评级机构主导的寡头垄断结构，这种市场结构一直持续到了今天。

在此期间，信用评级行业盈利模式发生了重大转变，由于信息传播渠道的增多，投资者几乎可以免费获取评级结果，这让信用评级逐步具备了公共物品的特性，评级机构难以通过出售评级报告获利。为了适应这一变化，信用评级机构的盈利模式转变为直接向发行人索取评级费用(即"发行人付费"模式)。在这种模式下，信用评级机构面临的利益冲突问题开始出现。

3　信用评级机构的特点

3.1　行业集中度高

信用评级机构高集中度的特性既与行业本身特性有关，又与美国的政策法律有关。自 20 世纪 70 年代信用评级机构开始实行认证制后，信用评级行业的准入门槛明显提高，导致少数经 SEC 认证的评级机构占据了绝大部分评级市场。根据 SEC 发布的信息，截至 2019 年底，在全球范围内，递交申请并通过了审核的信用评级机构仅有 9 家(见表 1-1)，这 9 家信用评级机构在全球的信用评级行业中占据着主导地位。

表 1-1　SEC 认证的 9 家信用评级机构

信用评级机构	所在国	成立时间
A. M. Best	美国	1899
DBRS	加拿大	1977
EJR	美国	1995
Fitch	美国	1922
HR Ratings	墨西哥	2007
JCR	日本	1985
KBRA	美国	1972
Moody's	美国	1909
S&P	美国	1923

资料来源：U. S. SEC Office of Credit Ratings。

全球 NRSROs 不仅数量较少，且 NRSROs 内部各评级机构的市场份额占比也相对失衡，整个行业的市场份额集中于少部分企业。根据美国证监会发布的《NRSROs 年度报告》，2017 年信用评级行业的 HHI inverse 指数[①]低于 3.0，这意味信用评级行业市场集中度较高，整个行业市场份额相当于被 3 家企业均分。在现有的 9 家被 SEC 认证的机构中，标准普尔（标普）、惠誉和穆迪这 3 家机构优势明显。从表 1-2 可知，这 3 家评级机构 2017 年度总收入占行业总收入 94%以上，占据着市场的绝大部分份额。

表 1-2　2014 年至 2017 年评级机构收益占报告的 NRSROs 总收益的百分比

年份	2014	2015	2016	2017
标普、惠誉和穆迪	94.3%	93.7%	94.4%	94.1%
其他 NRSROs	5.7%	6.3%	5.6%	5.9%
总计	100.0%	100.0%	100.0%	100.0%

资料来源：U. S. SEC《Annual Report on NRSROs》Dec. 2018。

3.2　市场影响力强

信用评级公司提供的评级产品有效地缓解了投资者面临的信息不对称问题，同时评级机构也因其独立性和公正性而得到了社会的广泛认可，这为评级机构积累了大量的“声誉资本”[②]，评级机构的影响力也随之增强。尤其是 1975 年美国证监会对信用评级行业实行注册制，并将信用评级规定为证券发行的必要程序，评级机构正式成为了“金融市场的看门人”，在金融市场中的地位也进一步提高。

由于评级机构在金融市场上的影响力不断增强，评级机构发布或者调整评级结果都会对金融市场造成巨大冲击。例如，由于金融危机后美国政府减少财政赤字的力度不够，同时市场普遍对经济复苏信心不足，2011 年 8 月 6 日标准普尔公司把美国主权债务的信用评级从 AAA 下调到 AA+[③]。受此影响，美国 10 年期国债收益率在评级下调后的 10 日内波动幅度超过 60 个基点（见图 1-1），道琼斯指数下跌 5.55%，国际避险资产黄金期货上涨 3.72%。标普此次下调美债评级对美国金融市场和世界金融市场都产生了较大冲击，展现出信用评级机构强大的市场影响力。

---

① HHI inverse 指数由 HHI 指数折算而成，可以用来表示与某一特定行业集中程度相对等所需的具有相等市场份额的公司数量。例如其值为 3.0 相当于该行业被 3 家企业垄断。

② 声誉资本（reputational capital），指公司在经营中逐渐积累的口碑、形象和行业地位等。这些项目虽然没有记录在公司的财务报表中，但很可能会在未来为公司带来价值流入，因此被认为是企业的一种资本。

③ 根据标普的规定，AAA 表示有极强的（extremely strong）能力偿付债务，AA+表示有很强的（very strong）能力偿付债务。

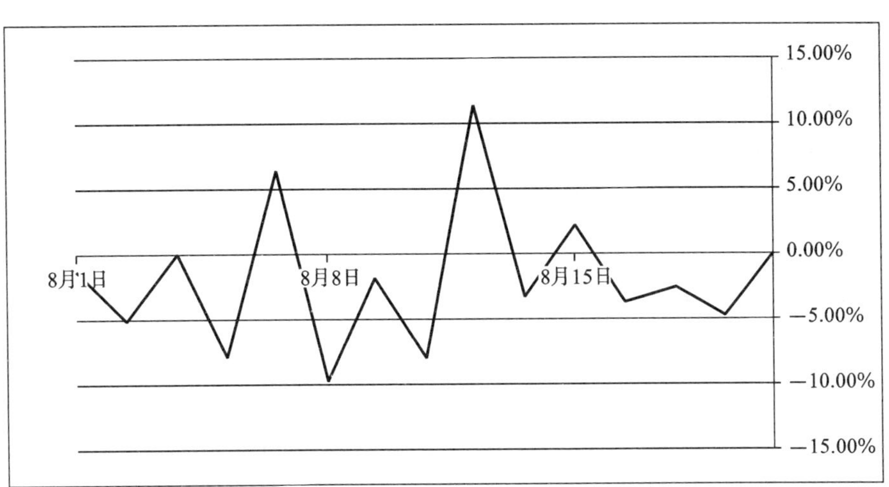

图1-1 2011年8月1日至8月19日美国10年期国债收益率涨跌幅曲线

资料来源：Investing. com。

4 信用评级与次贷危机

经过近一个世纪的发展，信用评级行业形成了高度集中的行业特征。尤其是在21世纪初期，经过多轮合并后，标普、穆迪和惠誉三家较大规模的评级公司垄断了整个信用评级行业。此外，评级机构的盈利模式也转变为直接向评级对象收取评级费，从而导致评级机构继续积累“声誉资本”的动力减弱。有学者研究表明，评级行业高度集中的行业特征与盈利模式影响了评级结果的公允性，特别是次贷危机前，评级机构对结构化金融产品的评级失准，间接导致了资产泡沫的积累和金融危机的爆发。此外，在危机过程中，评级机构也意识到了结构化金融产品的风险，开始频繁下调评级进行补救，然而这一行为却引起金融市场的进一步恐慌。

4.1 危机之前信用评级失准

次贷危机前，信用评级机构给予了大量“Alt-A”级和“Sub-prime”级①抵押贷款证券AAA评级，因此吸引了大量投资者涌入资本市场，进一步助长了次级抵押贷款证券价格的上涨，这导致美国金融市场积累了大量的资产泡沫。过量的资产泡沫使美国的金融体系异常脆弱。

根据高盛在金融危机后发布的评估报告，在次贷危机发生前，美国人约有75%的次级抵押贷款债券获得了AAA的评级，而获得BBB及以下评级的大约只占了7%。根据美国抵押贷款银行家协会（Mortgage Bankers Association）发布的数据，Sub-prime级的

① 住房抵押债券（MBS）按照信用评分由高到低可分为Prime，Alt-A，Sub-prime三档。

住房抵押贷款支持证券违约率从2006年初的11.5%逐渐增长到2007年末的17.3%，并在金融危机期间快速增长到20%以上(见图1-2)。评级机构出具的评级与实际情况之间显然存在巨大差异，这表明次贷危机前评级机构对结构化金融产品的评级严重失准，其具体原因可能有以下两个方面。

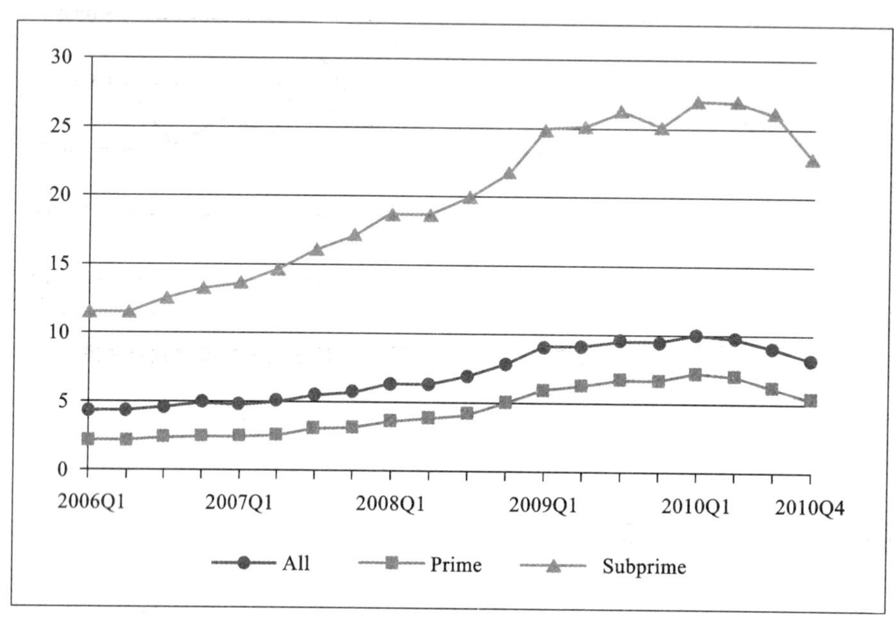

图1-2　2006年至2010年住房抵押贷款支持证券违约率

资料来源：Mortgage Bankers Association。

4.1.1　难以捉摸的金融创新

随着美国金融创新的不断深入，市场上涌现出大量复杂的金融创新产品。美联储前主席本·伯南克曾这样评价次贷危机："大量的资本流入美国和其他国家，刺激了具有高收益、高风险和超高杠杆率特点的金融工具发展。这些工具可以在信用膨胀期获得较高收益，可一旦金融机构迅速去杠杆和收缩信贷规模，这些工具则会十分脆弱。"

经济学家们对此次金融危机的共识之一就是复杂的证券化金融产品更难以定价和评估风险。最初的抵押贷款证券只是以抵押贷款为标的发行证券，产品的结构并不复杂。但投资银行以此为基础，创造了大量形式复杂的结构化金融产品，比如利用分档技术创造的资产支持证券(asset-backed security，ABS)。投资银行将原有的抵押贷款现金流分成三档，即高级份额(senior tranche)、中层份额(mezzanine tranche)和股权份额(equity tranche)。其中高级份额安全级别最高，最先得到利息和本金的支付，但投资回报率相对较低；而股权份额虽然风险较大(只有当高级份额和中层份额都得到偿付后，剩余的现金流才会偿付给股权份额持有者)，但其价格低廉，回报率较高。

信用评级机构在资产证券化过程中的工作是为不同等级证券的现金流进行评级，一般而言高级份额现金流的评级为AAA，中层份额现金流的评级为BBB(仍为可投资级别)(见图1-3)，股权份额的现金流由于风险过大，评级机构通常不会进行评级。

ABS 产品的高级份额通常比较容易在市场中流通，股权份额通常由抵押贷款发行人或对冲基金持有，而寻找中层份额的投资人则相对困难。因此，为了将 ABS 中层份额卖出，金融机构又将中层份额的现金流按高级份额、中层份额及股权份额进行再分层，创造出了"资产支持证券的债务抵押证券"(asset-backed security-collateralized debt obligation，ABS-CDO，产品结构见图 1-3)。相对于 ABS 产品的高级份额，ABS-CDO 产品的高级份额面临更大的风险，产品中隐含的杠杆率也更高，因此，尽管 ABS-CDO 产品的高级份额也被评级机构评为 AAA 级，但相对于传统的金融产品，AAA 级的 ABS-CDO 产品在金融危机爆发时更容易遭受损失。

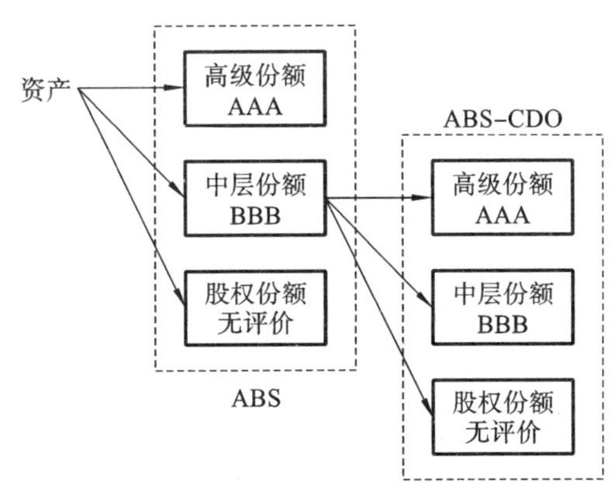

图 1-3　ABS-CDO 产品结构简图

资料来源：John C. Hull，Options，Futures and Other Derivatives，9th Edition。

实际上，次贷危机前，美国金融市场上流通的结构化金融产品比图 1-3 中展示的情况复杂得多，金融机构往往将标的资产的现金流分成更多的级别，同一级别的现金流也可以进一步分级，这给信用评级机构的工作带来了更大的困难。一方面，评级机构对结构化金融产品进行评级时掌握的历史资料不足，缺乏对结构化金融产品风险的整体认知；另一方面，金融机构基于多种标的资产设计出的结构化金融产品，使评级机构难以合理评估标的资产的违约率，尤其是评估产品之间的违约相关性。因此，信用评级机构难以对结构化金融产品进行准确评级，使根据信用评级结果评估结构化金融产品风险的投资者们遭受巨大损失。

4.1.2　评级机构面临的利益冲突问题

从评级行业的盈利模式来看，20 世纪 70 年代以前，评级机构主要通过向投资者出售评级报告获得收入。但 70 年代之后，发行人支付的服务费成为评级机构的主要收入来源。在这种模式下，发行方在正式聘用评级机构前，通常会比较多家评级机构提供的"预评级"结果，为了避免较低评级产生的负面影响，发行方倾向于聘用能够给出更高评级的评级机构。由于信用评级机构从证券发行方获得报酬，信用评级机构为了维护客户关系可能向上调整评级结果。在"发行人付费"模式下，评级机构难以保证评级活动的"独立性"和评级结果的"客观性"。

这种利益冲突还来源于外部约束失效而产生的"道德风险"问题。在次贷危机前，政府没有建立完备的信用评级问责机制，即使评级机构的评级结果与实际有较大偏差也不会遭到惩罚，所以评级机构可能向上调整评级以满足客户需要，从而获得更多的业务收入。同时，监管机构为了保护评级机构的商业机密，不要求其公开评级规则，这使评级机构有了更多"暗箱操作"的机会。此外，由于投资者几乎可以免费获得评级信息，信用评级逐渐体现出公共物品的特征，"搭便车"心理使投资者没有动力去监管信用评级机构。因此，评级机构相对监管者和投资者拥有绝对的信息优势，又没有受到相应的约束和问责，在这种外部约束失效的状况下，信用评级机构极可能操纵评级结果以谋取利益。

4.2 危机爆发阶段推波助澜

2006 年初标准普尔发布的研究报告显示，次级抵押贷款比普通抵押贷款的违约率要高出 43%以上，评级机构已经开始意识到他们低估了次级贷款的违约风险，但没有及时调低此类债务的信用评级。而投资者缺乏对复杂金融产品的分析能力，无法对 CDO 等结构化金融产品的风险进行合理评估，只能依赖于评级机构发布的评级进行投资。

2007 年，评级机构开始对结构化金融产品的信用评级进行大范围调整，在 2007 年第三季度到 2008 年第二季度之间评级机构下调了价值约 19 亿美元的次级贷款衍生产品的信用评级，三大评级机构之一的穆迪公司下调了约 3.6 万种金融产品的评级，其中约三分之一的产品曾被评为 AAA 级。在没有任何预警信息的情况下，评级机构短期内下调了大量次贷产品的信用级别，导致这些产品的价值暴跌，给持有这类资产的金融机构带来巨大损失。因此，金融机构不得不大量抛售金融资产以满足资本金需求，大规模的资产抛售加剧了市场恐慌，最终引发了全面的金融危机，大量金融机构在此期间破产，曾经实力雄厚的美国第五大投资银行贝尔斯登(Bear Stearns)也未能幸免。

2008 年 3 月 10 日，三大评级机构之一的穆迪公司突然调低了由贝尔斯登承销的 15 种抵押债券(包括一些次级证券产品)的评级，并暗示可能会进一步降低这些抵押债券的评级。债券评级的下调引发了投资者和债权人对贝尔斯登流动性的广泛担忧，荷兰拉博银行立即警告贝尔斯登不能拖欠其一周内即将到期的 5 亿美元贷款，且不再延长随后一周即将到期的 20 亿美元的贷款授信。《华尔街日报》描述："尽管贝尔斯登向其他银行共融资了 1190 亿美元，但拉博银行的决定表明债权人开始坐立不安了。"

市场对贝尔斯登的挤兑行为引起了美国政府的高度关注，为了维持金融系统的稳定，美联储决定通过 JP.摩根向贝尔斯登注资 250 亿美元，以帮助贝尔斯登渡过难关。尽管美联储采取了救助措施，但市场对贝尔斯登流动性的担忧并没有减弱。3 月 14 日，惠誉将贝尔斯登的长期信用等级由 A+级降至 BBB 级，标普随之也将其降至 BBB 级，穆迪则将其降到 Baa1 级，同时三大评级机构均表示贝尔斯登的信用等级可能还会再下调。这些负面消息使贝尔斯登遭受了更大规模的挤兑，流动性危机也进一步恶化。贝尔斯登股价从 3 月 10 日的 62.30 美元一路下跌至 3 月 21 日的 6.39 美元。3 月 24 日 JP.摩根以每股 10 美元价格与贝尔斯登达成了收购协议，贝尔斯登这家历史悠久的投资银行正式退出了历史舞台。

贝尔斯登首席财务官兼运营官萨姆·莫利纳罗是这样评价信用评级机构在贝尔斯登倒闭过程中的作用："市场反应如此糟糕。周五(3 月 14 日)我们发生了严重的银行挤兑现象，股价承压，客户大量抽出现金……我想那天局面混乱的关键就是评级机构的降级，这几乎把我们推向悬崖边缘。”时任美国证监会主席考克斯也表示：“贝尔斯登的悲剧不是因为缺少资本金，而是由于失去了市场的信任。”

信用评级机构下调评级是引发市场恐慌，造成金融机构大范围挤兑及破产的重要原因之一，AIG、雷曼兄弟等金融机构陷入危机的原因也和贝尔斯登大致相同，先是流动性紧缩，继而信用评级被下调，随后投资者将资金大量赎回，引发严重的挤兑风波，同时股票做空者蜂拥而至导致股价暴跌。严重的挤兑和股价的暴跌彻底耗尽了金融机构的流动性，大型金融机构相继倒闭，美国金融系统濒临崩溃。

金融危机调查委员会在报告中总结到：信用评级是投资决策和机构监管的重要参考。而在此次危机中，评级机构对 CDO 等金融资产出具了大量虚高的评级结果。投资者盲目依赖于信用评级结果，导致市场上许多金融资产的风险没有被合理估计，助长了金融资产泡沫的膨胀。而评级机构下调金融资产评级后，又引发了市场的恐慌和挤兑，造成了大量金融机构的破产，对市场产生了更强的冲击。

5 美国信用评级机构的改革

针对信用评级机构出现的利益冲突，信用评级失准和业务透明度不高等问题，自 21 世纪初，美国政府对信用评级行业进行了一系列的改革。尤其是金融危机期间，信用评级机构的行为遭到了社会各界的批评。为了规范信用评级机构的行为，重塑信用评级机构的社会信誉，美国政府出台了多部法案，对信用评级机构进行监管。

5.1 《信用评级机构改革法案》

由于评级机构的信用评级没有在“安然公司财务造假”等事件中展现出风险预警的作用，评级机构的表现受到了社会各界的质疑。2006 年 9 月 29 日，时任美国总统小布什签署了《信用评级机构改革法案》，以规范评级机构行为，恢复投资者对信用评级机构的信心。作为 1934 年《证券交易法》的补充，该法案旨在提高评级质量，保护投资者利益，增强信用评级行业的竞争性和透明度，这是美国政府第一次尝试通过立法对评级机构进行监管。该法案对“全国公认的统计评级机构（NRSROs）”的注册流程和信息披露制度等进行了明确规定，并强调 SEC 需要制订规则来要求 NRSROs 披露经营活动中可能存在的利益冲突，包括与被评级客户的关系、与债券承销人之间的关系以及其他潜在利益冲突问题。《信用评级机构改革法案》还放松了 NRSROs 的注册门槛，希望通过增加 NRSROs 机构数量以增强行业的竞争程度，提高评级质量。

然而该法案并未达到预期的效果。一方面，虽然该法案首次明确了 SEC 对 NRSROs 的监管权力，并且构建了针对美国信用评级行业的监管框架，但该法案并未动摇 1934 年《美国证券交易法》赋予评级机构的法律豁免权，也没有改变“发行人付费”的盈利模式，评级行业依然存在利益冲突和道德风险问题。另一方面，截至 2017 年，虽然注册成为 NRSROs 的信用评级机构数量增加到 9 家，但三大评级机构（标普、穆迪和惠誉）仍占有 94.1%市场的份额，与 2007 年的 98%相比，三大机构在评级行业的垄断地位仍然未发生实质性的变化。

5.2 《多德-弗兰克法案》

在金融危机中，评级机构针对结构化金融产品的评级结果失准，使得投资者和金融机构风险控制不当，这严重冲击了美国金融市场，也给美国经济乃至全球经济带来了巨大的负面影响。由此看来，国家建立针对评级机构的问责制度是非常必要的。2010 年 7 月，在吸取次贷危机的经验教训后，美国颁布了包含“加强对信用评级机构监管”内容的《多德-弗兰克华尔街改革与消费者保护法》(称《多德-弗兰克法案》)。国会在解释立法意图时指出，“由于投资者和金融监管者对信用评级的依赖以及信用评级在金融系统中的不可或缺性，信用评级机构的一举一动都事关投资者的利益和金融系统的稳定。”针对信用评级行业暴露出的问题，《多德-弗兰克法案》制定了一系列制度以规范信用评级行业，取得了一定成效。

为了增强评级机构业务的透明度，《多德-弗兰克法案》制定了严格的信息披露制度。第一，评级机构必须建立有效的内部控制结构，并且需要每年向监管机构呈报关于其内部控制质量的报告。第二，评级机构在公布评级结果时，还要披露关于评级使用的基础假设和数据、是否聘用第三方进行尽职调查以及其他各项历史记录。这使市场参与者能够自行评判评级结果的可靠性，对证券发行方的违约风险进行全面的评估。

在解决利益冲突的问题上，法案要求评级机构将评级业务与咨询服务业务分离，禁止评级机构董事会成员进行信用评级、参与营销活动、设计评级规则和为评级机构雇员订立薪酬水平等，并制定了相应的道德规范和惩戒机制。

法案强化了 SEC 对信用评级机构的监管，具体措施是在 SEC 内部成立一个由金融方面专业人才组成的信用评级办公室（office of credit ratings）。办公室的主要工作主要包括以下几个方面。第一，设计一套更完善的监管规则。第二，每年至少对信用评级机构进行一次检查，以确保信用评级不会受到利益冲突的影响。第三，向大众投资者发布检查报告，以确保更充分的信息披露。对于那些不符合监管要求的评级机构，SEC 可以暂停或者吊销他们对某些或者全部证券的评级资格。

最后，为了减少对信用评级的过度依赖，法案要求监管机构废除一切关于强制使用 NRSROs 信用评级结果的法令，并制定新的信用参考规则。为响应法案的要求，美国证监会(SEC)，商品期货交易委员会（CFTC）、货币监理署（OCC）、国家信用联盟管理局（NCUA）及联邦住房金融局（FHFA）等监管机构都出台了全新的信用评估规则。

《多德-弗兰克法案》在一定程度上规范了评级机构的行为，缓解了评级机构利益冲突现象，解决了监管机构对信用评级结果过度依赖的问题。但法案未能彻底解决评级行业垄断程度过高的问题，也没有改变评级机构“发行人付费”的盈利模式。

6 总结

在过去的一个世纪中，信用评级机构在金融系统中发挥了重要作用，逐步积累了“声誉资本”，在市场上具有强大的影响力。然而，20 世纪 70 年代信用评级行业开始实行注册制，行业进入门槛和行业集中度不断提高，投资者对少数几家评级机构评级结果的依赖性逐渐增强。同时，由于监管机构对评级机构行业的保护，评级行业的经营透明度不高，再加上评级机构的“发行人付费”盈利模式，导致评级机构产生了严重的利益冲突问题和道德风险问题。21 世纪初期，评级机构对大量结构化金融产品出具了失准的信用评级，使投资者错误估计了 CDO 等金融产品的风险，在次贷危机爆发前没有发挥风险预警的作用。

次贷危机后，美国政府重新审视信用评级风险预警功能失效的问题。为了加强对评级机构的监管，降低投资者和监管机构对信用评级的依赖，美国政府实施了一系列的改革。相对于次贷危机前的改革，这些改革取得了良好的效果，恢复了评级机构在投资者中的信誉，但信用评级行业存在的利益冲突问题和道德风险问题仍未得到彻底解决。

与美国发达的信用评级行业相比，中国信用评级行业起步较晚，目前只有为数不多的几家大型信用评级机构。为了减少对国外信用评级机构的依赖，我国应根据国内信用评级机构的现状，大力支持国内信用评级机构的发展，促进多元化评级体系的形成，争取在国际信用评级行业中有一席地位。同时我国也要借鉴次贷危机后美国对信用评级行业改革的经验，完善信用评级行业的监管制度和法律体系，防范评级机构道德风险问题，维护金融系统稳定。

案例使用说明

一、关键点

在过去的一个世纪中，信用评级机构在金融系统中发挥了重要作用，然而，20 世纪 70 年代信用评级行业开始实行注册制，评级机构逐渐产生了严重的利益冲突问题和道德风险问题。21 世纪初期，评级机构对大量结构化金融产品出具了失准的信用评级，使投资者错误估计了 CDO 等金融产品的风险，在次贷危机爆发前没有发挥风险预警的作用。次贷危机后，美国政府重新审视信用评级风险预警功能失效的问题实施了一系列的改革，取得了良好的效果，但信用评级行业存在的利益冲突问题和道德风险问题仍未得到彻底解决。本案例总结了信用评级机构的发展历史和存在的问题以及美国监管机构采取的改革措施。本案例应掌握的关键要点包括：

(1) 美国信用评级机构的发展；

(2) 美国信用评级机构的业务特点及存在的问题；

(3) 次贷危机过程中美国信用评级机构所扮演的角色；

(4) 美国政府针对信用评级行业的改革及对我国的借鉴意义。

二、知识点

1. 信用评级机构

信用评级机构是金融市场上不可或缺的服务性中介机构，主要从事对证券发行人和证券信用进行等级评定业务。作为独立第三方机构，信用评级机构最根本的作用是针对证券发行主体的信用状况发表独立意见，为投资者提供关于金融产品风险的信息。

2. 声誉资本

声誉资本是指公司在经营中逐渐积累的口碑、形象和行业地位等。这些项目虽然没有记录在公司的财务报表中，但很可能会在未来为公司带来价值流入，因此被认为是企业的一种资本。

3. 金融创新

金融创新是指金融业各种要素的重新组合，具体是指金融机构和金融管理当局出于对微观利益和宏观效率的考虑而对机构设置、金融交易方式、金融工具及制度安排所进行的金融业创造性变革和开发活动。金融创新的主体包括金融机构和金融管理当局；金融创新的根本目的是盈利和提高金融业宏观效率；金融创新的本质是金融要素的重新组合；金融创新的表现形式是金融机构、金融交易方式、金融工具和金融制度的创新。

4. 信息不对称

在金融市场上或进行金融交易时，一方不了解另一方信息，以致无法做出准确决策，这种不平等叫作信息不对称。根据信息不对称理论，在市场经济活动中，各类人员对有关信息的了解是有差异的；掌握信息比较充分的人员，往往处于有利的地位，而信息贫乏的人员，则处于不利的地位。信息不对称带来的问题有委托代理人、道德风险及逆向选择等。

三、启发思考题

本案例介绍了美国信用评级机构的发展历程，美国信用评级行业的特点和存在的问题，分析了信用评级机构在次贷危机中的作用以及美国监管机构对信用评级行业的改革。通过学习本案例，请对以下问题进行思考。

(1) 如何看待信用评级机构“声誉资本”约束机制失效的现象?

(2) 为何次贷危机前信用评级机构的评级结果没有起到风险预警作用?

(3) 如何对信用评级行业的高度集中特征以及“发行人付费”的盈利模式进行改革?谈谈你的看法。

(4) 美国信用评级机构的改革是否对我国信用评级行业的发展有借鉴意义？发展信用评级行业对我国的经济又将产生怎样的影响?

参考文献

[1] 鄂志寰，周景彤. 美国信用评级市场与监管变迁及其借鉴[J]. 国际金融研究，2012(2)：32-40.

[2] 陆军，李伊珍，刘威. 信用评级市场结构与金融市场风险[J]. 金融论坛，2012(1)：29-37.

[3] 聂飞舟. 美国信用评级机构法律监管演变与发展动向——多德法案前后[J]. 比较法研究，2011(4)：144-153.

[4] 潘璐. 信用评级机构在次贷危机中的作用及启示[J]. 当代经济，2010(23)：133-135.

[5] 唐明琴. 信用评级引发的误导风险成因与控制研究——美国次贷危机中的信用评级误导风险对我国征信行业发展的启示[J]. 征信，2009(4)：14-17.

[6] 王刚. 中美资信评估发展的比较研究与启示[J]. 上海金融，2006(12)：62-65.

[7] 张黎. 基于 SCP 范式的信用评级市场分析[J]. 时代金融，2012(29)：41-42.

[8] 张强，张宝. 次贷危机视角下对信用评级机构监管的重新思考[J]. 中央财经大学学报，2009(5)：22-27.

[9] 张旭昆，李晓红. 美国信用评级业发展及其借鉴[J]. 征信，2015(1)：66-69.

[10] 郑秀君. 后危机时代国际信用评级监管动态及启示[J]. 改革与战略，2012(11)：119-124.

[11] 许志胜，王金磊. 次贷危机后信用评级体系的反思与启示[J]. 债券，2013(7)：34-38.

[12] 张学安，檀吓俤. 信用评级机构国际监管问题研究[J]. 武大国际法评论，2011，14(1)：286-306.

[13] 唐建平. 我国信用评级机构规范发展问题研究[J]. 金融发展评论，2011(4)：155-158.

[14] 刘辉，周慧文. 全球性和地区性资信评级行业的发展趋势[J]. 亚太经济，2003(2)：11-14.

案例 2 资产证券化与不良贷款处理

摘要:作为一种新型金融业务模式的资产证券化(Asset Securitization)为金融机构与企业提供了新的融资渠道,也为投资者提供了新的投资产品。资产证券化的核心是“风险隔离”和信用增级,“风险隔离”是通过将金融机构等的原有资产“真实出售”给 SPV 来实现;而信用增级则是 SPV 发行资产支持证券必不可少的步骤。本案例以“开元 2012-1”产品为例详细介绍了资产证券化的流程,回顾了我国资产证券化市场发展的历程,分析了资产证券化市场的现状。在此基础上,介绍了银行等金融机构如何运用资产证券化处理不良贷款,以帮助读者全面地认识和理解资产证券化业务。

关键词:资产证券化;资产支持证券;真实出售;风险隔离;SPV;不良贷款

1 引言

资产证券化是指以缺乏流动性的基础资产预期在未来所产生的稳定现金流为偿付支持,通过结构化设计进行信用增级,将这些流动性不佳的资产转换为可以在金融市场上出售、流通的证券的过程。

1970 年,美国首次发行了以抵押贷款组合为基础资产的抵押支持证券——房贷转付证券(mortgage pass through certificate,MPT),此后资产证券化业务在全球范围内蓬勃发展,基础资产的范围也不断扩大。

资产证券化业务诞生后,逐渐成为金融机构或企业进行流动性和信用风险管理的重要工具。通过资产证券化,金融机构或企业可以将资金回收周期较长的资产出售给投资者,提前获得现金,提高了资产的流动性,同时也将风险分散给众多投资者,从而增强自身的风险抵御能力。

2 资产证券化的流程——以“开元 2012-1”产品为例

资产证券化业务的流程一般比较复杂，参与主体包括发起人、发行人、信用增级机构、信用评级机构、承销商及服务商等，具体流程包括筛选基础资产和资产池的构建、设立特别目的载体、信用增级和评级以及证券发行和后续管理等。为了方便读者理解资产证券化业务过程，在详细说明每一步流程后都会结合“开元 2012-1”实例进行详细的介绍。“开元 2012-1”是国家开发银行于 2012 年 8 月发起的第一期信贷资产支持证券，该产品是资产证券化业务重启后发行的首单产品，也是当时发行规模最大的产品。该产品以未偿贷款作为基础资产，以信托机构作为特别目的载体（special purpose vehicle, SPV），通过设立优先/次级结构对资产池产品进行信用增级，其结构设计与发行过程具有一定代表性。

2.1 筛选基础资产和构建资产池

筛选基础资产和构建资产池是进行资产证券化的第一步，基础资产池基本上决定了资产支持证券的风险与收益特征。在选择基础资产时，最重要的是资产能否在未来产生稳定和可预期的现金流收入；其次，资产的历史违约率和损失率要低；最后，资产最好具有标准化、高质量的合同条款。选择好基础资产后，再将这些资产构建成资产池，此时需要考虑入池资产整体的同质性（在支付方式、利率及期限结构等方面）、离散程度、相关性、平均违约率、平均期限以及加权信用评级等。资产整体的同质性高有利于后期证券化产品的发行；而离散程度和相关性等则度量了资产池的整体风险，离散程度通过各项资产在资产池中的比重来反映，离散程度越高，各项资产在整体资产池的比重越小，资产池中资金分布比较均衡，当某个资产发生损失时，对整个资产的影响也就越小；相关性则是各个资产之间的相关程度，资产间的相关程度越低，资产池的整体风险越低。因此，资产池中的资产应符合同质性高、离散程度高、相关性小等标准，以充分降低资产池的风险，提高资产池的信用等级。

根据以上选择基础资产及构建资产池的标准，我国目前能够进行证券化的基础资产主要有商业银行的个人住房抵押贷款、汽车贷款和信用卡贷款，企业的应收账款、租赁租金及企业债权等。本例中的“开元 2012-1”资产支持证券以 43 名借款人向国家开发银行借用的 49 笔贷款构建资产池，入池本金总额达 101.66 亿元，单笔贷款的平均本金余额为 2.07 亿元，这些信贷资产以浮动利率计息、按季付息，且均为正常贷款（参照信贷资产质量 5 级分类标准），其中评级为 AAA 的资产占入池金额的 51.56%，可以保证资产池在未来能产生稳定持续的现金流。另外在离散程度方面，最大一笔借款在全部借款本金中的占比不足 10%，离散程度相对较高；在各笔贷款的相关性上，43 笔贷款遍及我国 23 个不同的省市，涉及 13 个不同的行业，借款人在地域上分散明显，行业分布也较为广泛，各笔借款间的相关性小，充分降低了资金池的整体风险。

2.2 确定特别目的载体

构建资产池之后，设立 SPV 是资产证券化的关键。SPV 设立后，发起机构将资产池"真实出售"给 SPV，以达到"风险隔离"的目的。"真实出售"是指发起机构通过与 SPV 签订相关的协议（如与受托机构签订的信托合同等），将资产池的全部财产权益转让给 SPV。而"风险隔离"是指当发起机构破产时，证券化资产不属于其清算财产，不会受到影响，因此投资者在购买资产支持证券时只需考虑资产池自身的风险。由于资产池的"真实出售"，发起机构可以将资产池中的资产从资产负债表中移出，不再为资产池承担任何责任，因此资产证券化属于一种表外融资方式。

SPV 是为资产证券化业务专门创设的特别法律实体。在国外，SPV 可以是有限合伙企业、有限责任公司、信托公司等，但由于我国《公司法》不允许设立空壳公司，亦不承认信托项目具有独立的法律地位，因此需要具有一定资质的金融机构担任 SPV。目前，在我国主要由信托公司和证券公司等充当 SPV。一般来说发行信贷 ABS 时，由信托公司担任 SPV，而发行企业 ABS 时则由证券公司担任。这样的做法存在一些问题，如在发行信贷 ABS 时，按照资产证券化的一般流程，发起人将资产池转移给 SPV（即信托公司）后，资产池就归 SPV 所有，但根据我国《信托法》，信托财产应该独立于受托机构，这就导致资产池的所有权模糊。

"开元 2012-1"产品以中信信托有限责任公司为受托人，中信信托为此设立一个专项信托并负责管理，国家开发银行将资产池中的信贷资产纳入信托财产，将信托财产的全部权利和利益信托给受托人。

2.3 信用增级与评级

在完成资产转移后，SPV 往往不能直接发行资产支持证券，因为此时证券的信用级别不高，无法吸引投资者购买，所以需要对资产化证券进行信用增级。

信用增级的方式分为内部增级和外部增级，大多数的资产支持证券都采取优先/次级结构进行内部信用增级。此外，内部增级方式还有现金储备账户、超额抵押、回购条款、偿付结构安排和触发机制安排等；与内部增级方式相比较，外部增级方式是由第三方机构以自身的信用水平为资产池作担保来实现，常见的有单线担保、多线担保、相关方担保等，但是资产池的信用会受到第三方信用波动的影响。

本案例的"开元 2012-1"主要采用了内部增级方式，通过设定优先级/次级的本息偿付次序来实现，没有使用任何的外部增级方式。其具体的方法是将本期资产支持证券按本息偿付次序划分为三个档次，优先 A 档（包括优先 A1、优先 A2、优先 A3、优先 A4）、优先 B 档、次级档证券。当资产池违约使证券遭受损失时，则首先由次级档证券承担损失，次级档资产池占比达 8.84%，能够承担 8.84%的预期损失；当违约金额大于次级档证券本金余额时，优先 B 档证券投资者将承受损失，依此类推。这意味着优先档的风险最小，次级档则风险最高。在优先级/次级的结构中，优先级证券的利率通常采用固定利率，而次级档则是浮动利率。根据《2012 年第一期开元信贷资产证券化信托资产支持证券发行利率确定公告》，"开元 2012-1"优先档采用固定利率的支付方式，保证收益率不受提前还款或利率变化的影响，确保现金流的稳定。优先 A1、优先 A2、优先 A3、优先 A4 和优先 B 档的票面利率分别是 4.10％、4.40％、4.53％、4.70％和 5.68％，次级档则采用浮动利率，风险与收益成正相关。

信用增级能保障投资者的权益，吸引投资者购买，同时也能降低发行机构的融资成本，省去投资者对于资产的“考察成本”。表 2-1 列出了与“开元 2012-1”同时期的不同资产支持证券的信用增级方式。

表 2-1 资产证券化产品信用增级方式

产品名称	资金规模（亿元）	内部增级	外部增级	评级机构（发行评级）
开元 2012 年第一期个人汽车抵押贷款资产支持证券	19	优先/次级结构 设置储备账户 偿付结构安排 触发机制安排	无	大公国际 联合资信 中债信
中银 2012 年第一期信贷资产支持证券	30.6	优先/次级结构 信用触发机制	无	联合资信 中债信
南京公用控股污水处理收费收益权专项资产管理计划	13.9	优先/次级结构 信用触发机制	南京市城市建设投资控股有限责任公司	中诚信
隧道股份 BOT 项目资产支持收益专项资产管理计划	5.49	优先/次级结构	上海城建公司	中诚信
交银 2012 年第一期信贷资产支持证券	30	优先/次级结构 信用触发机制	无	中诚信 联合资信 中债信
2012 上元一期个人汽车抵押贷款资产支持证券	10	优先/次级结构 设置储备账户 偿付结构安排 触发机制安排	无	大公国际 联合资信 中债信

资料来源：公开资料整理。

信用增级之后还需要独立的第三方机构根据证券的交易结构和入池贷款在法律层面的完备性、资产池的信用质量等对证券进行评级，投资者可以根据评级来选择合适自己的产品。在证券发行之后，评级机构仍会对资产池的信用表现进行持续监测，从而判断证券的风险程度和信用质量是否发生变化，并及时告知投资者。本证券的信用评级由中诚信国际信用评级有限责任公司负责。“开元 2012-1”产品在发行前的分档情况、评级、每档证券的金额及占该产品总金额的比例等如表 2-2 所示，其中优先 A 档的评级均为 AAA，优先 B 档为 AA，次级档则没有评级，这意味着优先档证券收益率较低但违约率也低，而次级档则承担资产支持证券的大部分风险。

表 2-2 "开元 2012-1"产品分档

分档情况		评级	金额(万元)	分层比例	还本方式	票面利率	预期到期日
优先A档	优先 A1 档	AAA	133,000	13.08%	到期一次还本	4.10%	2013/1/12
	优先 A2 档	AAA	155,000	15.25%	到期一次还本	4.40%	2013/7/12
	优先 A3 档	AAA	228,000	22.43%	到期一次还本	4.53%	2014/1/12
	优先 A4 档	AAA	290,800	28.60%	分两次还本	4.70%	2015/1/12
优先 B 档		AA	120,000	11.80%	每半年,过手型	5.68%	2015/1/12
次级档		未评级	89,844	8.84%	—	—	2016/1/12
合计		—	1,016,644	100.00%	—	—	—

资料来源:"开元 2012-1"产品《发行说明书》。

2.4 证券发售与后续管理

完成资产池的信用增级与评级之后,SPV 与承销商签订《承销协议》,由承销商将资产支持证券出售给投资者。在投资者购买资产支持证券之后,后续的还本付息还涉及服务机构、资金保管机构和登记结算机构。在多数的资产证券化过程中,由于发起机构更了解资产池的资产状况,往往由发起机构作为服务机构,履行基础资产池日常管理和维护及处置回收、制定年度资产处置计划和资产处置方案、定期编制资产服务报告等工作。服务机构收集资产池产生的现金流,再转交给资金保管机构,资金保管机构专门向受托人提供保管服务,对资金及相关资料进行安全保管,提供登记托管、代理本息兑付服务;资金保管机构将证券的本息转给登记结算机构,最后每个季度与投资人结算证券利息及本金,完成整个现金流的交易过程。承销商、服务机构、资金保管机构,在履行完相应的义务时都会获得相应的报酬。

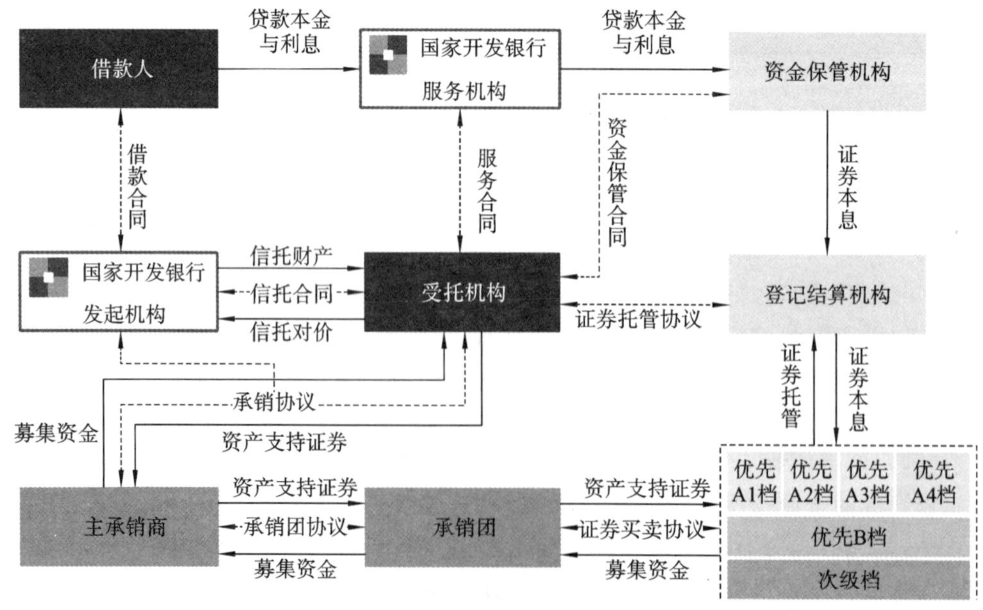

图 2-1 "开元 2012-1"产品交易结构图

以“开元 2012-1”为例，具体的交易结构如图 2-1 所示，服务机构是国家开发银行，国开证券是牵头主承销商，国泰君安为联席主承销商，中国银行负责资金保管，银行间市场清算所股份有限公司负责证券登记清算。

3 我国资产证券化的发展现状

3.1 发展历程及市场概况

我国的资产证券化业务起步较晚，2004 年 1 月 31 日发布的《国务院关于推进资本市场改革开放和稳定发展的若干意见》(国发[2004]3 号)中首次提出要“积极探索并开发资产证券化品种”。2004 年 10 月 21 日证监会发布了《关于证券公司开展资产证券化业务试点有关问题的通知》，次年 4 月 20 日中国人民银行和银监会联合发布了《信贷资产证券化试点管理办法》，对资产证券化业务的定义、基本要求以及相关主体的职责等进行了明确说明，为资产证券化业务的实际开展提供了法律依据。

2005 年 8 月 26 日，联通新时空移动通信有限公司推出了我国第一只资产证券化产品“联通 2005-1”，这标志着资产证券化业务正式开启。2005 年至 2008 年，资产证券化市场发展缓慢，每年的发行数量不多。2008 年金融危机爆发后，由于资产证券化被认为是引发此次危机的罪魁祸首之一，我国监管部门决定暂停资产证券化业务，直至 2011 年才逐渐恢复。2014 年后，随着相关法律法规的进一步完善，越来越多的金融机构与企业参与到资产证券化业务中，我国资产证券化业务进入了快速发展阶段，产品发行数量迅速增加，基础资产的范围也不断扩大。

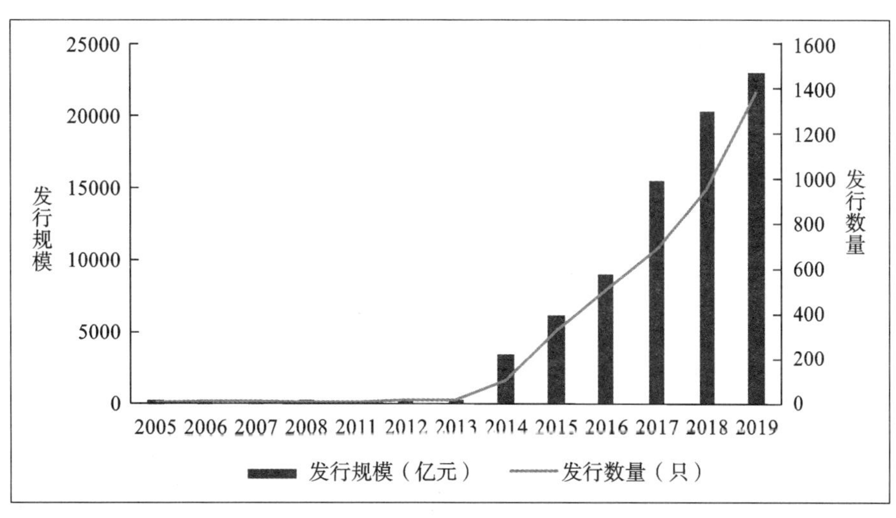

图 2-2 资产证券化产品发行数量及规模

资料来源：Wind。

资产证券化产品历年的发行情况如图 2-2 所示，截至 2019 年末，我国累计发行了

4011 只资产证券化产品，累计发行总额达 78312.7 亿元，其中接近 75%的产品是在 2017 年至 2019 年这三年期间发行的。这些产品的发起人包括银行业金融机构、资产管理公司、汽车金融公司以及非金融企业等；基础资产则囊括了企业贷款、消费贷款、租赁资产、基础设施收费、应收账款等多类资产。资产证券化业务的蓬勃发展既为企业与金融机构提供了新的融资渠道，也为广大投资者提供了新型投资产品，对促进我国金融市场的稳定发展具有十分重要的积极作用。

3.2 我国资产证券化产品分类

不同种类的资产证券化产品在产品设计、审批监管、发行交易上都有明显的差异，根据发起机构与监管部门的不同，目前我国资产证券产品主要分为以下三大类：

(1) 由证监会主管，在交易所、报价系统、证券公司柜台等发行交易的企业资产支持专项计划，即企业 ABS；

(2) 由银保监会主管，在银行间债券市场发行交易的金融机构信贷资产支持证券，即信贷 ABS；

(3) 由交易商协会主管，在银行间债券市场发行交易的信托型资产支持票据，即 ABN(asset-backed medium-term notes)。

表 2-3 总结了这三类产品在各个方面的主要差异。

表 2-3 我国三类资产证券化产品对比

区别要素 \ 产品类型	企业 ABS	信贷 ABS	ABN
发起机构	主要为非金融企业	银行业金融机构 汽车金融公司 金融资产管理公司	非金融企业
监管部门	证监会	中国人民银行 银保监会	银行间交易商协会
审核方式	注册制	人民银行注册 银保监会备案	备案制
基础资产	企业应收账款、租赁债权、信托受益权、基础设施、商业物业等不动产财产或不动产受益权等	银行信贷资产 汽车贷款 租赁资产 消费金融公司贷款等	与企业资产证券化相同
SPV	证券公司和基金子公司专项资金管理计划	特殊目的信托	特殊目的信托、特殊目的公司或交易商协会认可的特殊目的载体，也可以是发起机构
登记托管机构	中国证券登记结算有限责任公司	中央国债登记结算有限责任公司	上海清算交易所

续表

产品类型 区别要素	企业 ABS	信贷 ABS	ABN
交易场所	证券交易所、全国中小企业股份转让系统、证券业协会机构间报价与服务系统、证券公司柜台市场	全国银行间债券市场	全国银行间债券市场

资料来源：公开资料整理。

3.2.1 企业 ABS

企业 ABS 是我国发行数量最多的资产证券化品种，也是发展最为迅速的一类产品。如图 2-3 所示，早期我国资产证券化产品以信贷 ABS 为主，但从 2016 年开始企业 ABS 的发行数量与规模远远超过了同期发行的信贷 ABS 产品，2019 年企业 ABS 产品发行了 961 只，是同年信贷 ABS 产品发行数量的 5 倍。

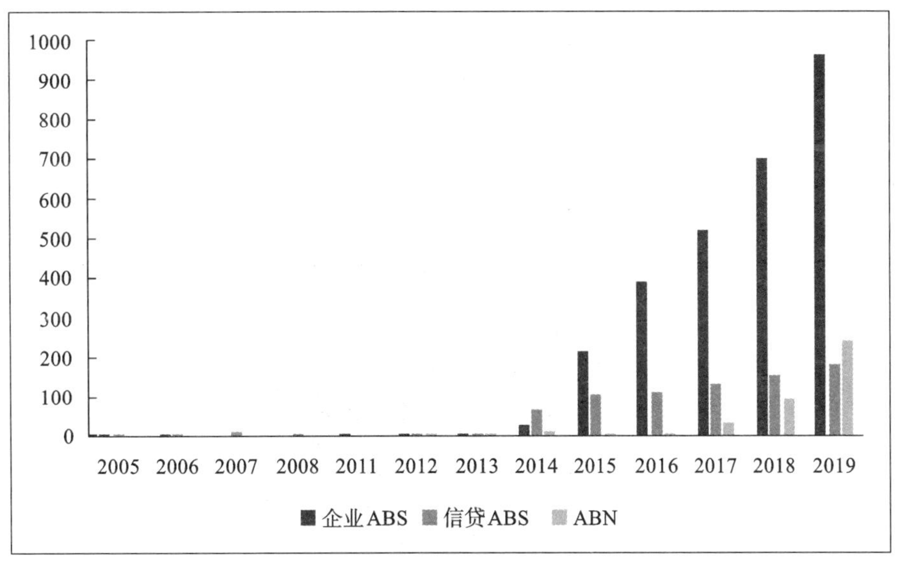

图 2-3 企业 ABS、信贷 ABS 和 ABN 发行数量(只)

资料来源：Wind。

企业 ABS 在我国 ABS 市场一枝独秀，这与其他国家或地区的情况有所不同，如美国、欧洲的资产证券化市场中占比最大的产品均为抵押支持证券(MBS)。作为新型融资工具的企业 ABS 之所以能在我国迅速发展，主要是因为企业 ABS 具有许多优势。对于企业来说，通过发行企业 ABS 来融资既不会稀释股本，也不会占用发债额度，同时募集资金的用途更加灵活，对于资产评级高于主体评级的企业还能显著降低融资成本。此外，通过盘活流动性低、占用资金规模大的资产，发行企业 ABS 还可以提高资产周转率，增加整体的净资产利润率，提升企业盈利能力。

截至2019年末，我国企业累计发行了2829只企业ABS产品，发行总金额达3.653万亿，发行数量与规模分别占全部资产证券化产品的71%和47%(见图2-4)。

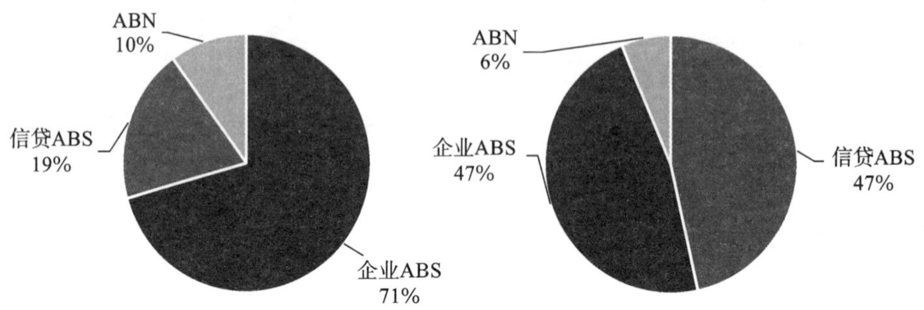

图 2-4　三类资产证券化产品发行数量(左)及规模(右)占比

资料来源：Wind。

在企业ABS的发行中，互联网金融公司、融资租赁公司、资产管理公司和商业保理公司是主力军，蚂蚁小贷以179只的发起数量位列原始权益人第一位。企业ABS的基础资产种类较多，截至2019年底以应收账款、租赁租金、小额贷款三类资产居多(见图2-5)，发行数量分别为984只、474只和382只。除了以上三类基础资产外，近年来企业ABS的基础资产已经逐渐扩展到PPP项目、REITs(房地产信托投资基金)及知识产权等新领域，为企业ABS市场进一步扩容提供了新的动力。

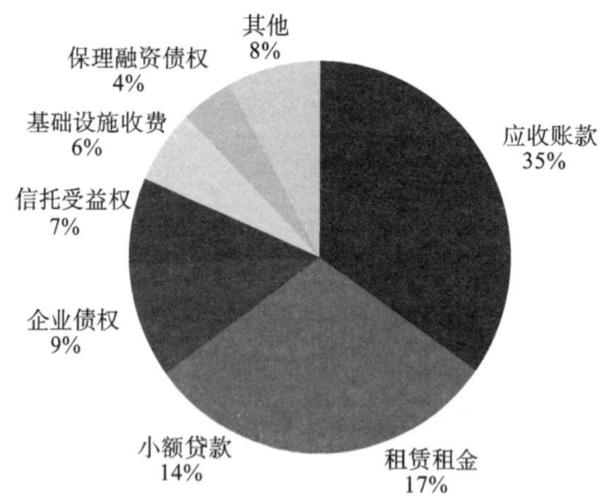

图 2-5　企业 ABS 基础资产分布图(截至 2019 年底)

资料来源：Wind。

3.2.2　信贷 ABS

信贷ABS是另一类重要的资产证券化产品，虽然信贷ABS的累计发行数量仅为企业ABS的27.5%，但发行累计总金额略大于企业ABS，说明平均单只信贷ABS产品规模远大于企业ABS。截至2019年末，我国信贷ABS产品累计发行779只，累计发行金额达3.673万亿元，发行数量与规模分别占全部资产证券化产品的19%和47%。从发起主体来看，信贷ABS产品主要由国有大型商业银行、汽车金融公司等发行，发行信贷

ABS 产品数量最多的是中国建设银行，累计发行了 82 只产品。从基础资产来看，主要是企业贷款与个人住房抵押贷款。近两年个人住房抵押贷款资产支持证券(RMBS)发展迅速，2018 年 RMBS 成为发行数量最多的信贷 ABS 产品(见图 2-6)。对于银行而言，由于民众对银行个人住房贷款需求增加，银行出现了贷款额度紧张、流动性不足等问题。因此，为了扩张信贷空间、增加流动性，银行发行 RMBS 的意愿增强。对于投资者而言，RMBS 基础资产高度分散，有抵押担保，是较为稳定的证券化产品，具备较强的市场吸引力。在供需两旺的背景下，RMBS 进入了发展的快车道。

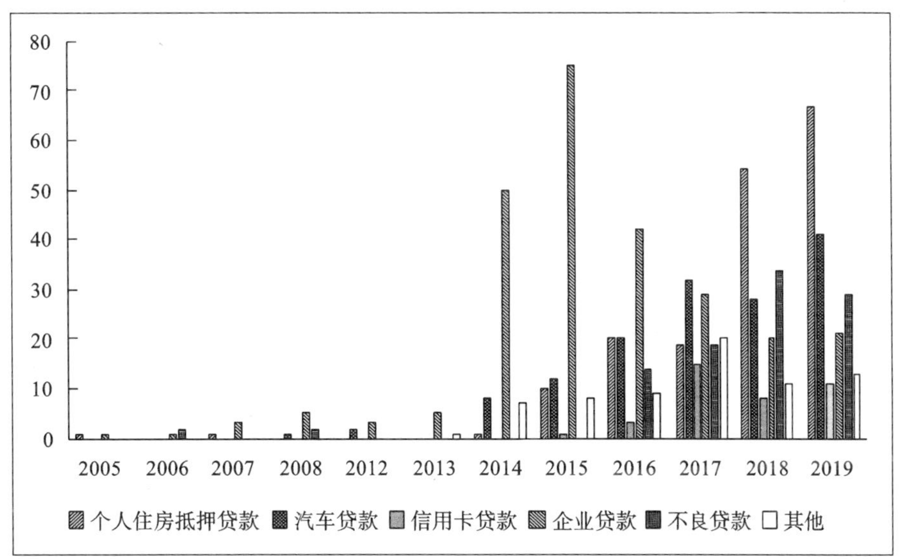

图 2-6　不同基础资产的信贷 ABS 产品发行数量(只)

资料来源：Wind。

3.2.3　ABN

资产支持票据(ABN)是一种由银行间市场交易商协会主管，在银行间债券市场发行交易的信托型资产支持票据。与前两种产品相比，ABN 产品的发行数量少、规模也相对较小，但近两年发展相对较快。2012 年 8 月，银行间市场交易商协会颁布了《银行间债券市场非金融企业资产支持票据指引》，标志着资产支持票据(ABN)正式推出。ABN 产品推出后发展缓慢，从 2012 年到 2016 年每年的发行数量都在 10 只以内，主要原因是当时相关法规不够完善、产品的结构设计也不合理。2012 年版的《资产支持票据指引》中未要求发行 ABN 产品时设立 SPV，因此当时大部分产品没有设立 SPV，没有实现真实出售和破产隔离，因而也无法将基础资产出表，对发起人和投资者的吸引力都不高。2016 年 12 月 12 日，交易商协会发布了《非金融企业资产支持票据指引(修订稿)》，对 2012 年版的《资产支持票据指引》进行了大幅度修改，《非金融企业资产支持票据指引(修订稿)》中明确要求要通过 SPV 来发行 ABN 产品，ABN 产品进入了规范化发展阶段，发行数量也大幅增加(见图 2-7)。

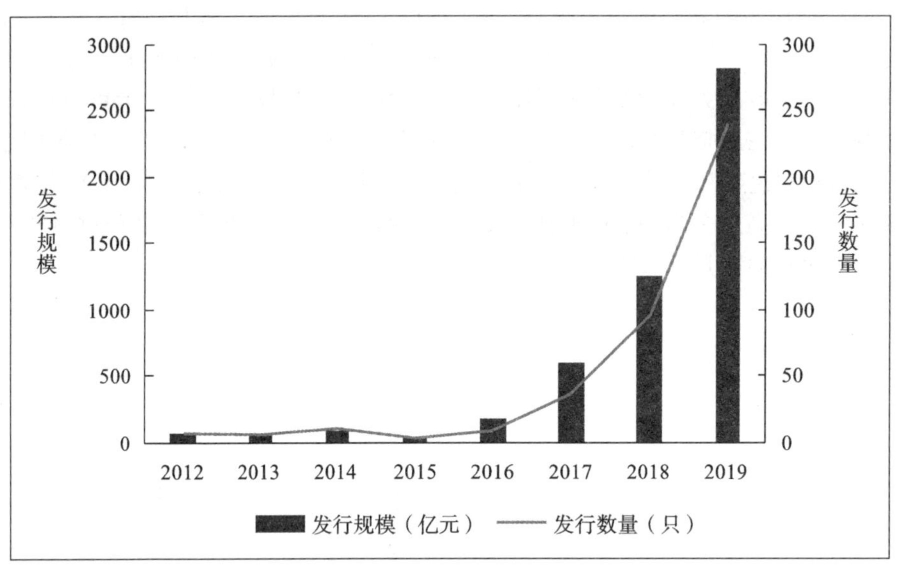

图 2-7 ABN 产品发行情况

资料来源：Wind。

4 资产证券化在我国的应用——不良贷款处理

贷款是商业银行的一项重要的资产业务，是其主要利润来源，同时也是其主要风险来源。根据《贷款风险分类指引》(2007)，商业银行应按照风险程度将贷款划分为正常、关注、次级、可疑和损失五类，其中后三类合称为不良贷款。"不良"意味着银行可能无法收回部分或全部的本金与利息，从而使银行遭受损失。若不良贷款规模过大，则会危及整个银行，甚至可能导致银行破产，因此商业银行需要及时处理不良贷款，控制其规模。如图 2-8 所示，近年来，我国银行的不良贷款规模不断扩大，整体不良率也有所上升，如何妥善处理不良贷款成为银行以及监管机构关注的重要问题。

目前，有多种处理不良贷款的方式，传统方式有催讨清收、核销、贷款重组和转让等；新型方式则包括债转股和不良贷款资产证券化等方式。相对于其他方式，不良贷款资产证券化有许多优点，因此得到更广泛的应用。对于银行而言，不良贷款资产证券化可以将流动性低、风险高的信贷资产从其资产负债表移出，从而提高了银行资产质量，降低了银行不良贷款率，同时也能以低成本补充一定量的资金。例如，经过信用增级的不良贷款支持证券优先档部分的评级可以达到 AAA 级，这种证券的发行成本可能只比银行间同业拆借利率高出 0.5%。此外，不良资产证券化将银行、基金、证券公司、资产管理公司、外资机构等机构投资者引入不良资产处置市场，分散了银行业风险，也为投资者提供了新的金融投资产品，对中国资产证券化市场的有序、多样化发展起到重要的推动作用。

不良贷款资产证券化属于信贷资产证券化，其过程基本与普通信贷资产证券化相同，只不过是基础资产为不良贷款，但也有一些特殊之处。由于资产证券化要求未来现

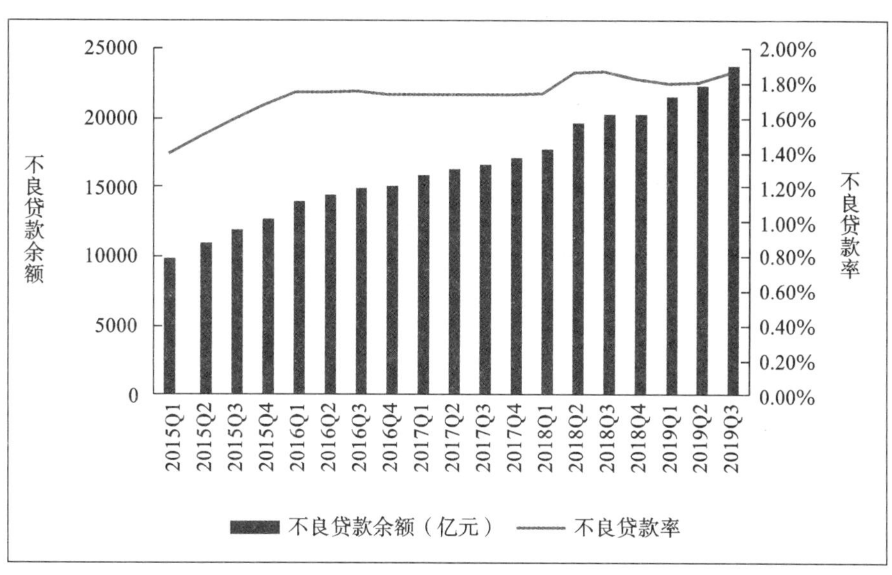

图 2-8 商业银行不良贷款余额及不良贷款率

资料来源：银保监会。

金流稳定且可预期，因此只有相对优质的不良贷款才可以进行资产证券化，损失类贷款由于基本无法收回本息，不能被纳入基础资产池。与普通信贷资产相比，不良贷款未来现金流的可预测性和稳定性较差，通常需要更强的信用增级技术。此外，相对于普通信贷资产支持证券，不良贷款资产支持证券的分层较少，一般只有优先级和次级两层，这主要是因为不良贷款资产中有相当一部分无法回收，不足以支撑多层分级。不良贷款资产支持证券发行后，由于风险较高，风险承受能力较高的机构投资者才会投资于这类产品。普通的机构投资者，如保险机构、社会保障基金等则一般不会投资于这类产品。

我国不良贷款资产证券化业务起步较晚，发展过程曲折。2003 年 6 月，华融资产管理公司与中信信托投资公司合作，推出了我国第一个不良资产处置信托分层项目，该项目基础资产池账面价值为 132 亿元，发行金额仅为 16 亿元，其中优先级收益权为 10 亿元，由华融公司转让给其他投资者；次级收益权为 6 亿元，由华融公司自留。该项目是我国金融机构利用资产证券化处理不良贷款的首次尝试，但由于在该项目中投资者获得的是信托受益权而非资产支持证券，并且华融公司保留了较大比例的收益权，未实现“真实出售”，因此该项目并非严格意义上的资产证券化，而是一种准资产证券化。

此后，我国金融机构又发起了一系列不良资产证券化项目，2004 年中国工商银行宁波分行将其面值为 26.19 亿元、预计回收价值为 8.2 亿元的不良贷款委托给中诚信托，设立财产信托，并将其享有的 A、B 级收益权转让给投资者，C 级受益权自留。该项目是我国商业银行首次试水不良贷款证券化，但同样亦非严格意义上的资产证券化。2005 年至 2008 年，我国金融机构又多次发行不良贷款证券化产品，其中包括中国建设银行于 2008 年 1 月 20 日发起的“建元 2008-1 重整资产证券化信托资产支持证券”。“建元 2008-1”产品的优先级资产支持证券在银行间债券市场公开发行和上市交易；次级资产支持证券则向中国信达资产管理公司定向发行。该产品首次实现了资产支持证券完全出售，发起人不保留任何风险和收益，基本符合严格的资产证券化模式。

2008 年，全球金融危机爆发后，不良贷款证券化业务被暂停，直至 2016 年监管机构才决定恢复这项业务。出于谨慎，不良贷款证券化业务重启采取了试点制，分批授予金融机构开展不良贷款证券化业务的资格，首批试点机构包括工商银行、建设银行等大型银行，随后才慢慢扩展到中小银行及四大资产管理公司（见表 2-4）。

表 2-4　不良贷款证券化试点机构

批次	时间	新增试点机构
第一批	2016 年 2 月	工行、农行、建行、中行、交行、招行
第二批	2017 年 4 月	民生、兴业、华夏、江苏、浦发、浙商银行
第三批	2019 年 11 月	四大资产管理公司（东方、长城、华融和信达）、邮储银行和进出口银行、渣打银行（中国）以及贵阳银行、青岛银行、广州农商银行、重庆农商银行等 10 余家城市商业银行和农业商业银行

资料来源：公开资料整理。

2016 年 4 月 19 日，中国银行间市场交易商协会发布《不良贷款资产支持证券信息披露指引（试行）》，标志着不良贷款证券化业务重新启动。2016 年 5 月 27 日，中国银行发行了中誉 2016 年第一期不良贷款支持证券。不良贷款证券化业务重启后，全国首单不良贷款支持证券顺利落地。2016 年我国不良贷款资产支持证券共计发行 14 只，发行总额为 156.10 亿元，此后每年发行规模在 140 亿元上下波动（见图 2-9）。目前我国已发行的不良贷款资产支持证券共 100 只，总发行金额为 722.16 亿元。从发行主体看，这 100 只产品主要由国有大型银行发行，工商银行、建设银行、招商银行三家银行发行的产品数量超过总产品数量的一半（见图 2-10）。

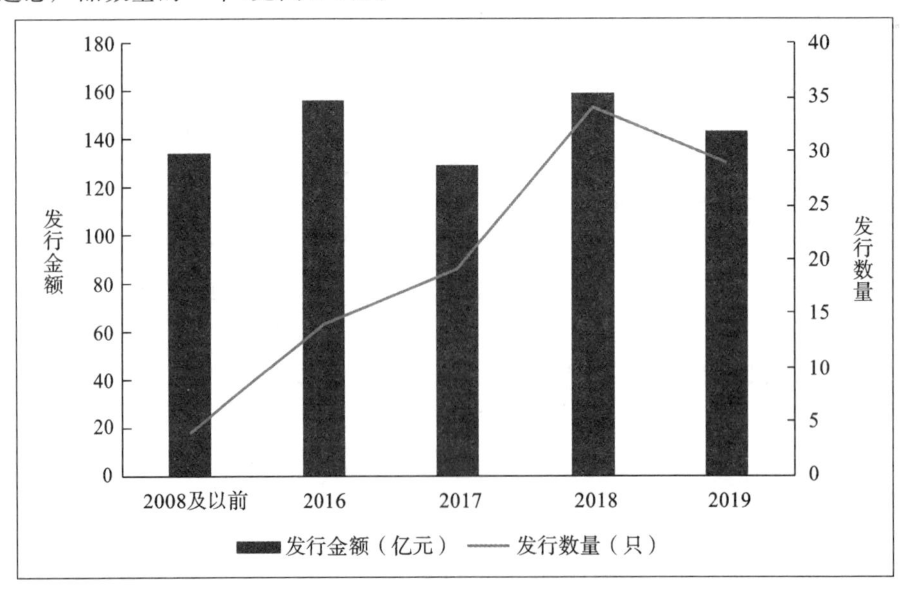

图 2-9　不良贷款证券化产品发行数量与金额

资料来源：Wind。

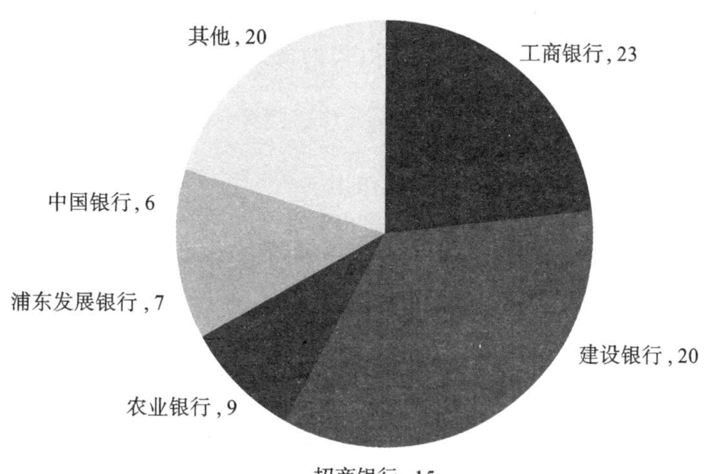

图2-10 不同机构的发行数量(只)

资料来源：Wind。

5 总结

本案例详细介绍了资产证券化这一新型金融业务模式，资产证券化可以实现资产池与发起机构的风险隔离，提高金融机构及非金融企业的资产流动性并分散信用风险。同时作为一种结构化融资方式，资产证券化可以有效降低发起机构的融资成本，对促进我国金融市场健康发展、提高金融市场活力，具有十分重要的作用。

从2005年资产证券化业务试点以来，我国资产证券化市场蓬勃发展，法律法规不断完善，参与机构也越来越多，产品的发行数量和规模不断提升。但与发达国家相比，我国资产证券化市场仍存在一些问题，比如基础资产的所有权归属模糊；信用评级体系不健全，不同信用等级的产品融资成本区别不明显；细分产品市场分割，信贷ABS、企业ABS和ABN产品在不同的市场上交易，由不同的监管机构监管，容易导致监管套利和定价扭曲。针对这些问题，我国应进一步优化法律体系，统一监管主体，实施功能监管，在大力发展资产证券化的同时建立健全风险防控体系，推动资产证券化实践在我国持续健康发展。

案例使用说明

一、关键点

本案例以“开元2012-1”产品为例详细介绍了资产证券化的流程，回顾了我国资产证券化市场发展的历程,分析了资产证券化市场的现状。在此基础上,介绍了银行等金融机构如何运用资产证券化处理不良贷款,以帮助读者全面地认识和理解资产证券化业务。本案例应掌握的关键要点包括:

(1) 资产证券化的概念以及流程;

(2) SPV在资产证券化过程中的重要作用;

(3) 我国资产证券化产品的分类与发展现状;

(4) 不良贷款的资产证券化处理。

二、知识点

1. 资产证券化

资产证券化是指以缺乏流动性的基础资产预期在未来所产生的稳定现金流为偿付支持,通过结构化设计进行信用增级,将这些流动性不佳的资产转换为可以在金融市场上出售、流通的证券的过程。

2. 特别目的载体

特别目的载体(SPV)是为资产证券化业务专门创设的特别法律实体。在国外,SPV可以是有限合伙企业、有限责任公司、信托公司等,在我国主要由信托公司和证券公司等充当SPV,一般来说发行信贷ABS时,由信托公司担任SPV,而发行企业ABS时则由证券公司担任。

3. 真实出售与风险隔离

"真实出售"是指发起机构通过与SPV签订相关的协议(如与受托机构签订的信托合同等),将资产池的全部权利和利益转让给SPV。而"风险隔离"是指当发起机构破产时,证券化资产不属于其清算财产,不会受到影响。

4. 资产证券化的一般流程

首先由发起机构筛选基础资产并构建资产池,然后发起机构将资产池转让给SPV,SPV对资产池中的基础资产进行信用增级,并委托评级机构对资产评级,最后由承销商等机构负责证券的发售和后期管理。

5. 资产证券化产品的分类

根据发起机构与监管部门的不同,目前我国资产证券产品主要分为企业ABS、信贷ABS和ABN三大类。

企业ABS:由证监会主管,在交易所、报价系统、证券公司柜台等发行交易的企业资产支持专项计划。

信贷ABS:由银保监会主管,在银行间债券市场发行交易的金融机构信贷资产支持证券。

ABN:由交易商协会主管,在银行间债券市场发行交易的信托型资产支持票据。

三、启发思考题

学生在案例学习和讨论前需提前了解资产证券化的一般流程。本案例的启发思考题主要是让学生通过案例的学习,理解资产证券化的相关知识,包括资产证券化的定义和分类、资产证券化在我国的具体发展等，对本案例中涉及的知识进行独立思考，从而对资产证券化有更深层次的理解。

(1) 通过资产证券化运作的原理，解释资产证券化为什么能做到发起机构与证券化资产的“风险隔离”?

(2) 资产化证券是如何通过设立优先级/次级的结构来实现内部信用增级的？通过查阅资料，了解案例中介绍的几种内部信用增级方法，特别是案例中没有详细解释的现金储备账户和触发机制安排。

(3) 结合金融市场上的企业 ABS 与 ABN 产品实例，分析这两种产品与信贷 ABS 有什么异同。

(4) 结合我国资产证券化发展现状，分析企业 ABS、信贷 ABS 和 ABN 近几年发展为何如此迅速?

(5) 针对不良贷款证券化，分析银行等机构进行不良贷款证券化带来的益处。

参考文献

[1] 陈裘逸，张保华. 资产证券化定义和模式的检讨——以真实出售为中心[J]. 金融研究，2003(10)：53-62.

[2] 李峰. 银行视角下的资产证券化[J]. 中国金融，2018(22)：65-67.

[3] 李尚公，沈春晖. 资产证券化的法律问题分析[J]. 法学研究，2000(04)：19-30.

[4] 刘元根. 中国资产证券化现状及发展探讨[J]. 经济研究导刊，2013(05)：73-74.

[5] 彭惠. 不良资产证券化的交易结构分析[J]. 金融研究，2004(04)：23-36.

[6] 伍治良. 我国信托型资产证券化理论和实践之两大误区——兼评我国信贷资产证券化试点[J]. 现代法学，2007(02)：157-162.

[7] 徐光. 推动资产证券化市场健康发展[J]. 中国金融，2018(21)：62-64.

[8] 于朝印，王媛. 我国信托型资产证券化的理论与实践问题及其完善[J]. 金融发展研究，2010(09)：8-12.

[9] 张明，邹晓梅，高蓓. 中国的资产证券化实践：发展现状与前景展望[J]. 上海金融，2013(11)：31-36.

[10] 郑彤明. 中国银行业不良资产证券化：现况与展望[J]. 金融与经济，2018(01)：82-85.

[11] 中国资产证券化分类标准研究课题组. 中国资产证券化产品分类标准体系研究[J]. 金融市场研究，2019，82(03)：60-74.

[12] 邹晓梅，张明，高蓓. 美国资产证券化的实践：起因、类型、问题与启示[J]. 国际金融研究，2014(12)：15-24.

案例3
存款保险制度——美国经验与中国方案

摘要:在金融国际化的大背景下,确保一国金融系统的稳定具有重大意义,存款保险制度在一定程度上能够避免金融体系动荡、维护存款人利益。美国早在1933年便正式建立存款保险制度,而我国也在2015年推出了存款保险制度。本案例介绍了存款保险制度的概念,分析了世界各国的存款保险限额、组织模式与管理模式、功能及其对口方式等,并以美国为例,详细地阐述了美国存款保险制度的建立及完善历程,着重分析了金融危机时各国对存款保险相关政策调整的国际经验。在此基础上,借鉴国际经验对我国的存款保险制度进行了解读与分析。

关键词:存款保险制度;国际经验;金融稳定;中国存款保险制度

1 引言

存款保险制度是促进金融稳定的金融系统安全网的一个组成部分,也是许多国家实施的一项措施,通常由政府机构向存款人提供保护,旨在全部或部分保护银行存款人免受银行或其他存款机构的失败所造成的损失。存款保险是强制性的,当存款机构发生经营危机甚至破产时,存款保险机构从作为投保人的存款机构定期缴纳的一定数额的保险费中支付索赔。但是,该保险仅涵盖每个账户持有人的固定最高金额。

存款保险制度类别分为隐性存款保险制度和显性存款保险制度。在银行破产时,一国政府以其信用对存款进行担保,则称该国存款保险制度是隐性的,这种担保没有正式的法律制度进行约束,因此是一种隐性的契约。反之,若一国以明确的法律规章对存款进行担保,则称该国的存款保险制度是显性的。在银行破产时,公众往往对隐形存款保险制度缺乏信心,极易引发挤兑风波,从而严重影响金融体系及社会稳定。在建立了存款保险制度的国家中,几乎所有国家都是显性存款保险制度。若无特别说明,本文余下部分中的"存款保险制度"均特指显性存款保险制度。

我国国务院早在1993年就开始着手考虑建立存款保险制度。2004年,中国人民银行金融稳定局开始起草《存款保险条例》,并于 2005 年推出存款保险制度初步方案,此方案获国务院原则性批准,后因 2008 年爆发的金融危机而搁置。2012 年 7 月中央银行在《2012 年中国金融稳定报告》中指出,我国推出存款保险制度的时机已经基本成熟。2013 年 11 月,十八届三中全会明确提出"建立存款保险制度"。2014 年 3 月,国务院总理李克强在第十二届全国人民代表大会第二次会议开幕式上表示,将"建立存款保险制度"纳入 2014 年重点工作。2014 年 10 月 29 日国务院第 67 次常务会议通过《存款保险条例》。

2015 年 1 月 23 日中国人民银行副行长潘功胜指出,存款保险制度是中国目前正在推进的一系列改革的重要前置性改革项目。2015 年 2 月 17 日,国务院公布《存款保险条例》,正式推出存款保险制度,并于 5 月 1 日起正式实施。2015 年 3 月 5 日,李克强总理在十二届全国人大三次会议审议的政府工作报告提到"推出存款保险制度"。一周后,在 3 月 12 日的两会新闻发布会上,央行行长周小川表示,2014 年末时已经就存款保险条例公开征求了意见。征求完意见,结果总体也都是正面的,这就说明成立存款保险的机制,各方面条件已经基本成熟。

世界上大多数国家已先于中国建立了本国的存款保险制度。国外存款保险制度的实践表明,存款保险制度是金融监管体系中的一个重要部分,也是金融监管体系的最后一道"防火墙"。存款保险制度能够保障存款人的利益,同时还能够促进银行间的公平竞争,优化金融环境。其中,美国作为最早建立存款保险制度的国家,其制度几经变革完善,可以说是目前国际上最先进最成熟的存款保险制度。因此,合理借鉴世界各国(尤其是美国)的有关经验对于我国存款保险制度的良好运行具有重大意义。

本案例内容安排如下:第二部分阐述和分析了世界各国存款保险制度的设计方案及有关数据和指标;第三部分以美国为例详细论述了美国存款保险体系的产生、发展过程以及 FDIC 处理次贷危机时的经验;第四部分对我国的存款保险制度进行了评述,并提出了合理的政策建议。

2　世界主要国家(地区)存款保险制度的主要特点[①]

下面介绍世界各主要国家(地区)存款保险制度的关键特征以及统计数据。对这些指标和数据进行分析与借鉴有助于我国存款保险制度的进一步完善。

2.1　存款保险限额

存款保险限额通常由国家法律规定,当银行破产倒闭时,存款人只能获得限额以内的赔偿,超出限额的部分无法获得理赔。

一般而言,银行存款是居民主要的财富持有形式,因此,保险限额的设计要从一国或地区居民的收入和财富出发。一国的人均财富和人均存款越高,相应的保险限额就应该

① 数据来源:Deposit Insurance Database(Demirgüç-Kunt A,Kane E,et al,2014)。若无特别说明,第二部分的数据均指 2013 年年末的数据。

越高。在确定存款保险限额时,各国通常参考"存款保险限额/人均 GDP"这一数值。2013 年年末,高收入国家"存款保险限额/人均 GDP"的值为 530%,中高收入国家的值为 630%,中低收入国家的值为 1130%,低收入国家的值为 500%。2013 年全球主要国家(地区)的存款保险限额及其与该国(地区)人均 GDP 之比如表 3-1 所示,其中,阿根廷、巴西、印度、马来西亚及泰国为低收入国家,这些国家中泰国的存款保险限额/人均 GDP 的比值高达 26846%,大大高于低收入水平国家中的其他国家;在高收入国家(地区)中,加拿大的存款保险限额/人均 GDP 的比值高达 7394%,远高于高收入水平国家(地区)中的其他国家(地区)。

表 3-1 2013 年全球主要国家(地区)的存款保险限额及其与该国(地区)人均 GDP 之比

国家(地区)	存款保险限额(折算为美元)	存款保险限额/人均 GDP/(%)
澳大利亚	221625	342
加拿大	93985	7394
中国香港	64516	171
日本	94967	247
韩国	47366	195
新加坡	39392	72
英国	139978	354
美国	250000	471
阿根廷	18209	155
巴西	106211	939
印度	1613	107
马来西亚	75896	720
泰国	1523322	26846

资料来源:Deposit Insurance Database (Demirgüç-Kunt A,Kane E,et al,2014)。

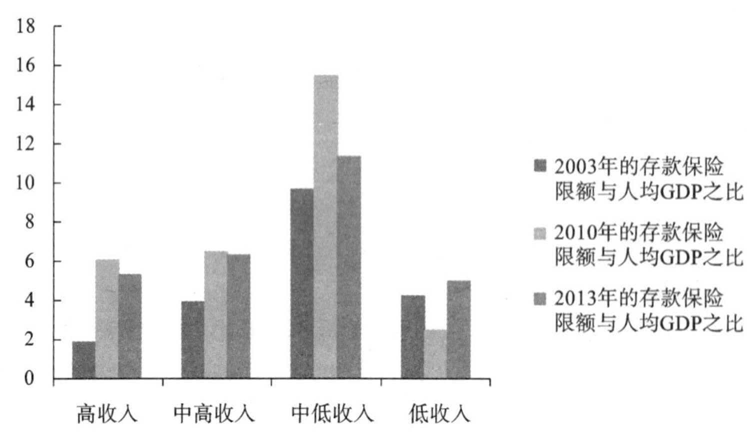

图 3-1 不同收入水平国家(地区)的存款保险限额与该国(地区)人均 GDP 之比

资料来源:Deposit Insurance Database (Demirgüç-Kunt A,Kane E,et al,2014)。

根据国际货币基金组织网站 Demirgüç-Kunt 等学者 2014 年的文章“存款保险资料库”中的数据(见图 3-1),在 2003 年至 2013 年这 10 年中,中低收入国家的存款保险限额/人均 GDP 的比值最高,中高收入国家(地区)次之,高收入国家(地区)和低收入国家最低;从时间维度来看,除低收入国家该比值有所下降外,其他国家(地区)2010 年显著高于 2003 年,但 2013 年相反,低收入国家该比值有所上升,而其他国家(地区)该比值与 2010 年相比却有所下降,特别是中低收入国家下降明显。

2.2 存款保险制度的组织模式与管理模式

存款保险制度的组织模式体现了其独立性的高低,这里的“独立性”是指存款保险机构与监管机构、货币当局以及财政部门之间在职责范围上是否有较为清晰的边界和相对独立的权威,其具体组织模式主要有独立法人、监管机构、中央银行及政府机构 4 种模式。这 4 种组织模式中,独立法人模式是指存款保险机构作为独立法人实体,权责分配清晰,能够独立发挥存款保险制度的各项功能,也有助于提高存款保险机构自身的运营效率和风险控制能力。其他 3 种模式中存款保险机构作为央行等机构的一个下属部门,职责范围相对模糊,权威性相对较弱,对行政干预缺乏足够的制衡力量。

除少数国家(澳大利亚、智利、爱尔兰等)之外,大多数国家或地区(86%)存款保险制度的组织模式都是独立法人。在低收入国家中,以独立法人作为组织模式的国家占比较其他收入水平国家更低,但仍处于 73%的较高水平(见图 3-2)。

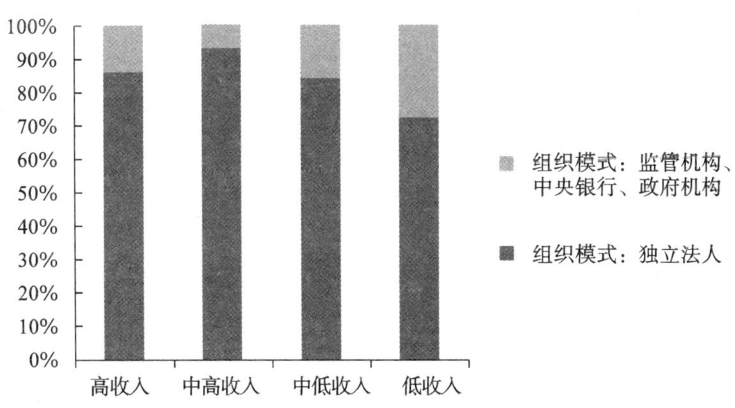

图 3-2 不同收入水平国家的存款保险组织模式

资料来源:Deposit Insurance Database (Demirgüç-Kunt A,Kane E,et al,2014)。

存款保险制度的管理模式体现了存款保险机构的所有制,主要有以下 3 种:私营模式、公营模式、公私合营模式。其中,私营模式大多由银行俱乐部或银行业协会等民间组织发起设立,其管理效率较高且成本较低,但由于缺乏政府信用支撑,权威性较低;公营模式下的存款保险机构属于独立政府机构,有国家信用作为后盾,容易获得公众的信任;而公私合营模式是指政府和银行界共同制定存款保险机构的出资等重要决策。具体采用哪种模式取决于一国在历史上处理银行破产的特定经验。

世界上大多数国家的存款保险制度管理模式是公营模式(66%),其余两种管理模式占少数。对于不同收入水平的国家,其管理模式的选择也不尽相同:在低收入国家中,82%的国家都采用了公营模式,而高收入国家这一比例仅为44%;所有低收入国家及中低收入国家均未采用私营模式;在高收入国家中,有21%的国家采用了私营模式,35%的国家采用了公私合营模式(见图3-3)。

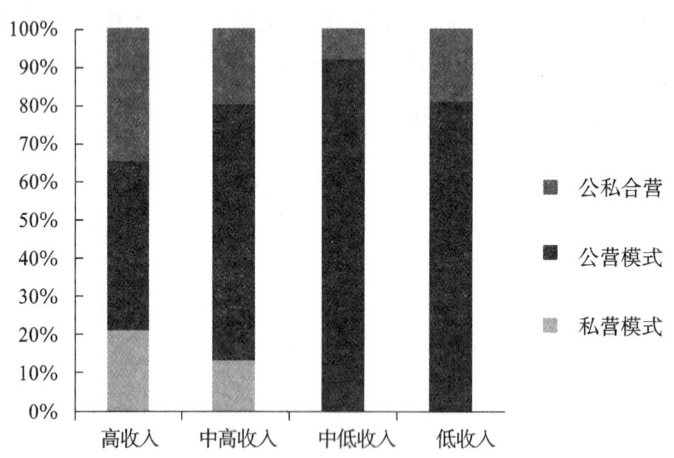

图3-3　不同收入水平国家的存款保险管理模式

资料来源:Deposit Insurance Database (Demirgüç-Kunt A,Kane E,et al,2014)。

2.3　存款保险机构的功能

存款保险机构的功能分为两大类:"付款箱"(paybox)和"付款箱+"(paybox plus)。

具有"付款箱"功能的存款保险机构仅在银行破产时对其受保存款进行理赔,因此,这种存款保险机构起步容易,执行成本低。但其缺点也很明显,存款保险机构本身无决策权,无法对相关金融机构进行干预及辅助监管,也不能参与问题机构的清算等,故存在很大的局限性。

而具有"付款箱+"功能的存款保险机构,除"付款箱"的基本功能外,还增加了为银行发执照或从银行收集信息等其他功能,这种类型的存款保险公司有责任使存款保险基金的风险和损失最小化。

为了使存款保险基金的风险最小化,维持银行体系的稳定以及保护存款人利益,存款保险机构有权对相关金融机构实施事前检查监督、实行风险差别费率及对破产机构事后处置等。其中,事前检查监督包括准入审查、监督、骆驼评级和终止参保等;实行风险差别费率意味着存款保险机构将根据参保银行的风险大小和财务状况收取差异化保费;对破产机构事后处置具体包括破产清算、最大化资产回收等。在银行出现破产时,存款保险机构可以使用多种风险处理工具以达到保险基金成本最小化的目的。

世界各国存款保险制度的功能不尽相同。大约43%的国家的存款保险制度只具有"付款箱"功能(例如英国等),其余国家的存款保险制度则具有"付款箱+"的功能,包括阿根廷、巴西、印度、马来西亚、泰国等世界上主要的发展中国家。不同收入水平的国家之间,具有"付款箱+"功能的存款保险机构的占比差别不大(见图3-4)。

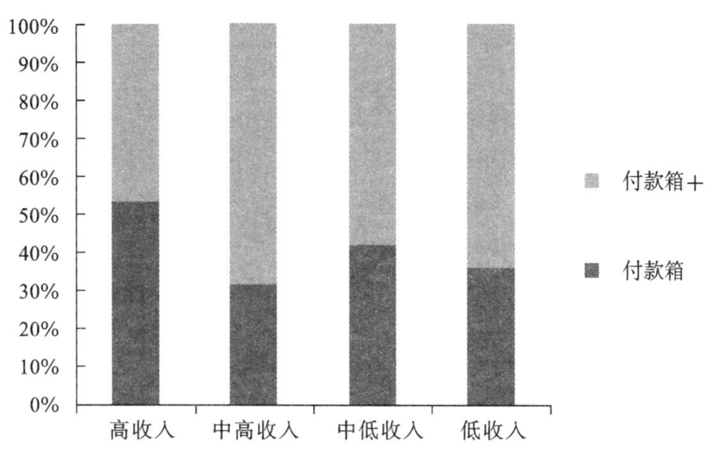

图 3-4 不同收入水平国家的存款保险制度功能

资料来源:Deposit Insurance Database (Demirgüç-Kunt A,Kane E,et al,2014)。

2.4 存款保险的覆盖范围

一国存款保险制度的覆盖范围,取决于对以下问题的回答:是否强制对国内银行进行保险?是否对外资银行存款进行保险?是仅仅对外资银行分行(subsidiaries)进行保险,还是对所有支行(branches)都进行保险?另外,有无必要对外币存款进行保险或对银行同业存款进行保险?下面将对这些问题进行解答。

绝大多数国家都对本国银行实施强制保险,但也有少数国家采取自愿保险,例如德国银行联邦协会存款保险基金采取成员自愿加入的制度,并主要对非银行的存款人提供保险。

大多数国家对当地外资银行的分行提供存款保险,也对当地外资银行的支行提供存款保险。同时,大多数国家对外币存款进行保险,只有少数对银行同业存款进行保险,后者多为最近经历过金融危机的国家。这可能是因为在金融危机时,对同业存款进行保险有利于保证银行机构之间资金的流动性,降低危机对经济的负面影响。世界主要国家(地区)存款保险制度的覆盖范围见表 3-2。

表 3-2 世界主要国家(地区)的存款保险覆盖范围

国家(地区)	国内银行	外资银行分行	外资银行支行	外币存款	同业存款
澳大利亚	保险	保险	不保险	不保险	保险
加拿大	保险	保险	不保险	不保险	保险
中国香港	保险	保险	保险	保险	不保险
日本	保险	保险	不保险	不保险	不保险
韩国	保险	保险	保险	保险	不保险
新加坡	保险	保险	保险	不保险	不保险
英国	保险	保险	保险	保险	不保险

续表

国家(地区)	国内银行	外资银行分行	外资银行支行	外币存款	同业存款
美国	保险	保险	不保险	保险	保险
阿根廷	保险	保险	保险	保险	不保险
巴西	保险	保险	不保险	不保险	不保险
印度	保险	保险	保险	保险	不保险
马来西亚	保险	保险	不保险	不保险	保险
泰国	保险	保险	保险	保险	保险

资料来源:Deposit Insurance Database (Demirgüç-Kunt A,Kane E,et al,2014)。

2.5 保费筹集

存款保险的保费即存款保险基金的筹集主要面临以下三个问题:

第一,保费筹集是在事前还是事后。事前筹集保费意味着在发生银行倒闭事件之前,各银行需上缴保费。该模式具有“逆周期”的特点,在经济走强、银行风险较低时,存款保险机构通过收取的存款保险基金,作为对未来经济下滑、银行风险增大的必要储备,从而在危机时发挥对冲作用,缓解银行危机。事后筹集保费意味着只有当银行真正倒闭时,存款保险机构才开始筹措资金。该模式资金管理成本较低,但在理赔时存在一定的困难,同时其“顺周期”性也会加剧经济的波动。

绝大多数国家都是在事前筹集保费。选择事后筹集保费的多为发达国家,例如澳大利亚、意大利、荷兰、瑞士、英国等。这些国家往往人均收入较高,国内市场制度完善,金融体系高度健全,金融安全网比较完备,因此即便是事后筹集保费,在银行破产时,存款人仍预期其存款能得到合理赔付。

第二,保费向谁筹集。保费通常可通过以下三种方法筹集:政府出资;由受保银行上缴;由政府、受保银行共同负责。其中,第三种筹集方案是指在存款保险制度建立之初,由政府提供一笔初始资金,再由各参保银行陆续上缴保费,从而达到联合筹资的目的。

各国根据自己的不同情况采取不同的保费筹集方式。其中,77%的国家选择受保银行上缴(在高收入国家中,这一数字更是提高到91%)的筹集方式,仅有2%的国家选择由政府出资,其余21%的国家选择了联合筹资模式(见图3-5)。

第三,存款保险费率的确定。保费的征收可以按照统一费率,也可按照风险差别费率实施。在统一费率模式下,存款保险机构对所有参保银行按照相同的费率收取保费。该模式运作容易,许多国家在存款保险制度起步阶段采用此模式。而风险差别费率制度则对不同的银行设置不同的适用费率,费率的确定主要取决于银行的经营管理状况、所从事业务的风险大小等因素。该模式可以避免稳健经营银行向高风险银行提供的“保费补贴”的不公平现象,降低道德风险。

就历史进程来看,多数国家通常会采取“先统一、后差异化”的路径。可以预期,差别费率模式将是未来存款保险制度的主要发展方向。

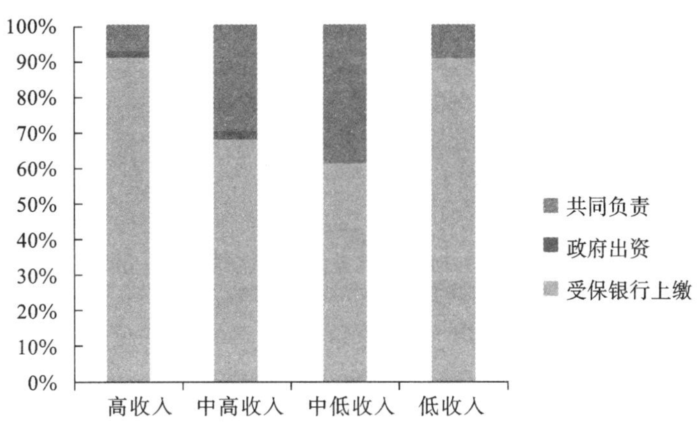

图 3-5 不同收入水平国家的保费筹集来源

资料来源：Deposit Insurance Database (Demirgüç-Kunt A, Kane E, et al, 2014)。

2.6 对口模式

通常一个存款保险制度有三种不同的对口模式：账户制(per depositor account)、机构制(per depositor per institution)及个人制(per depositor)。账户制模式是指对存款人的所有账户都进行保险，这种模式对存款人的保护力度最大；在机构制模式下，对于存款人在同一家机构的多个账户，存款保险机构只对其中一个账户进行保险，这种制度的保护力度稍次于账户制；在个人制模式下，无论存款人在多少家机构中开设账户，存款保险机构只对存款人的一个账户进行保险，这种模式的保护力度最小。除阿根廷、尼加拉瓜等国之外，绝大多数国家采用机构制。

3 美国存款保险制度的实践和发展

美国作为世界上金融业发达的国家，存款保险制度经过了 80 余年的运行，其经验值得学习和借鉴。

3.1 美国早期的州存款保护方案[①]

在 1933 年通过立法形式正式建立存款保险制度以前，美国就开始建立存款保护方案。早在 1829—1866 年和 1908—1930 年，美国先后在共计 14 个州的范围内进行了存款保险制度的试验，但均以失败告终。

3.1.1 1829 至 1866 年的州存款保护方案

1829 年，纽约州开始推行银行持钞及存款保护项目，成为美国历史上第一个实行存款保护方案的州，这里的银行持钞是指银行发行的用以替代商业银行票据的一种信用货

① 本节资料来源：《存款保险制度设计：国际经验与中国选择》，苏宁著，社会科学文献出版社，2007。

币，也称银行券。为筹集银行倒闭后对持钞人和存款人的赔付资金，有关方需要交纳一定数额的股金作为安全基金。该项目专门设立一个委员会，委员会主要有以下两项职能：第一，委员会对辖区里所有银行缴纳的股金进行管理，这些股金是所有银行共同拥有的基金；第二，委员会有权检查银行，各银行需要按要求向委员会呈送详细的资金运用明细报告。继纽约州率先实施存款保护方案之后，佛蒙特州、印第安纳州、密歇根州、俄亥俄州以及艾奥瓦州 5 个州也先后实施了各自州的存款保护方案，具体情况如表 3-3 所示。

表 3-3　1829—1866 年间美国六州的存款保护方案

项目 州名	营运时间（年）	保护范围	参保银行	基金来源及征派比率	赔付时间
纽约州	1829—1866	1829—1842：全部[①] 1842—1866：持钞	所有银行	每年征收股本总额的 0.5%，最高 3%，若基金额下降，年征比率不超过上述规定，直到基金额恢复最大值	倒闭银行完成清算后赔付
佛蒙特州	1831—1866	全部	所有银行	每年征收股本总额的 0.75%，最高 4.5%，若基金额下降，年征比率不超过上述规定，直到基金额恢复最大值	倒闭银行完成清算后赔付
印第安纳州	1834—1866	全部	分行银行[②]	无专门规定，无专门基金，视需要征派	倒闭银行完成清算后赔付
密歇根州	1836—1842	全部	所有银行	每年征收股本总额的 0.5%，最高 3%，若基金额下降，年征比率不超过上述规定，直到基金额恢复最大值	银行倒闭后一年内赔付
俄亥俄州	1845—1866	持钞	分行银行	在银行开业前单独征派：比率为其发钞额的 10%，开业后增钞仍按该规定征派	银行倒闭后即时赔付[③]
艾奥瓦州	1858—1866	持钞	分行银行	在银行开业前单独征派：比率为其发钞额的 12.5%，开业后增钞仍按该规定征派	银行倒闭后即时赔付

资料来源：根据 Federal Deposite Insurance Corporation，Annual Report，1952，1953，62-63 整理。

① 含持钞、存款及银行其他各种负债，不含资本账户负债。

② 实质上是独立银行。

③ 采用有清偿能力的银行代垫支付方式，所需资金由保护基金及倒闭银行清理偿还。

虽然各州方案在细节上差异较多，但都有两个共同的特点：其一，目的都是避免银行倒闭造成的金融体系不稳定等不利后果；其二，在银行倒闭后，为保证存款人和持钞人的利益，对其进行一定数额的赔付。

这些存款保护方案对存款保护确实进行了有益的探索，但仅实施到1866年就被迫终止，原因主要有三个：第一，19世纪30年代美国"自由银行"①运动的兴起使得州存款保护方案难以实施；第二，国民银行制度的确立导致州银行数量大减②；第三，州存款保护基金规模小，应对倒闭风险能力差，在大量银行倒闭时，保护基金规模太小不足以支付过多的赔付。

3.1.2 1908至1930年的州存款保护方案

20世纪初，美国银行存款的发展速度远超银行持钞，存款量在1870年是持钞量的2倍，30年后增至持钞量的7倍，可见存款的规模在不断增加，其重要性也日益体现。此外，当时的美国正处于经济大萧条时代，银行大量倒闭，存款人的存款面临损失，存款保险对于防止银行挤兑和维持公众对银行业信心的重要性重新凸显。从1907年到1917年，美国在8个州建立了两大类存款保护方案。③ 一类以俄克拉荷马州存款保护方案为代表，另一类则以堪萨斯州存款保护方案为代表，两类方案的详细信息如表3-4所示。

表3-4 俄克拉荷马州存款保护方案与堪萨斯州存款保护方案

项目 州名	保护范围	参保银行	参保方式	基金来源及征派比率	赔付规定
俄克拉荷马州	全部存款，利率受限	所有州注册银行和信托公司	强制	年征额为日均存款余额的0.2%，直到基金达到计征基数的2%为止，若基金减少，则以相同的比率额外加征	银行委员会接管后立即以现金赔付，若基金不足则赔付利率为6%的债务凭证，1913年后规定此类债务凭证不得低于面值买卖

① 1836年3月，美国第二银行因注册期满未获准延期而被迫关闭，为填补其空缺，许多州通过立法，解除了进入银行业的严格限制，银行有权决定是否参加存款保护方案，因而银行借机逃避存款保护。另一方面，在自由银行制度下，只要具备一定的条件，任何人都可以设立银行而无须通过立法机构的审批和颁发营业执照，致使自由银行的数量激增。两种原因联合作用，使存款保护方案中要求所有银行参与保护方案的计划落空。

② 1863年国民银行制度确立。为扭转各州滥发银行券及其流通的混乱局面，1865年国会通过法案，对州银行发钞加征额外税。为逃避此税，许多州银行变更注册成为国民银行，使州存款方案的参保银行数量下降。

③ 1907年俄克拉荷马州，1909年堪萨斯州、内布拉斯加州、得克萨斯州，1914年密西西比州，1915年南达科他州，1917年北达科他州、华盛顿州分别建立了存款保护的法律。

续表

州名 \ 项目	保护范围	参保银行	参保方式	基金来源及征派比率	赔付规定
堪萨斯州	全部存款，利率受限	所有州注册银行	自愿	年征额为日均存款余额的0.05%，至基金达100万美元为止，若基金降至50万美元以下，则额外加征，资本和公积金不在计征基数计算之列	以附息债务凭证赔付，若变现不足时由基金支付

资料来源：根据 Federal Deposite Insurance Corporation，Annual Report，1952，1953，68 整理。

3.1.3 存款保险制度建立的契机

州存款保护方案失败的原因主要有两个：其一，保险对象仅限于一个州的范围内，风险过度集中；其二，有的州不是仅对银行存款进行承保，而是对整个银行负债进行承保，导致存款保险基金的负担过于沉重。

由于州一级的存款保险试验失败，再加上1930年至1933年这4年中，美国先后有大量银行倒闭，且倒闭银行涉及的存款金额也越来越大（见表3-5），建立国家级存款保险制度的呼声日益高涨。

表3-5 1921—1933年美国银行倒闭情况统计

年份	倒闭银行（家）	倒闭银行占银行总数比重（%）	倒闭银行涉及的存款额（万美元）	倒闭银行涉及存款额占所有商业银行存款比重（%）	由储户承担的损失（万美元）	损失占所有商业银行存款的比重（%）
1921	506	1.16	17281	0.619	5997	0.21
1922	366	1.15	9118	0.300	3822	0.13
1923	646	2.10	14960	0.462	6214	0.19
1924	775	2.58	21015	0.609	7938	0.23
1925	617	2.08	16694	0.440	6080	0.16
1926	975	3.28	26015	0.661	8307	0.21
1927	669	2.39	19933	0.491	6068	0.15
1928	498	1.84	14239	0.338	4381	0.10
1929	659	2.47	23064	0.543	7666	0.18
1930	1350	5.29	83710	2.010	23736	0.57
1931	2293	9.87	169023	4.420	39048	1.01
1932	1453	6.94	70619	2.430	16830	0.57
1933	4000	20.53	359671	14.230	54040	2.15

资料来源：①刘宇飞：《国际金融监管的新发展》，经济科学出版社，1999年。

②FDIC官网：A Brief History Of Deposit Insurance in the United States。

3.2 美国存款保险制度的建立

3.2.1 建立过程

在总结早期州存款保护方案经验和失败教训的基础上,1933 年美国国会以绝对多数票通过了《1933 年银行法》(即《格拉斯-斯蒂格尔法》)。该法案包含了建立全国统一存款保险制度的相关内容,拉开了建立和实施美国联邦存款保险制度的序幕。联邦存款保险制度主要包括由财政部和 12 家联邦储备银行共同出资创办联邦存款保险公司(Federal Deposit Insurance Corporation,以下简称 FDIC)、将 FDIC 作为国民银行和投保州注册银行的清算人及创办两个独立的存款保险计划(临时性存款保险基金和永久性存款保险计划)等内容。

3.2.2 联邦存款保险公司的职责与权力

作为美国联邦存款保险制度的主要实施者以及美国银行业的主要管理者,FDIC 在成立初期的职责主要集中在许可审查与资本恢复两方面。随着运营的深入,FDIC 的主要职责和权力集中表现在对投保银行的监管和监管过程中所发现问题的处罚上。

FDIC 的主要职责有:①加强对投保银行尤其是非联储会员银行的监督和管理;②负责审批自愿参加存款保险的商业银行、互助储蓄银行的申请以及取消投保银行的存款保险资格;③对投保银行的业务和财务状况进行检查并实行统计报告制度;④帮助有问题的参保银行调整经营方向,对其进行资金援助;⑤安排破产倒闭的投保银行的清算和存款赔偿工作。

为完成其职责,FDIC 被授予如下权力:①有权批准和否决自愿加入存款保险体系银行的申请;②有权批准投保的非联储会员州银行设立分支机构;③有权批准投保银行要求放宽受限制存款的建议,自主决定采取何种方式赔偿存款人的损失;④有权检查投保银行、复审货币监理署官员和美联储官员对这些银行的检查报告;⑤有权向其他银行管理机构通报投保银行不安全的情况,对于那些不听劝告继续从事违规行为或存在严重问题的银行,给予终止存款保险资格的处罚;⑥有权要求投保银行定期提交有关报告;⑦有权修订和补充存款保险的有关条例;⑧1966 年 FDIC 享有命令投保银行停业的权力。

FDIC 如果在检查和监管投保银行过程中发现问题,可以通过信用谈话或规劝、责令纠偏、取消投保资格及勒令停业 4 种方式对投保银行进行处罚。通过对问题投保银行进行管理和处罚,FDIC 保护了存款人权益、限制了银行破产对金融体系造成的不利影响。

3.3 美国存款保险制度的运行与修订

3.3.1 1935 年存款保险法的修订

在临时性存款保险方案实施期间,银行业运营状况得到明显改善,倒闭银行的数量大大减少,银行体系存款总量增加。但此时的银行体系仍不够健全,银行盈利前景不容乐观,临时性存款保险基金的一些规定已经不适应此时的经济环境。因此,在 1935 年,美国对存款保险法进行了修订,永久性存款保险基金代替了临时性存款保险基金。

3.3.2 1950 年存款保险法的修订

1935 年到 1949 年，永久性的存款保险计划取得了成功，银行倒闭数目显著下降。从 1934 年到 1945 年，FDIC 承保的银行中仅有 398 家倒闭，其中大部分为小银行；1945 年至 1949 年间，每年倒闭的银行不超过 5 家。除了制度建立当年收不抵支外，其余每年基金都有净收入，1946 年累积的基金余额甚至超过了 10 亿美元（资料来源：FDIC 官网）。

1950 年，美国国会对存款保险法案进行了第二次修订，于 1950 年 9 月 21 日颁布《1950 年联邦存款保险法》(1950 年版)第 873 号法令。该法案巩固了 FDIC 的法律地位，赋予联邦存款保险公司(FDIC)向任何有倒闭危险的重要受保银行发放贷款以及检查国家和州会员银行的权力以控制风险，并将保险限额由 5000 美元提高至 10000 美元。

在整个 20 世纪 50 年代和 60 年代，美国存款保险制度运行得比较成功。1942 年至 1970 年，每年倒闭的银行都不到 10 家，而且倒闭的银行大多数是小机构，存款保险基金的损失较小，这些年中只有 4 年 FDIC 的损失超过了 100 万美元，平均每年仅损失 36.6 万美元（资料来源：FDIC 官网）。

3.4 20 世纪末期的金融危机与存款保险制度的演变

20 世纪 70 年代以后，美国银行业经营环境发生重大变化，浮动汇率制度取代固定汇率制度，货币总量目标取代利率目标，两次石油危机引起物价剧烈波动，这些变化使存款保险制度又经历了一系列的考验。

3.4.1 道德风险与 20 世纪 80 年代的储贷危机

道德风险是由信息不对称所造成的问题，是指交易中的一方可能从事从另一方的观点来看不希望看到的那些活动的风险，这种风险在保险中普遍存在。受保者知道自己的损失可以被补偿，因而缺少动力去了解和观察投保金融机构的运作。这导致在缺乏监管或其他约束的情况下，较为脆弱的机构和高风险投机活动可以以较低的成本获取资金，因此更多资金会流入高风险业务，使得存款保险体系面临损失的可能性大大提高，20 世纪 80 年代的储贷危机便是道德风险的典型案例。

1934 年美国通过立法的形式，创立了联邦储蓄和信贷保险公司(Federal Savings and Loan Insurance Corporation，以下简称 FSLIC)，为储贷机构提供存款保险，这类似于 FDIC 为商业银行和互助储蓄银行提供保险。1980 年，FSLIC 为约 4000 家注册的储贷机构总共 6040 亿美元的资产提供保险。

储贷协会吸收期限较短的存款，用以发放期限较长的贷款，通过贷款利率与储蓄利率之间的利差获利。这种短借长贷不合理的期限结构，使储贷协会面临较大的利率风险。70 年代通货膨胀率及名义利率不断攀升，储蓄贷款协会的存款利率不得不提高，但其贷款利率在贷款时已固定，在此情况下，储贷协会的资产收益小于资金成本，从而面临巨大亏损；同时，由于道德风险的存在，储贷协会发放更多的高风险贷款以赚取更高收益，此类贷款使储蓄协会面临更大的违约风险。这两个方面的原因导致储贷协会经营状况每况愈下。

为了应对危机，美国采取了一些措施，如放松对股份制机构股东的限制等，但最终的结果却是导致了更大的问题和更高的处理成本。随着储贷机构倒闭的加剧，FSLIC 陷入无钱可用的境地(具体情况见表 3-6)，最终在 1989 年被国会撤销。

储贷危机的一个深刻教训就是，为尽可能降低道德风险和存款保险基金的损失，监管者需要配备足够的资源对参保机构进行严格管制，且应该对破产机构采取“非容忍政策”。

表 3-6 FSLIC 保险的储蓄信贷情况(1980—1989 年)

年份	储贷机构破产数量(家)	FSLIC 净收入(十亿美元)	FSLIC 储备金(十亿美元)
1980	43	0.8	6.5
1981	112	−4.6	6.2
1982	415	−4.1	6.3
1983	515	1.9	6.4
1984	695	1.0	5.6
1985	705	3.7	4.6
1986	672	0.1	−6.3
1987	672	−7.8	−13.7
1988	508	−12.1	−75.0
1989	517	−19.2	数据缺失

资料来源：转引自存款保险制度研究编委会《存款保险制度研究》，中国金融出版社，2003。

3.4.2 20 世纪 80、90 年代的银行危机及存款保险制度改革

美国从 20 世纪 70 年代中期开始放松对金融机构的监管，逐步放开对存款利率最高限的规定，允许金融机构的业务交叉。这一系列措施使银行业面临较为宽松的监管环境，部分银行甚至将资金投入高风险行业，银行业不良贷款增多、违约风险增大，倒闭银行数量愈来愈多，FDIC 面临巨大的赔付压力。

在这种背景下，1989 年 8 月《金融机构改革、复兴和实施法》正式生效，其主要内容有：①设立储贷协会保险基金；②加大 FDIC 对投保机构的监管与处罚力度；③设立专门的清理信托公司，负责处理有问题的储蓄与贷款银行；④设立储蓄监督局；⑤加强对储蓄与贷款银行活动的限制；⑥重新定义合格储蓄贷款人；⑦要求 FDIC 和财政部研究新的定价方法及管理办法。

20 世纪 80 至 90 年代，由于不少大型银行倒闭，FDIC 需要大量资金进行赔付，因此面临巨大压力。1991 年底，美国国会通过了《1991 年联邦存款保险公司改进法》，将存款保险费率制度由统一费率更改为风险差别费率。此法进一步保障了存款人的利益，抑制了银行的高风险投资行为，强化了对金融业的监管，这是美国改革和完善联邦存款保险制度的里程碑。

4 美国联邦存款保险公司应对次贷危机经验及政策调整

次贷危机是指由美国次级房屋信贷行业违约剧增、信用紧缩问题而引发的国际金融市场上的震荡、恐慌和危机，这次危机对银行存款保险体系产生了较大影响。了解 FDIC 如何应对此次危机对中国存款保险制度的平稳运行具有重要意义。

4.1 2007 年：危机爆发之初

4.1.1 有关指标出现异常

反映 FDIC 以及整个存款保险制度运行状况的指标主要有以下几项：①受保机构收益；②受保机构平均的资产回报率（return on asset，以下简称 ROA），该指标用来衡量每单位资产创造多少净利润，反映了机构的盈利能力；③受保机构的贷款损失准备金，该指标反映了资产的质量，通常来说，较高的贷款损失准备金说明该机构的资产质量越低，预留应付坏账的款项越高，从而影响企业的盈利能力；④存款保险基金（Deposit Insurance Fund，以下简称 DIF）；⑤DIF 准备金率，该指标是存款保险基金与受保存款总额之比，其值越小意味着 DIF 的增长速度赶不上受保存款增加的速度；⑥FDIC 所发布的"问题机构"名单中的机构数量及其总价值；⑦倒闭机构数量。

表 3-7 2007 年存款保险有关指标（季度）

指标 时期	受保机构收益（亿美元）	受保机构平均 ROA（%）	贷款损失准备金（亿美元）	DIF（亿美元）	DIF 准备金率（%）	问题机构（家）	问题机构总资产价值（亿美元）	倒闭机构（家）
2007Q1	360	1.21	92	507.45	1.20	53	214	1
2007Q2	367	1.21	114	512.27	1.21	61	231	0
2007Q3	287	0.92	166	517.54	1.22	65	185	1
2007Q4	58	0.18	313	524.13	1.22	76	222	1

资料来源：转引自 FDIC 官网《FDIC Quarterly Banking Profile》。

根据表 3-7，2007 年第三季度的受保机构收益为 287 亿美元，这是继 2002 年第四季度以来的最低值。第四季度这个数值下跌到 58 亿美元，创 16 年来新低（见图 3-6）。第三季度的平均资产回报率为 0.92%，第四季度这个数值下跌到 0.18%，这是继 1990 第四季度之后的最低值。贷款损失准备金在第四季度飙升至 313 亿美元，这严重影响了受保机构的盈利能力。

自 2003 年下半年以来，DIF 准备金率就不断降低，说明 FDIC 的存款保险基金的增速不及存款增速（见图 3-7）。

2007 年第一季度有一家受保银行（其资产价值约为 1530 万美元）倒闭，这是继 2004 年 6 月以来的首家受保银行倒闭，这也是 FDIC 所保险的银行中没有出现倒闭情况的最

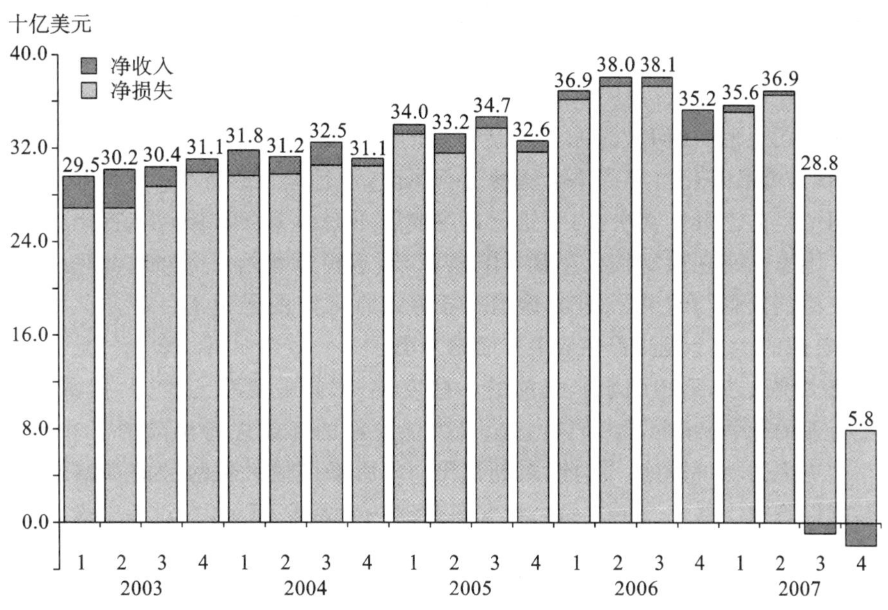

图 3-6　2003—2007 年受保机构收益情况

资料来源：转引自 FDIC 官网 FDIC Quarterly Banking Profile。

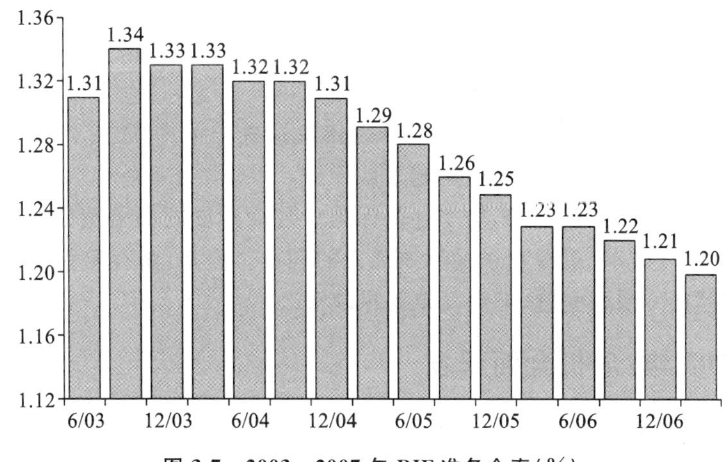

图 3-7　2003—2007 年 DIF 准备金率(%)

资料来源：转引自 FDIC 官网 FDIC Quarterly Banking Profile。

长时间记录。随后在下半年又有两家机构倒闭，2007 年三家倒闭机构的总价值达 23 亿美元，FDIC 为此付出的成本为 1.2 亿美元。

4.1.2　联邦存款保险公司的三项改革尝试

《2005 年存款保险改革法》曾对 FDIC 提出几项明确要求，包括：①研究存款保险私有化的可行性及其影响；②对超出 FDIC 所提供最大保险额的存款建立一个自愿性的存款保险制度；(3)将存款保险范围扩大到市政存款及其他公众存款。

2007 年 2 月，FDIC 向国会提交了一份报告，论述了实施这三项改革的具体细节。针对第一项改革，FDIC 认为，存款保险私有化并不能有效地解决存款保险所引起的问题。但支持私有化的人认为存款保险私有化不但能减少道德风险，而且能减少政府对存款机构的不适当干预以及降低市场系统性风险的概率从而减少对纳税人所造成的损失。对此，FDIC 进行了反驳，他们认为无论谁是保险的管理者，道德风险是保险本身固有的问题，因此存款保险私有化本身并不会缓解道德风险，而且最新的法律赋予了使 FDIC 更好地控制道德风险的工具。其次，对于银行业的监管不会因为存款保险私有化而变得毫无必要。许多国家已有现成的私人存款保险体系，但这些国家无一例外地都对该国的银行体系进行严格的监管与约束。最后，政府对于系统性风险的干预不仅涉及存款保险的问题，而且是宏观的经济问题，需要从多方面来考虑。

针对第二项改革，FDIC 认为，当前的一些变化(银行业更稳定繁荣，技术进步，其他部门与银行业的竞争)减少了人们对超出最大保险额的存款进行保险的需求，并提供了对这些存款更多的保护措施。因此，对超出 FDIC 所提供最大保险额的存款建立一个自愿性的存款保险制度并非当务之急。但如果政府一定要求 FDIC 在对超出最大保险额的存款进行保险中扮演一个重要的角色，FDIC 可以提供两个方案：

(1) 存款配置服务(deposit-placement services)：将大额存款分散为小额存款分配至参加该项目的银行，其结果是所有的存款都可被 FDIC 保险。

(2) 存款/转账计划(deposit-sweep programs)：银行存款转账计划(BDSP)是一个核心账户投资工具，此工具主要用于结算证券交易，同时将现金余额进行再投资，即存款者在经纪账户中的现金余额将自动存入一个或多个参与此项计划银行的 FDIC 保险有息存款账户，从而减少存款者在银行倒闭时所受的损失。

FDIC 指出，无论采用哪种方案，都应着力解决这些方案中所包含的可行性问题、共同保险问题、定价问题以及风险管理问题等。

针对第三项改革，FDIC 认为，增加存款保险对公众存款的覆盖范围能够增加基层公众的福利，降低银行成本，更有利于保障纳税人的利益。但是，将存款保险的范围扩大至市政存款可能存在一系列问题，如诱发道德风险等。

4.2　2008 年：危机全面爆发

4.2.1　有关指标继续恶化

2008 年，反映 FDIC 以及整个存款保险制度运行状况的各项指标继续恶化。受保机构的收益不断下滑，在第四季度出现一个极为异常的负值：净损失 321 亿美元，这是继 1990 年来首次出现负收益(见图 3-8)。ROA 第四季度也为负值(－0.94%)，创 1987 年以来新低。受保机构收益下滑的原因是房地产市场的坏账增多，导致贷款损失准备金增多，受保机构第三季度贷款损失准备金为 505 亿美元，创 15 年来新高，在第四季度更是进一步上涨至 694 亿美元，这严重影响了受保机构的盈利能力。DIF 覆盖范围逐渐减小，在第四季度 DIF 准备金率仅为 0.4%，创 1993 年来新低(见表 3-8)。

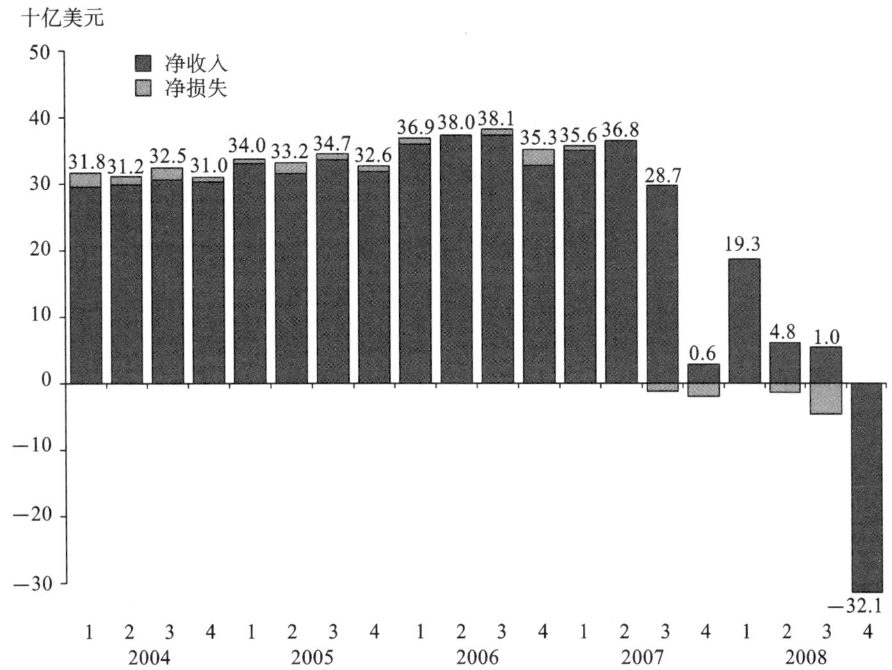

图3-8 2004—2008年季度受保机构收益情况

资料来源：转引自FDIC官网《FDIC Quarterly Banking Profile》。

表3-8 2008年存款保险有关指标(季度)

时期\指标	受保机构收益(亿美元)	受保机构平均ROA(%)	贷款损失准备金(亿美元)	DIF(亿美元)	DIF准备金率(%)	问题机构(家)	问题机构总资产价值(亿美元)	倒闭机构(家)
2008Q1	193	0.59	371	528.43	1.19	90	263	2
2008Q2	50	0.15	502	452.17	1.01	117	783	2
2008Q3	17	0.05	505	354.88	0.76	171	1156	9
2008Q4	−321	−0.94	694	188.89	0.40	252	1590	12

资料来源：转引自FDIC官网《FDIC Quarterly Banking Profile》。

“问题机构”与倒闭银行的数目均不断增加。第三季度有9家机构倒闭，这是自1993年第三季度以来单季度倒闭机构数量最多的一次。倒闭银行中包括价值3070亿美元华盛顿互助银行，这也是截至当时FDIC历史上最大规模的单个机构倒闭事件。第四季度倒闭银行数量进一步上涨至12家。

4.2.2 小额贷款试点项目

2008年2月5日，FDIC选择了31家银行进行小额贷款试点。试点期限约为两年(整个过程的周期是从2007年12月至2009年12月)。该试点项目的目的是研究银行如何运用小额贷款业务替代银行的高成本金融产品业务(例如发薪日贷款、透支保护等)以获取盈利。试点银行主要有两种贷款方式：

(1) 小额贷款(small-dollar loans,以下简称 SDLs),数额不超过 1000 美元;

(2) 准小额贷款(nearly small-dollar loans,以下简称 NSDLs),数额在 1000 美元和 2500 美元之间。

所有银行只提供封闭式分期贷款,具体业务见表 3-9。

表 3-9　小额贷款具体规定

指标	设定
金额	不高于 2500 美元
期限	不低于 90 天
年利率	不高于 36%
费率	低收费或不收费,办理费、其他预付费用加利率费用的费率不高于年利率
办理	提供身份、住址、收入证明、信用报告(用以决定贷款额度并证明还款能力),24 小时内会决定是否发放贷款
可选功能	储蓄托管、金融知识教育

资料来源:转引自 FDIC 官网《FDIC Quarterly Banking Profile》。

试点项目的其他规定如下:

(1) SDL 的平均贷款额约为 700 美元,平均期限为 10 个月到 12 个月。

(2) NSDLs 的平均贷款额约为 1700 美元,平均期限为 14 个月到 16 个月。

(3) 各种种类的贷款平均利率为 13%到 16%,但最常见的利率为 18%。

(4) 大约半数的银行会收取贷款办理费(平均来说,SDLs 为 31 美元,NSDLs 为 46 美元),如果把这笔费用算在利息里面,所有银行的年利率也都在 36%以内。

(5) 与相似类型的无担保贷款相比,SDLs 和 NSDLs 的拖欠率至少高出了 3 倍,但违约率和行业平均水平相同。关于试点的累计坏账率,SDLs 为 6.2%、NSDLs 为 8.8%,而个人无担保贷款为 5.4%、信用卡为 9.1%。

试点结果令人满意。绝大多数试点银行的人员表示:小额贷款是十分有用的经营策略,有利于维持与客户的长期关系。较长的贷款期限和规范化的认购方案是小额贷款成功运行的关键。基于此次试点的成功,FDIC 与银行、消费者、非营利组织及政府部门等机构合作,继续研究并采取能有效增加对小额贷款需求的措施,如将非营利机构和政府部门的资金池作为小额贷款的担保以及鼓励银行、非营利机构等相互合作以设计并推广小额贷款方案等。

4.2.3　联邦存款保险公司的救市措施

从前述分析可知,银行倒闭机构数量的显著增多使 DIF 遭受严重损失,导致 DIF 准备金率显著降低。《2005 年存款保险改革法》曾要求 FDIC 在 DIF 准备金率(或其 6 个月内的预期值)低于 1.15%时制定救助计划,而且在救助计划制定后的 5 年之内,DIF 准备金率要达到 1.15%或更高水平。

随着信贷市场崩溃,金融机构的流动性受到严重影响,FDIC 在 2008 年 10 月相继出台两项救市措施。

(1) FDIC于2008年10月7日出台了救助计划(restoration plan),主要对资产的估价机制进行了改动,高风险的机构受其影响较大。

(2) FDIC于2008年10月13日出台了流动性担保计划(temporary liquidity guarantee program,以下简称TLGP),通过对无息存款账户的交易提供担保(账户交易担保计划,transaction account guarantee program,以下简称TAGP)以及对合格的高级无担保债券提供担保(债务担保计划,debt guarantee program,以下简称DGP)来改善流动性状况。超过了85%的受保机构加入了TAGP,超过一半的机构加入了DGP。

4.3 2009年:金融危机末期

从表3-10中可以看出,即使在金融危机末期,金融危机对存款保险体系的影响仍然存在。首先,受保机构的收益和ROA仍处在一个较低水平,较高的贷款损失准备金是造成这些机构盈利能力大幅降低的主要原因。其次,"问题机构"数目不断攀升,倒闭机构也不断增加,这使FDIC的负担也逐渐增加,DIF和DIF准备金率在下半年甚至出现负值。然而,政府在2009年并未出台或实施对存款保险体系影响较大的改革方案。

表3-10 2009年存款保险有关指标(季度)

指标 时期	受保机构收益(亿美元)	受保机构平均ROA(%)	贷款损失准备金(亿美元)	DIF(亿美元)	DIF准备金率(%)	问题机构(家)	问题机构总资产价值(亿美元)	倒闭机构(家)
2009Q1	76	0.22	609	130.07	0.27	305	2200	21
2009Q2	−37	−0.11	699	104	0.22	416	2988	24
2009Q3	28		651	−82	−0.16	552	3459	50
2009Q4	9.14		611	−209	−0.39	702	4028	45

资料来源:转引自FDIC官网《FDIC Quarterly Banking Profile》。

4.4 金融危机后存款保险制度的调整

2008年次贷危机后,为防范金融危机再次发生,参众两院在2010年7月最终通过了《多德弗兰克法》。此法案提出设立金融稳定监督委员会,负责识别影响金融业的风险并对大型银行进行严格监管,同时要求资产规模超过500亿美元的银行接受美联储的"压力测试"[①],这一系列的改革加强了相关机构对银行类金融机构的监管。

2008年10月3日至2013年12月31日,美国存款保险限额被临时性地上调到25万美元。同时,FDIC将对会员银行的财务状况进行严格的审核、监督会员银行的风险承受能力以及评估会员银行是否有健全的风险规避管理规则。联邦注册的国民银行和州注册但属于美联储成员的州银行必须加入存款保险制度,非联储成员的州银行则需要向FDIC提出申请,只有获得批准后才能够成为其会员。事实上,绝大部分银行都已经获得

① 压力测试是一种由计算机驱动的模拟技术,用于评估银行及其资产组合在各种情况下的反应,进而衡量银行机构是否有足够的资本缓冲来承受损失。

FDIC 的批准，成为其会员。从美国存款保险制度的经验中可以看到，存款保险制度不仅保护了存款人的利益，也在稳定金融体系方面扮演着重要的角色。

5 金融危机和存款保护——启示与借鉴

5.1 金融危机期间存款保险制度面临的挑战

在金融危机期间存款保险制度面临的第一个挑战是挤兑问题。对于没有设立存款保险制度的国家而言，银行挤兑问题必须通过中央银行提供流动性支持或实行宽松的货币政策来解决。对于已建立存款保险制度的国家而言，银行受保存款的数额相对稳定，但银行非受保存款以及非存款性负债面临较严重的挤兑问题。例如，美国的大额存款和回购债券在金融危机期间遭到挤兑，导致银行融资市场压力增加，反过来使更多的短期资金遭到挤兑。这种银行和市场间的相互影响严重威胁到金融系统和实体经济的稳定性。

在金融危机期间存款保险制度面临的另一个挑战是资金问题，即在金融危机时由于大量的金融机构破产导致存款保险机构的存款保险基金远远无法满足对破产银行储户的赔偿。这种情况在那些金融体系较庞大的国家尤其常见。存款保险基金的缺口使一些国家的存款保险政策出现了偏向性，例如，冰岛在本国出现金融危机时，对外币存款不进行保险的赔付。

5.2 存款保险制度的修订与完善

在金融危机发生后，各国为拯救国内金融企业，稳定国内市场环境，对存款保险制度进行了修订、补充或完善。

5.2.1 取消共同保险

“共同保险”是指储蓄者只有一部分比例的资金受到保护。例如，某国对存款进行20%的共同保险，这意味着存款人只有80%的存款受到保护，且理赔额不超过规定的上限(这里假设为100元)。当某个存款人的存款额小于或等于125元时，他获得的理赔额为他的存款额乘以80%；当他的存款额大于125元时，由于理赔上限规定为100元，所以他仅能获得100元理赔额。

通常，在共同保险制度下，存款人需要承担银行倒闭带来的部分风险，这将激励存款人对银行的经营状况进行监督，在一定程度上防范了道德风险。但在金融危机中，共同保险会增加中小存款人的损失，容易引发银行挤兑等问题，因此该制度很难维持。从2003年到2013年，原先16个实行该制度的国家中，大部分国家已取消该制度(见图3-9)。

5.2.2 扩大存款保险的覆盖面

在危机期间为了增强公众对金融机构的信心，一些国家会对存款保险的数额进行调整，如根据通货膨胀调整赔付数额等；另一些国家会扩大存款保险的范围，将以前的非受

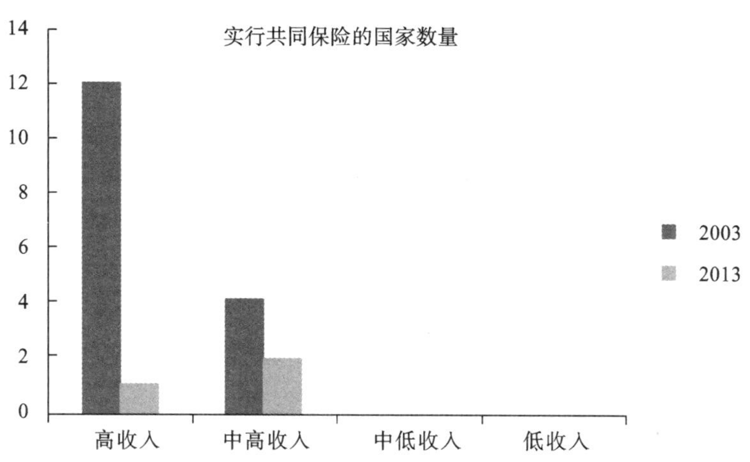

图 3-9 2003 年和 2013 年实行共同保险制度的国家数量比较

资料来源：Deposit Insurance Database (Demirgüç-Kunt A, Kane E, et al, 2014)。

保存款定义为受保存款以阻止资金从金融机构外流，如以前不对同业存款进行保险的国家将同业存款纳入受保范围；还有一些经济联盟如欧盟则通过成员国的存款保险制度一体化来减少系统性风险。

5.2.3 政府对存款、非存款性负债和银行资产进行担保

政府对存款进行担保意味着政府对存款赔付承担着无限责任，如果存款保险机构没有足够的资金理赔，政府将进行赔付。还有些国家的政府会对非存款性负债进行担保，但不同国家的担保范围有所不同：有些国家(爱尔兰)的担保只限于少数主要金融机构；有些国家(韩国、美国)只对特定的债务或发行的新债进行担保；有些国家(澳大利亚)对非存款负债提供无限担保。除了负债之外，有些国家还对银行的资产进行担保，例如，荷兰和瑞士分别对 ING① 和 UBS② 的资产负债表上面难以估值的资产进行了担保。

金融危机期间约有 38%的国家的政府对银行进行了救助，通常的方式是向银行提供一定的信用额度或使用国库券对银行的资产和负债进行担保。

5.2.4 对银行进行国有化

国有化是指政府将金融机构明确地收归国有或通过兼并收购等方式控制金融机构的情形。金融危机期间，包括比利时、荷兰、英国、美国在内的 17 个国家对本国银行进行了国有化。国有化意味着政府对这些机构的存款进行了隐性担保。

6 对中国存款保险制度的解读及评析

2015 年 2 月 17 日，李克强总理签署中华人民共和国国务院令第 660 号，全文如下：

① 荷兰国际集团(International Netherlands Groups)。

② 瑞士联合银行集团(United Bank of Switzerland)。

"《存款保险条例》已经 2014 年 10 月 29 日国务院第 67 次常务会议通过，现予公布，自 2015 年 5 月 1 日起施行。"这标志着中国存款保险制度的正式实施。该条例从存款保险的覆盖范围、保险限额、筹资方式、费率模式以及存款保险机构的职能等方面为我国建立存款保险制度提供了明确的依据。根据世界各国建立及完善存款保险制度的经验，对我国《存款保险制度条例》(以下简称《条例》)中的有关条款作以下评析。

(《条例》第二条)在中华人民共和国境内设立的商业银行、农村合作银行、农村信用合作社等吸收存款的银行业金融机构(以下统称投保机构)，应当依照本条例的规定投保存款保险。投保机构在中华人民共和国境外设立的分支机构，以及外国银行在中华人民共和国境内设立的分支机构不适用前款规定。但是，中华人民共和国与其他国家或者地区之间对存款保险制度另有安排的除外。

该条款明确了两点：其一，我国的投保机制为强制投保(而非自愿)，这保证了存款保险制度的公平性，减少了逆向选择的现象①；其二，我国存款保险对外国银行在我国境内设立的分支机构不进行保险。

(《条例》第四条)被保险存款包括投保机构吸收的人民币存款和外币存款。但是，金融机构同业存款、投保机构的高级管理人员在本投保机构的存款以及存款保险基金管理机构规定不予保险的其他存款除外。

该条款进一步明确了我国存款保险的覆盖范围：对投保机构的人民币存款和外币存款进行保险而对银行同业存款不进行保险。在当前招商引资、经济全球化的背景下，我国对外币存款进行保险可以防止外汇流出、保证外币存款的稳定性，同时部分普通储户也会持有外币存款，对外币存款进行保护符合存款保险制度保护中小储户的原则。不对同业存款进行保险的原因有两个，首先，银行等金融机构有能力利用获取的信息来识别和控制同业存款机构的风险。其次，同业存款通常数额较大，存款保险限额远低于同业存款数额，在银行破产时存款保险对同业存款的保障作用有限。

(《条例》第五条)存款保险实行限额偿付，最高偿付限额为人民币 50 万元。中国人民银行会同国务院有关部门可以根据经济发展、存款结构变化、金融风险状况等因素调整最高偿付限额，报国务院批准后公布执行。同一存款人在同一家投保机构所有被保险存款账户的存款本金和利息合并计算的资金数额在最高偿付限额以内的，实行全额偿付；超出最高偿付限额的部分，依法从投保机构清算财产中受偿。

该条款明确了存款保险限额为 50 万元人民币。由中国统计局有关数据推算，我国 2013 年年末人均 GNI 约为 4.34 万人民币，人均 GDP 为 4.37 万人民币。据世界银行的数据，人均 GNI 在 2.46 万元至 7.60 万元范围内的国家属于中高收入国家，因此中国应该属于中高收入水平国家。根据 2.1 节第三段给出的数据，我国"存款保险限额/人均 GDP"应该参考中高收入国家的水平，也就是说我国"存款保险限额/人均 GDP"的参考值应该为 6.3，根据以上数据可以算出我国的存款保险限额应该设定为 27.53 万人民币。但是由于我国居民投资渠道单一、储蓄倾向较高，主要是以存款的形式持有金融资产。为了保护大多数人民群众的切身利益，可以适当地提高该限额(北京大学中国经济研究

① 在自愿投保模式下，低风险银行大多不愿加入存款保险体系。

中心宏观组，2003）。中国人民银行金融稳定局的数据显示，将最高偿付限额设定为50万元，能够为99.5%以上的存款人（包括各类企业）提供100%的全额保护。另外，《条例》还规定了存款保险的对口模式采用对存款人保障力度最大的“账户制”，这充分表明了政府部门对保护存款人利益的决心。

（《条例》第六条）存款保险基金的来源包括：①投保机构交纳的保费；②在投保机构清算中分配的财产；③存款保险基金管理机构运用存款保险基金获得的收益；④其他合法收入。

此条款明确了存款保险基金的筹集来源主要为投保机构。从我国利率市场化改革进程来看，我国于2013年全面放开金融机构贷款利率管制，于2015年放开对一年期以上定期存款利率的管制。利率市场化导致我国银行间竞争程度加剧，银行存贷款业务的盈利空间缩小，增加了银行倒闭的可能性，因此受保银行缴纳保费能在一定程度上保护存款者利益。

（《条例》第七条）存款保险基金管理机构履行下列职责：①制定并发布与其履行职责有关的规则；②制定和调整存款保险费率标准，报国务院批准；③确定各投保机构的适用费率；④归集保费；⑤管理和运用存款保险基金；⑥依照本条例的规定采取早期纠正措施和风险处置措施；⑦在本条例规定的限额内及时偿付存款人的被保险存款；⑧国务院批准的其他职责。存款保险基金管理机构由国务院决定。

从此条款可以看出，我国存款保险机构具有“付款箱＋”的功能，这种类型的存款保险公司有责任使存款保险基金的风险和损失最小化。世界上主要发展中国家大多采用此模式。由于我国的银行监管制度尚未完全成熟，将存款保险制度设计成一个使风险最小化的风险管理模式较为合理。

（《条例》第九条）存款保险费率由基准费率和风险差别费率构成。费率标准由存款保险基金管理机构根据经济金融发展状况、存款结构情况以及存款保险基金的累积水平等因素制定和调整，报国务院批准后执行。各投保机构的适用费率，由存款保险基金管理机构根据投保机构的经营管理状况和风险状况等因素确定。

该条款明确了我国存款保险的费率制度是统一费率和风险差别费率的结合。这种费率制度结合了统一费率易于操作、人力成本低的特点和风险差别费率公平的特点。这种费率制度也对有关部门提出了更高的要求：需建立一个可靠的风险评估系统，并加强金融安全网络成员之间的信息共享和协调配合，而这一点在《条例》第十四条中也得到了体现。

（《条例》第十四条）存款保险基金管理机构参加金融监督管理协调机制，并与中国人民银行、银行业监督管理机构等金融管理部门、机构建立信息共享机制。存款保险基金管理机构应当通过信息共享机制获取有关投保机构的风险状况、检查报告和评级情况等监督管理信息。前款规定的信息不能满足控制存款保险基金风险、保证及时偿付、确定差别费率等需要的，存款保险基金管理机构可以要求投保机构及时报送其他相关信息。

7 小结

通过对各国存款保险制度的分析，世界上主要国家(地区)的存款保险制度总结如表3-11所示。

表3-11 主要国家(地区)的存款保险制度总结

国家(地区)＼指标	类别	组织模式	管理模式	功能	外资银行	外币存款	同业存款	筹集时机	筹集来源	对口模式
澳大利亚	1	2	1	1	2	2	1	2	1	2
加拿大	1	1	1	2	2	2	1	1	2	2
中国香港	1	1	1	1	1	1	2	1	2	2
日本	1	1	3	2	2	2	2	1	2	2
韩国	1	1	1	2	1	1	2	1	2	2
新加坡	1	1	1	1	1	2	2	1	2	2
英国	1	1	1	2	1	1	2	2	2	2
美国	1	1	1	2	2	1	1	1	2	2
阿根廷	1	1	2	2	1	1	2	1	2	3
巴西	1	1	2	2	2	2	2	1	2	2
印度	1	1	1	2	1	1	2	1	3	2
马来西亚	1	1	1	2	2	2	1	1	3	2
泰国	1	1	1	2	1	1	1	1	2	2
中国	1	1	1①	2	2	1	2	1	2	1

资料来源：Deposit Insurance Database (Demirgüç-Kunt A，Kane E，et al，2014)。

"类别"一栏：显性存款制度取1，隐性存款制度取0。

"组织模式"一栏：独立法人取1，其余②取2。

"管理模式"一栏：公营模式取1，私营模式取2，公私合营取3。

"功能"一栏："付款箱"取1，"付款箱＋"取2。

"外资银行"一栏：对外资银行支行进行存款保险取1，否则取2。

"外币存款"一栏：对外币存款进行存款保险取1，否则取2。

---

① 存款保险暂时不设立独立的公司，而是由央行下属的金融稳定局管理。待时机成熟，再考虑设立独立的存款保险公司。

② 如前文所述包括监管机构、中央银行及政府机构。

"同业存款"一栏：对同业存款进行存款保险取1，否则取2。

"筹集时机"一栏：事前筹集保费取1，事后筹集保费取2。

"筹集来源"一栏：保费来自政府财政取1，来自银行上缴取2，政府银行联合出资取3。

"对口模式"一栏：账户制取1，机构制取2，个人制取3。

案例使用说明

一、关键点

存款保险制度能够在存款机构发生经营危机时为存款者提供保护，在一定程度上避免了金融体系动荡。本案例在介绍了世界各国存款保险制度的一般情况后，重点介绍了美国存款保险制度运行、发展、完善的过程，并详细分析了美国存款保险机构应对金融危机的措施。在借鉴多国存款保险制度经验的基础上，对我国存款保险制度条例进行了解析。本案例关键点如下：

(1) 理解存款保险的限额、类别、组织模式、管理模式、功能、覆盖范围、筹集细则及对口模式；

(2) 掌握世界主要国家存款保险制度的特点；

(3) 了解美国早期存款保险制度失败的原因、存款保险建立之初的优缺点、存款保险制度改革的历程以及金融危机中FDIC的应对措施；

(4) 美国存款保险制度对我国的借鉴意义；

(5) 掌握我国新出台的《存款保险条例》中的核心内容，了解我国存款保险制度的主要特征。

二、知识点

1. 存款保险制度

存款保险制度是各国建立的一种旨在维持金融系统稳定的制度。在存款机构出现经营危机甚至破产时，存款保险机构会为存款人提供赔付，从而避免银行挤兑、银行破产等对金融系统带来动荡，该赔偿最高限额由各国自行决定。

存款保险制度类别分为隐性存款保险制度和显性存款保险制度。在隐性存款保险下，政府通常会在银行破产时进行救助，为存款人提供存款保护；而在显性存款保险制度下，存款保险机构通常会按照法律规章进行偿付。

2. 存款保险限额(deposit insurance)

存款保险限额即存款者在银行破产时所能获得的最高赔付额，此限额由国家法律明确规定，不同国家之间可以存在差别。

3. 存款保险基金(deposit insurance fund，简称DIF)

存款保险基金是存款保险机构向投保人征收的一定数额的保费，保费通常按存款机构所吸收存款的一定比例征收。

4. 联邦存款保险公司(Federal Deposit Insurance Corporation,简称 FDIC)

联邦存款保险公司是美国联邦存款保险制度的实施者以及美国银行业的主要监管者,于 1933 年由财政部和 12 家联邦银行共同出资成立。FDIC 的职能主要包括在存款机构破产时对储户进行赔付、监管投保银行和处罚问题机构等。

5. 存款保险费率

存款保险费率分为统一费率和风险差别费率两种。在统一费率模式下,所有参保银行面临相同的收费规则;而风险差别费率模式则对不同的银行设置不同的适用费率,费率主要取决于银行的经营管理状况、所从事业务的风险大小等因素。

6. DIF 准备金率

存款保险基金准备金率是存款保险基金与受保存款总额之比。其值越小意味着 DIF 的增长速度并不足以赶上受保存款增加的速度。

7. 共同保险

在共同保险情形下,存款机构只对存款人的部分存款进行保险,即存款人在银行破产时需要与银行一起承担一定数额的损失。这类保险制度可以加强存款人的风险意识,激励存款人对银行进行监督,在一定程度上可以防止道德风险。

三、启发思考题

学习本案例后请思考以下问题:

(1) 什么是存款保险制度?

(2) 在各个时期美国存款保险制度有哪些优缺点?

(3) 在次贷危机期间及次贷危机后,美国对存款保险制度进行了哪些改革?这些改革对于维护美国金融体系的稳定发挥了怎样的作用?

(4) 我国的存款保险制度有哪些特点?建立存款保险制度对我国的金融体系将产生怎样的影响?

(5) 美国的存款保险制度对我国存款保险制度的发展及完善有怎样的借鉴意义?

参 考 文 献

[1] Federal Deposit Insurance Corporation. A Brief History of Deposit Insurance in the United States[EB/OL]. (1998-09-30)[2020-09-25]. https://www.fdic.gov/bank/historical/brief/.

[2] Demirgüç-Kunt A, Kane E, Laeven L. Deposit insurance database[DB]. The World Bank, 2014.

[3] FRASER. Discover Economic History[EB/OL]. [2020-09-25]. https://fraser.stlouisfed.org/theme/federal-deposit-insurance-corporation-fdic.

[4] 北京大学中国经济研究中心宏观组. 设计有效的存款保险制度[J]. 金融研究,

2003(11):5-20.

[5] 苏宁.存款保险制度设计[M].北京:社会科学文献出版社,2007.

[6] 魏加宁.存款保险制度与金融安全网研究[M].北京:中国经济出版社,2014.

[7] 张金宝.存款保险定价及相关问题研究[M].北京:经济科学出版社,2012.

案例4
美国伊利诺伊银行与英国诺森银行挤兑风波

摘要：商业银行挤兑风波不仅严重影响了银行的经营发展，而且可能危及整个金融业的有效运行。本案例通过回顾美英两家著名银行挤兑事件的来龙去脉，深入分析了两次挤兑事件发生的根本原因。在此基础上，提出了我国银行应制定合理的融资策略、加强流动性风险管理、有效防范流动性风险等政策建议。

关键词：挤兑风波；流动性风险；金融监管

1 美国伊利诺伊银行挤兑事件

1.1 事件背景

美国大陆伊利诺伊银行(Continental Illinois Bank，以下简称伊利诺伊银行)是20世纪七八十年代美国一家拥有强大经营实力的银行。由于持有较少的房地产贷款，伊利诺伊银行避免了20世纪70年代中期房地产危机的冲击，也因此成为当时全美账面盈利最好的银行之一，并于1978年当选为美国五大最佳管理企业。截至1984年，伊利诺伊银行以近400亿美元的资产成为美国第六大银行(按资产规模排名)、国内最大的商业和工业贷款人，并在14个州和29个国家拥有57家营业处。

然而伊利诺伊银行的成功却是建立在管理层激进的存贷款政策之上，这也为后来的挤兑事件埋下了伏笔。20世纪70年代，伊利诺伊银行宣布的战略目标是成为国内最大的工商业贷款人。为了争夺市场份额进而实现该目标，伊利诺伊银行省去了信贷委员会审批贷款的程序，并放松了信贷员的贷款权限。在此政策下，1981年伊利诺伊银行全行工商贷款余额达143亿美元，其中能源贷款占工商业贷款的47%、占总贷款的20%，特别是额度为24亿多美元的贷款两年未做过贷后检查。一般来说，银行贷款业务的资金通常来源于零售存款。然而，由于当时法规的限制，伊利诺伊银行无法通过开设足够的分支网点获得大量零售存款。在伊利诺伊银行大约300亿美元的存款来源中，没有存款保险的外国人存款或额度超过 10 万美元保障上限的大额存单占比在 90%以上。此外，伊利诺伊银行资产流动性极低，其贷存比高达 79%，远高于同类银行 12 个百分点。

20 世纪 80 年代初期，美国能源业蓬勃发展，对石油开采和生产的贷款需求日益旺盛。由于俄克拉荷马州的宾州广场银行（Penn Square Bank）多年专门承放油气钻探贷款，伊利诺伊银行认为其在石油贷款方面具有专长。为此，伊利诺伊银行持有了由宾州广场银行发行的价值超过 10 亿美元的贷款债券。然而宾州广场银行的资金主要来源于银行间拆借市场并几乎全部贷款给能源行业，一旦能源行业发生危机，宾州广场银行会面临流动性风险甚至破产。与此同时，伊利诺伊银行向拉丁美洲等国家（如墨西哥）也提供了大量贷款。

1.2　挤兑爆发

世界油价在经历了多年的上涨之后，于 1981 年 4 月开始下跌，能源行业因此遭受巨大损失并产生大量不良贷款，1982 年 7 月宾州广场银行宣布破产，伊利诺伊银行也在 1982 年的半年报告中披露了高达 13 亿美元的不良资产。随着信贷组合风险不断上升，伊利诺伊银行在美国货币市场的融资成本大幅增加，因此，伊利诺伊银行不得不更多地通过欧洲美元市场获取资金。与此同时，墨西哥贷款违约，由此引发了 20 世纪 80 年代发展中国家的债务危机。由于发展中国家不断上升的债务违约率，伊利诺伊银行于 1984 年一季报宣布了另一笔市值达 23 亿美元的不良贷款。

1984 年 5 月 8 日，有关伊利诺伊银行破产的谣言开始在国内外货币市场流传。在 24 小时之内，国内外的机构投资者几乎同时终止了在伊利诺伊银行短期存款的自动续期及资金拆借业务，挤兑风波正式爆发。短短 10 天内，伊利诺伊银行流失了 60 亿美元以上的资金。5 月 11 日，伊利诺伊银行通过联邦储备贴现窗口举债 36 亿美元，同时，芝加哥储备银行要求其他 16 家银行联合向伊利诺伊银行提供 45 亿美元紧急贷款，然而，挤兑仍旧没有停止。

1.3　拯救行动

在伊利诺伊银行近 330 亿美元的存款中，只有大约 30 亿美元的存款受到保障，并且有约 2300 家银行在伊利诺伊银行拥有相应的存款账户。一旦伊利诺伊银行破产，不但会给存款人造成巨大损失、降低国外投资者对美国银行的信心，甚至可能会引起一场全国乃至世界范围的金融危机。原 FDIC 主席 Irvin H. Sprague 回忆道，“乍一看，偿付很吸引人，像是一个便宜和迅速的解决方式。问题是无法预测将有多少个机构倒闭或者国家的整个银行业系统会变得怎样脆弱。”伊利诺伊银行的潜在破产所带来的系统性风险远远超出了该行自身破产。

根据 1982 年美国国会通过的加恩-圣杰曼法规，只要联邦存款保险公司认为有必要，即认为银行倒闭会对银行体系造成重大损害时就可以出资拯救银行，即使拯救成本远高于清算银行的成本。1984 年 5 月 17 日，联邦存款保险公司、美联储以及货币监理署为了挽救伊利诺伊银行公布了一揽子救济措施：①联邦存款保险公司和整个银行业向该行注入 20 亿美元资本金；②美联储保证提供流动性；③在找到永久解决方案前，由 24 家主要银行组成的财团提供53亿美元的无担保资金。

1.4 思考与启示

以上分析表明，伊利诺伊银行倒闭的原因主要有以下几点：

(1) 激进的公司战略，不良的资产结构。由于伊利诺伊银行无法获得足够的零售存款，为了快速扩大银行资产规模，该行盲目吸收没有存款保险的外国存款和存款金额超过10万美元的大额存单。一旦出现挤兑风波，银行还款能力较弱从而加剧银行流动性压力。此外，以最大工商业贷款人为目标的战略使得该行贷款相对集中，一旦工商业出现危机便会给该行带来巨大风险。

(2) 内部监管缺失。为了实现银行制定的激进战略，伊利诺伊银行省去了信贷委员会审批贷款的程序并同时放松了信贷员的贷款权限。大量贷款贷放给信用等级较低的客户，增加了银行的潜在风险。

(3) 贷款策略失误。一方面，伊利诺伊银行将资金贷放给已经过热的能源行业；另一方面，又过度信任资金链脆弱的宾州广场银行。因此，伊利诺伊银行在能源危机期间受到的冲击远超于其他银行。

虽然伊利诺伊银行曾经是全美管理最好的银行之一，但由于上述一系列错误的经营策略导致了严重的流动性危机，最终政府不得不出手挽救才避免其破产。这一事件对我国银行业的启示如下：

(1) 加强商业银行的监管。随着我国金融创新和金融市场的快速发展，以营利为目标的商业银行流动性风险管理压力加大，流动性风险已成为我国银行业面临的主要风险。各级监管部门应加强对银行部门流动性风险的评估和预警，以防止重大流动性风险事件发生。

(2) 优化存贷款结构。由于伊利诺伊银行存贷款管理失当，特别是将大量贷款投入能源行业，在能源危机爆发时，产生了大量坏账。以此为鉴，我国商业银行应加强存贷款规模管理、优化存贷款结构，避免将“所有的鸡蛋放入一个篮子里”。

(3) 制定合理的发展战略。商业银行在制定战略目标时，应根据所处的经济环境充分考虑自身的风险承受能力，以避免造成较大的战略失误和风险，从而在不断变化的外部环境中保持盈利性、安全性和流动性的平衡。特别是银行的战略规划应与我国未来发展趋势相适应，同时，商业银行应按照现代先进的管理理念推动其经营模式转型，全面提高经营管理水平。

2 英国诺森罗克银行挤兑事件

2.1 事件背景

诺森罗克银行(Northern Rock)是英国第五大贷款机构，于1997年在伦敦交易所上市。截至2007年上半年，诺森罗克银行约有150万储户和240亿英镑的零售存款，向80

万购房者提供房贷。与大多数依靠储户存款为购房者提供抵押贷款的银行不同，诺森罗克银行采用了较为激进的融资策略——通过同业拆借、发行债券或卖出资产抵押证券进行融资，这种融资策略意味着大量资金来自金融批发市场，导致诺森罗克银行的零售存款和零售贷款实际发放资金的比例从 1997 年的 62.7%下降到 2006 年的 22.4%。根据诺森罗克银行 2007 年上半年的资产负债表，银行资金来源总额为 1049 亿英镑，其中零售存款为 244 亿英镑，占比 23.2%；非零售存款资金为 267 亿英镑，占比 25.5%；备兑债券的资金为 81 亿英镑，占比约 7.7%；资产证券化的资金为 457 亿英镑，占比 43.6%。在资产业务方面，诺森罗克银行在美国次级债券市场上的投资约 2.75 亿英镑，其中 2 亿英镑投资在美国的债务抵押债券，0.75 亿投资于房产抵押担保证券。

一般来说，通过零售存款融资往往较为稳定，而通过金融批发市场融资容易受资金供求的影响，面临着较大的流动性风险。如果金融批发市场出现流动性不足的情况，诺森罗克银行极易陷入流动性危机，这为后面的挤兑风波埋下了危机的种子。

2.2　事件经过

2007 年，美国次贷危机席卷全球，全球金融市场流动性紧缩，许多欧洲金融机构受到了巨大的冲击，其中包括英国诺森罗克银行。在这种严峻的形势下，英格兰银行既未向银行体系注入资金缓解流动性压力，也没有降低贴现窗口的利率。英格兰银行和金融界认为英国的住房抵押贷款评估标准与次级债市场监管比美国更加严格，金融机构的资本也比较充足，无须注入资金。这种无为而治的策略直接导致了银行流动性危机进一步扩大，信贷大幅紧缩，市场恐慌情绪进一步蔓延。最终，英格兰银行不得不在 9 月 5 号宣布向金融市场注资 44 亿英镑，但此时已无法缓解市场恐慌。

诺森罗克银行的部分分支机构于 9 月 13 日发生挤兑，不得不向英格兰银行提出紧急贷款申请。次日，诺森罗克银行发出盈利预警，受利率上升和信贷紧缩的影响，2007 年银行的税前利润大约比预期低 20%，随即引发大规模储户挤兑风波，该恐慌情绪迅速蔓延到全国，人们逐步丧失了对诺森罗克银行的信心。9 月 14 号到 9 月 18 号，诺森罗克银行流出近 30 亿英镑的资金，约占该银行存款总量的 12%，电话银行、网上银行业务一度崩溃。受此影响，诺森罗克银行的股价下跌了近 70%，创下 7 年内历史新低。9 月 17 日，因为传言将成为下一个“诺森罗克银行”，英国另外两家银行 Allhance & Leicester 和 Bradford & Bingley 股价大幅下跌。

9 月 17 日英国财政部宣布为保障现有储户存款的安全，对银行提供账户担保。若银行倒闭，财政部将对存款数额低于 2000 英镑的储户进行全额补偿。这一举措安抚了银行储户的情绪，在一定程度上缓解了市场恐慌。9 月 18 日，英格兰银行承诺向银行体系注入低利率资金 44 亿英镑，并宣布在注入资金的第二周再向短期资本市场注入 100 亿英镑，以帮助银行体系解决流动性不足的问题。至此，诺森罗克银行的挤兑事件才基本得到控制。

2.3　思考与启示

通过上述分析，诺森罗克银行挤兑风波主要是以下几个因素造成的：

(1) 激进的融资策略。诺森罗克银行由零售存款业务所获的资金仅为银行全部资金的四分之一，资金主要来自同业拆借、发行债券或出售资产抵押证券，这导致银行的资金容易受到金融批发市场供求的影响，从而面临着较大的流动性风险。

(2) 利率上升与信贷紧缩的外部冲击。通过金融批发市场、银行间同业拆借市场进行融资，极易受到利率变化的影响。当利率上升时，诺森罗克银行借入资金的成本大幅增加，资金来源非常不稳定，加重了银行的流动性风险。在这种情况下，诺森罗克银行不得不通过抵押贷款资产证券化筹集资金。然而美国次贷危机的爆发使得次级债吸引力迅速下降，诺森罗克银行融资受阻。

(3) 市场恐慌情绪。诺森罗克银行预期盈利下降降低了储户对银行的信心，引发小规模挤兑事件。由于英国政府和诺森罗克银行没有采取及时有效的应对措施，恐慌情绪进一步蔓延，最终发展为大规模的挤兑风波，导致诺森罗克银行陷入危机。

诺森罗克银行的挤兑事件对我国银行业防范流动性风险具有一定的借鉴意义。首先，为了防范和化解金融风险，相关监管部门在加大监管力度的同时，要及早预判银行等金融机构在经济下行情况下的流动性风险，及时采取相应的救助措施，并对影子银行的同业投资、委托贷款、通道类信托贷款等业务中的高杠杆行为进行严格监管。其次，商业银行不能过度依赖金融批发市场融资，应制定合理的融资和投资策略，避免资产负债期限结构不合理等问题。同时，提高银行自身的内部控制和风险管理能力，从而有效防范流动性风险。

案例使用说明

一、关键点

本案例介绍了两家著名银行发生挤兑风波的过程，并依据金融学原理，深入分析了两家银行深陷挤兑风波的根本原因。为了更好地理解挤兑风波及应对措施，需要把握的关键点如下：

(1) 梳理两家银行发生挤兑风波前后所处的经济背景、经营战略以及潜在风险；

(2) 分析挤兑风波产生的根本原因；

(3) 深入理解银行流动性风险管理和金融监管的意义；

(4) 探讨银行“大而不倒”的经济逻辑。

二、知识点

1. 贷存比

贷存比是银行贷款与存款的比值，该比值可以反映一个银行资金的流动性水平。

2. 贴现窗口

贴现窗口是中央银行向银行提供的满足临时流动性需求的业务，属于央行货币政策工具的一种。

3. 同业拆借

同业拆借是指具有法人资格的金融机构及经法人授权的金融分支机构之间进行短期资金融通的行为，其目的主要是为了调整短期头寸以及补充临时性资金缺口。

三、启发思考题

(1) 伊利诺斯银行和诺森罗克银行发生挤兑的根本原因分别是什么？

(2) 当伊利诺斯银行发生流动性风险时，美国银行监管当局为什么要出面挽救？

(3) 伊利诺斯银行和诺森罗克银行挤兑事件对我国银行业防范流动性风险有哪些启示？

参考文献

[1] Federal Deposit Insurance Corporation. Report on Continental Illinois [R]. Washington D C:FDIC,1985.

[2] Federal Deposit Insurance Corporation. History of the Eighties: Lessons for the Future[R]. Washington D C:FDIC,1997.

[3] 韩雪. 透视北岩银行挤兑危机及其对中国银行监管的启示[J]. 中国商界(下半月)，2009(03):56.

[4] 刘华，李亚培. 英国诺森罗克银行挤兑事件透视[J]. 银行家，2007(10):89-92,7.

[5] 刘姝威. 欲速则不达——美国伊利诺斯银行失败的教训[J]. 金融信息参考，1998(04):3-5.

[6] 孟筠，朱崇实. 公开的银行援助——伊利诺伊斯州大陆国民银行和信托公司案例分析[J]. 经济资料译丛，2002(04):59-70.

案例 5 美国储贷协会的破产

摘要:20 世纪 80 年代美国储贷协会的破产对美国经济、金融造成了巨大的冲击,由此引发了众多学者和金融从业者的思考。本案例以美国储蓄贷款协会利率风险为线索,结合 20 世纪 80 年代美国经济运行背景,回顾了储贷协会大范围破产的前因后果,并从金融机构自身风险管理和政府部门外部监管两个角度分析了美国储贷协会破产的根本原因以及政策启示,有助于金融从业人员和政府部门避免类似悲剧的重演。

关键词:美国储蓄贷款协会;利率风险;金融监管

1 美国储蓄贷款协会的历史背景和特点

储蓄贷款协会(S&L,以下简称储贷协会)是在美国政府支持和监管下专门从事储蓄业务和住房抵押贷款业务的非银行金融机构。储贷协会的主要业务是吸收存款和发放抵押贷款,与商业银行不同的是储蓄贷款协会只向本协会会员发放定息住房按揭贷款。

美国的第一家储蓄贷款协会成立于 1831 年。储蓄贷款协会在成立之初的四五十年内蓬勃发展,协会的数量和资产规模都迅速增加,在个人住房抵押贷款市场中的份额也逐步增大。第二次世界大战后,这些协会进入了快速扩张的时期。1975 年储蓄贷款协会发放的个人住房抵押贷款一度占全美国住房抵押贷款总额的 53%,其存款由联邦储蓄和贷款保险公司(FSLIC)进行保险。截至 1980 年,联邦储蓄和贷款保险公司为近 4000 家储贷协会共 6040 亿美元的资产提供了保险。20 世纪 80 年代以前的储蓄贷款协会具有以下特点。

1.1 融资渠道狭窄

储贷协会主要有三种融资渠道:一是吸纳协会会员的储蓄,即通过吸纳活期存款、大额存单和货币市场存款等方式获取资金;二是从联邦住房贷款银行获取借款;三是通过在资本市场出售住房抵押债权筹资。上述三种方式中,第二种方式通常在大量客户集中贷款导致储贷协会资金短缺时使用;第三种方式由于融资成本较高,仅作为特殊情况下的备选方案。因此,储贷协会实际上只有一种常规融资渠道,存在融资渠道狭窄的问题。

1.2 存款利率有上限规定

为避免银行间存款的过度竞争并保持银行系统稳定,1933年出台的《格拉斯-斯蒂格尔法案》(Glass-Steagall Act)中的"Q条例"明确规定银行对活期存款不得公开支付利息,即禁止联邦储备委员会的会员银行对其所吸收的活期存款(30天以下)支付利息,并对联邦储备系统会员银行的储蓄存款和定期存款设定了利率上限。当时,这一上限规定为2.5%,此利率一直维持至1957年,1957年后开始频繁进行调整。而1932年出台的《联邦住房贷款银行法》对储蓄贷款协会的存款和贷款利率规定了上限,极大地限制了其在经济放缓和通胀上升时与其他贷款机构竞争的能力。

1.3 存贷期限错配

受《格拉斯-斯蒂格尔法案》等法案和行业自身特点的影响,储贷协会的经营业务被局限为吸收短期存款和提供长期固定利率的抵押贷款。1970年和1980年,美国储贷协会近80%的负债来自短期存款,而约80%的资金投向了期限长达20至30年的固定利率住房抵押贷款。这种资产负债结构不仅存在结构单一的问题,而且面临着"短借长贷"的期限错配风险。

美国联邦政府在20世纪80年代实施放松管制的措施,允许储蓄贷款协会从事商业贷款、信托服务和非抵押消费者贷款业务等比以往任何时候都广泛的业务。然而,随着经济、监管形势的变化,加上储蓄贷款协会激进的经营战略,使储蓄贷款协会陷入巨大的危机,数以千计的储蓄贷款协会破产。

2 美国储蓄贷款协会危机的爆发

储蓄贷款协会(S&L)危机是一场金融灾难,该危机导致1986年至1995年间美国3234个储蓄贷款协会中近三分之一家协会破产。

2.1 危机初现

20世纪70年代末80年代初,受世界石油危机的影响,美国物价快速上涨并面临着严重的通货膨胀问题,1979年和1980年的CPI分别高达13.3%和12.5%。为了抑制过高的通货膨胀,美联储采取严格的紧缩货币政策,导致美国名义利率创下历史新高,经济增速放缓,出现"滞涨",即经济衰退与通货膨胀并行,如图5-1所示。随着利率水平的上升,储贷协会的成本增加,同时许多在20世纪60、70年代美国的金融创新浪潮中诞生的金融产品和投资工具不受利率限制并具有良好的投资服务吸引了大量储蓄,导致储蓄贷款协会存款流失。又由于贷款限制,储蓄贷款协会无法与传统银行竞争,再加上由美联储为结束两位数的通胀而设定的高利率所引发的经济衰退,减少了申请住房抵押贷款家庭的数量，储蓄贷款协会只剩下不断减少的低息抵押贷款组合，其收入来源大幅减少，大批储贷协会经营出现困难。为了维持储贷业的稳定，美国 1980 年出台的《存款机构放松管制和货币控制法》将存款保险从 40000 美元提高到 100000 美元，保险范围的扩大激励了 S&L 发放风险更高的贷款。尽管如此，在市场高利率水平和优质服务的吸引下，这些措施只能在一定程度上缓解储贷协会的存款外流。

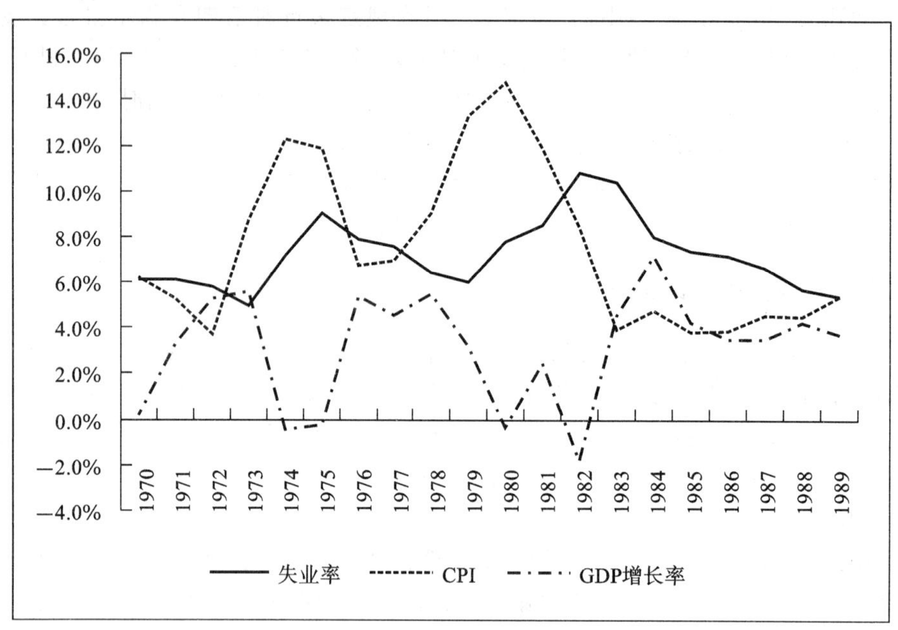

图 5-1 美国 1970—1989 年失业率、CPI 及 GDP 增长率

资料来源：世界银行。

20 世纪 80 年代，储贷协会面临的形势更加严峻。一方面，储贷协会抵押贷款的平均收益低于现有存款利率，存在严重的期限错配问题。另一方面，新出现的货币市场账户在无需保险的情况下提供更高的储蓄利率，致使越来越多的储户将资金投入新成立的货币市场基金等账户中。同时，1981—1982 年的经济衰退以及能源和农产品价格下跌对美国部分地区的经济造成了严重冲击，导致许多贷款协会的贷款违约。由于受利率上升和资产负债结构的错配这两方面的影响，储贷协会遭受了巨大亏损。净收入从 1980 年的 7.81 亿美元降至 1981 年的负 46 亿美元，1982 年为负 41 亿美元（见表 5-1），一些储贷协会甚至相继倒闭。

表 5-1 美国 1980—1989 年储蓄贷款行业概况

年份	储贷协会数量	总资产（亿美元）	净收入（亿美元）	资不抵债的储贷协会数量	破产的储贷协会数量
1980	3993	6040	8	43	11
1981	3751	6400	−46	112	34
1982	3287	6860	−41	415	73

续表

年份	储贷协会数量	总资产（亿美元）	净收入（亿美元）	资不抵债的储贷协会数量	破产的储贷协会数量
1983	3146	8140	19	515	51
1984	3136	9760	10	695	26
1985	3246	10680	37	705	54
1986	3220	11620	1	672	65
1987	3147	12490	−78	672	59
1988	2949	13490	−134	508	190
1989	2878	12520	−176	516	—

资料来源：美国联邦存款保险公司。

2.2 放松监管

1982年，针对当时经济条件下储贷协会的糟糕前景，为了彻底缓解危机，提高储蓄和贷款机构的竞争力，里根总统签署了《高恩·圣杰曼存款机构法》（又称《高恩·圣杰曼法》），该法案最著名的条款是允许存款机构提供没有利率上限的货币市场存款账户，这种账户提供与货币市场基金类似的服务，不受"Q条款"利率上限的限制，并允许储贷协会持有30%的消费贷款和40%的商业贷款资产。与此同时，里根总统削减了联邦住宅贷款银行委员会（FHLBB）监管人员的预算，削弱了政府相关部门调查不良贷款的能力。

在放松监管后，一些经营困难的储贷协会开始支付越来越高的利率来吸引资金。同时，为了获得更高的回报，储贷协会开始投资风险较高的商业地产，甚至风险更大的垃圾债券。当然，这些投资风险越来越高的项目和工具的战略一旦失败，纳税人通过联邦储蓄和贷款保险公司（FSLIC）而不是银行或储贷协会承担损失，这正是最终发生的事情。1982年至1985年间，储贷协会资产的增长主要集中在商业房地产贷款上。在此期间，投资于商业抵押贷款和土地贷款的总资产比例从7.4%上升到12.1%，增加了786亿美元。而住房抵押贷款占储贷协会总资产的比例从1981年的78%降至1986年的56%。到1985年，储贷协会资产增长率超过50%，远远快于银行。

政府的政策措施似乎起到了效果，然而截至1983年，仍有35%的储贷协会亏损，9%的储贷协会破产。为了避免储贷协会倒闭对联邦储贷保险公司造成巨额损失，同时给储贷协会提供盈利机会，政府允许储贷协会向住房之外的投资项目贷款。加利福尼亚州、得克萨斯州和佛罗里达州的立法者甚至允许储贷协会将贷款投向极具投机性的房地产项目以及风险较高的垃圾债券。然而，由于储贷协会长期受政府保护，既缺乏专业人才，又不具备完善的风控体系，加上政府监管乏力，储贷协会内部管理混乱，政府宽松的政策很快导致了大量的投资亏损和坏账。

3 美国储蓄贷款协会危机加深

20 世纪 80 年代中期，宽松管制下的储贷协会因房地产萧条和“垃圾债券”的冲击深陷危机。

一方面，受美国原油价格暴跌的影响，以得克萨斯州（以下简称得州）为代表的西南原油生产州受到了巨大冲击，石油和天然气开采业的雇佣人数从 1986 年开始急剧下降。受雇佣人数大量减少的影响，西南各州住房需求疲弱、空房率飙升、住房价格急剧下降，并出现了大量延迟或无法偿还住房抵押贷款的现象，储贷协会坏账率快速上升。截至 1987 年，西南各州许多储贷协会坏账率接近 15%，特别是得州的坏账率高达 29.1%，约为 1986 年的 4.5 倍。仅 1987 年一年，西南各州共有 158 家储贷协会倒闭，占比高达 35.5%。另一方面，由于《高恩·圣杰曼法》放宽了储贷协会的营业范围，许多储贷协会为了高收益，将资金投向高风险的商业不动产项目。20 世纪 80 年代中期，尽管美国商业用楼空房率急剧上升，但建筑面积却没有出现任何回落趋势。然而随着得州的房地产萧条蔓延至全国，许多房地产的市值跌破抵押贷款本金，开发商相继破产并不再偿还贷款，最终储贷协会产生大量坏账，随时面临着倒闭的风险。

20 世纪 80 年代，“垃圾债券”以极高的收益受到商业银行、储贷协会和华尔街金融公司的青睐。然而随着形势的转变，新发行债券的质量快速下降，在 1977—1984 年发行的债券中仅有 60%被评为最低级别，但 1988 年，该比例上升至 86%，债券违约风险急剧上升。受石油和房地产冲击的影响，许多公司因无力偿还“垃圾债券”导致储贷协会产生大量坏账，最终倒闭破产。

以得州的储蓄贷款协会为例，该州的储蓄贷款协会最为激进，因此，得州的情况特别严重。到 1987 年底，破产的得州储贷协会资产占全国所有破产储贷协会资产的 44%，且得州亏损的储贷协会占了全美所有亏损储贷协会的 62%，储蓄行业的困境导致得州所有金融机构的利率上升。为了维持其资金基础，即使是资本充足的银行和储蓄机构也不得不支付所谓的“得州溢价”(Texas premium)，估计为 50 个基点或更多。得克萨斯储蓄银行的一位高管表示，有偿付能力和无偿付能力的金融机构之间的激烈竞争导致局面完全失控。与得州溢价相关的高昂运营费用，不仅增加了处理破产储贷协会的成本，而且使那些本来健康的金融机构的财务状况恶化。

随着时间流逝，联邦储贷保险公司的保险压力越来越大。1987 年，联邦储贷保险公司濒临破产，联邦政府对其进行了资本重组。1989 年，联邦储贷保险公司宣布破产，联邦住房贷款银行管理委员会也被解散。

4 美国储蓄贷款协会危机的解决

1987 年出台的《银行平等竞争法》为联邦储蓄和贷款保险公司(FSLIC)提供了解决

破产机构的依据，但数额显然不足。尽管如此，FSLIC 还是在 1988 年处置了 222 家储贷协会，涉及资产规模为 1160 亿美元。虽然这些交易是尽可能用较少的现金支出，最大限度地使用票据、担保和税收优惠来完成，但成本仍然较高。1988 年初，美国住房贷款银行理事会提出并实施了“西南方案”，美国西南各州根据该方案组织部分储贷协会兼并，但结果并不理想。截至 1988 年底，根据美国相关会计原则，仍有 250 家储贷协会资不抵债，总资产规模达 808 亿美元。1989 年，美国总统与国会通过以下措施试图彻底解决储贷协会破产引发的问题，主要内容包括：①提供 500 亿美元作为重组损失准备基金，其中 40%来自储蓄贷款协会行业自身；②由美国联邦存款保险公司领导，建立重组托管公司(RTC)，负责处理倒闭的储蓄贷款机构。经过 6 年多的努力，重组托管公司成功地完成了储贷协会的重组和资产处置任务。储贷协会的危机反映了大规模公共政策的失败，处置破产储贷协会的最终成本估计超过 1600 亿美元，其中包括来自联邦纳税人的 1320 亿美元。

5 思考与启示

上述分析表明，20 世纪 80 年代美国储贷协会大面积破产倒闭的主要原因如下：

(1) 存贷期限错配。储贷协会短借长贷的不合理存贷结构，在长期贷款利率不变、短期借款利率上升时，导致储贷协会的利差大幅下降，甚至为负，遭受巨额亏损。

(2) 存款保险制度加剧了道德风险。虽然存款保险制度能够避免银行挤兑和由此引发的金融恐慌，但由于存款保险制度对一定规模的存款提供了保障，储贷协会为了获取高收益，愿意承担较高的风险，而受保储户没有动机去阻止储贷协会从事高风险投资，也不会通过提款对储贷协会施加市场规则的约束。因为不管储贷协会冒多大的风险，储户都不会遭受损失，因而这种制度也加剧了道德风险。值得一提的是，在 1991 年新银行法出台之前，收购与接管法是美国联邦存款保险公司处理破产银行最常用的程序，这意味着存款保险公司对全部存款提供了保障，从而使储贷协会从事高风险投资的道德风险急剧上升。

(3) 政府放松监管。20 世纪 80 年代早期出台的放松银行业监管法案，如《存款机构放松管制和货币控制法》和《高恩・圣杰曼法》，扩大了储贷协会从事高风险业务的规模和范围，同时，相关监管部门对投机、腐败和欺诈行为的监管不到位，宽松的监管使道德风险问题更加严重，带来了巨大的风险隐患。特别是危机后期，由于联邦储蓄贷款保险公司没有充足的保险基金来关闭一些无力偿债的储贷机构，偿还存款，并希望逃避监管不力的指责，当时的联邦住房贷款委员会及联邦储蓄贷款保险公司采取了监管宽容的态度，这是一个典型的委托代理人问题。

储贷协会的教训十分深刻，对当今我国银行业的发展具有一定的借鉴意义。首先，合理配置资产负债的期限结构。美国储贷协会短借长贷不合理的期限结构使储贷协会在美国利率市场化和宏观经济冲击下遭受巨额损失，最终酿成行业危机。鉴于此，我国商业银行在利率市场化进程中应积极调整经营策略，合理配置资产负债结构，防范利率市场化带来的利率风险。其次，建立健全金融制度。20 世纪 80 年代美国的存款保险制度加重了储贷协会行业的道德风险，增加了储贷协会从事高风险投资的动机。因此，我国政府在设计各类金融制度时应防范道德风险，避免逆向选择，建立正向激励机制，充分发挥金融机构防范风险的能动性。最后，加强金融监管。我国各级金融监管部门应加强和完善宏观审慎监管，通过实施跨市场、跨行业的全面监管，发现并消除金融体系的漏洞，以防止重大金融风险事件的发生。

案例使用说明

一、关键点

本案例结合20世纪美国经济的宏观背景，围绕储贷协会的利率风险，深入分析了美国储贷协会大面积破产的原因。教学中的关键要点包括：

(1) 20世纪80年代美国经济的宏观背景；

(2) 美国储贷协会面临的利率风险及倒闭的原因；

(3) 梳理美国监管机构放松监管的经济逻辑。

二、知识点

1. 利率市场化

利率市场化是指政府放开对存贷款利率的直接行政管制，解除对银行存贷利差的保护，由市场主体自行决定利率，以供求关系来决定市场的资金价格。

2. 委托代理人问题

当委托人(所有者)与代理人(管理者)的利益不一致时，代理人以自身的利益而不是委托人的利益行事，该行为可能违背委托人的最佳利益，出现委托代理人问题。

三、启发思考问题

(1) 美国储贷协会破产的原因有哪些？

(2) 美国监管部门为什么放松对储蓄贷款协会的监管？

(3) 美国储贷协会的破产对我国银行业防范风险有哪些启示？

参考文献

[1] 刘胜会.美国储贷协会危机对我国利率市场化的政策启示[J].国际金融研究，2013(04):13-21.

[2] 张晓宇，李建伟，原伟玮，等.美国利率市场化对商业银行行为的影响及对我国的启示——基于富国银行与储贷协会的案例分析[J].华北金融，2018(10):21-29.

[3] 郑秀才.1946—1955美国储蓄贷款协会的“光辉岁月”[J].唐山师范学院学报，2016,38(06):100-104.

第二篇
金融市场

JINRONG SHICHANG

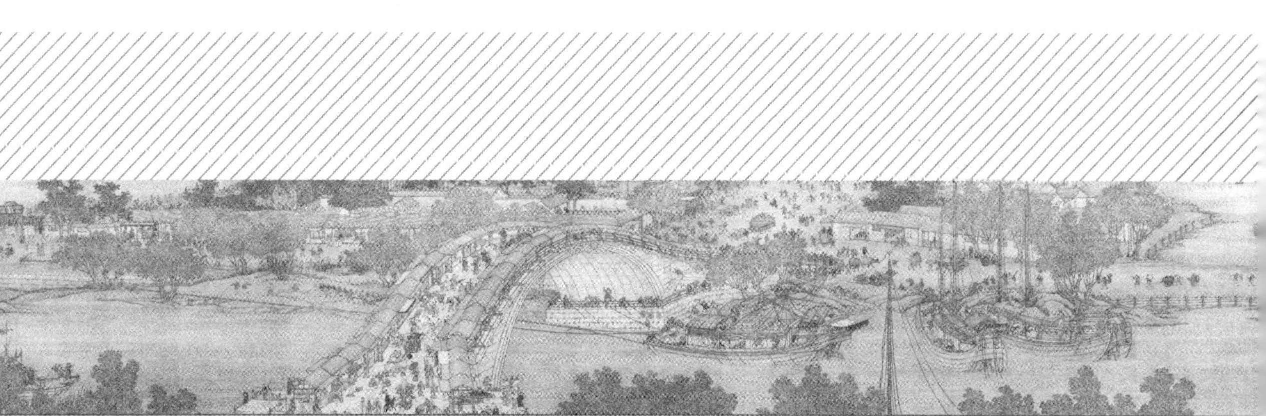

本篇概述:金融是现代经济的核心,金融市场则为资金融通提供了有形或者无形的场所,在促进经济平稳运行方面发挥着重要的作用。然而,由于世界各国金融环境充满了不确定性,金融市场在发挥资源配置功能的同时,也存在着异常波动的风险,我国也不例外。2013 年 6 月,我国银行间同业拆借市场利率飙升,流动性危机显现,此次事件对我国商业银行流动性风险管理有着重要的警示意义。随着中国证券市场的发展,上市公司发生的收购与反收购事件越来越多,2015 年下半年,宝能收购万科事件在我国资本市场引起广泛的关注。本篇通过新浪运用"毒丸计划"对抗盛大收购等案例,详细介绍了"毒丸计划"常见的类型及其实施过程,并深入分析了运用"毒丸计划"反收购策略的利弊及应用前景。近年来,我国中小企业融资难的问题日益突出,作为一种新兴的融资模式,众筹具有灵活、开放与高效的特点,为中小企业提供了新的融资渠道。2015 年 6 月至 8 月中国股市经历了断崖式下跌,在该事件中,以场外配资为代表的杠杆交易是市场暴跌的主要原因,为了维持资本市场的稳定运行,如何避免这类事件再次发生值得我们研究和探讨。跨国并购是我国企业走向国际市场,实施全球化经营战略的有效手段。2008 年的全球金融危机为中国金融企业通过海外并购"走向世界"创造了机遇。本篇中的中国平安收购富通集团的案例,介绍了该收购事件发生的过程,分析了收购失败的主要原因。通过这些案例的学习,读者将了解金融市场的利率及杠杆交易风险、新型融资模式、收购与反收购的战略,同时理解商业银行流动性风险管理和对我国资本市场进行合理监管的重要意义。

案例 6
中国银行业为何“钱荒”?

摘要:2013 年 6 月份,中国银行间同业拆借市场利率飙升,银行业陷入“钱荒”,流动性危机凸显,并迅速波及整个金融市场,导致股市和债市双双受挫。此次事件对我国商业银行流动性风险管理有着重要的警示意义。本案例回顾了此次事件的背景、发展过程以及对理财和股票等市场的影响,从货币供给量、银行间同业拆借市场等角度深入分析了此次事件产生的原因。最后,在总结其经验教训的基础上,提出了如何防范我国银行业流动性风险的对策及建议。

关键词:银行钱荒;同业拆借市场;流动性紧张

1 引言

2013 年 6 月 20 日,很多银行间市场上的交易员发出感叹:“没经历过隔夜利率上涨 30%是交易员的一种遗憾。”2013 年 6 月 20 日,上海银行间同业拆放利率市场隔夜利率跳升 578.4 个基点至 13.444%,最高达到史无前例的 30%;拆借市场 7 天利率上涨292.9 个基点至 11.004%,7 天回购利率最高达到 28%。人们无法想象这些数据在 6 月 20 日这天,让多少行长震惊,这一天将记入中国银行间市场史册。本案例将探讨这场事件发生的原因及对策。

2 银行“钱荒”事件的发展过程

2.1 事件开端——信贷快速扩张

对于我国商业银行来说,吸收存款和发放贷款是其最主要的资产及负债业务,而存贷款的利息差就构成了银行的主要收入来源。为了获取更高的利差收入,各银行不断扩张其信贷规模。据人民银行初步统计,2013 年 6 月末金融机构人民币各项贷款余额为

68.08万亿元，同比增长14.2%。以2012年至2013年银行的信贷状况为例，从表6-1可见，2013年前6个月银行信贷规模大幅度增长，总计达到5.08万亿人民币，相对于2012年前6个月的总信贷规模4.86万亿元，增长了4.53%，其中1月和3月新增信贷规模分别超过1万亿元人民币。

表6-1　2012与2013年前6个月金融机构新增人民币贷款(万亿元)

时间	1月	2月	3月	4月	5月	6月	总计
2013	1.07	0.62	1.07	0.79	0.67	0.86	5.08
2012	0.74	0.71	1.01	0.68	0.79	0.93	4.86

资料来源：中国人民银行官网。

2.2　事件发展——危机隐现

由于前期短期信贷规模的快速扩张，国家外汇管理局于2013年5月5日发布了《关于加强外汇资金流入管理有关问题的通知》，将外币纳入贷存比的考核。同时，严查虚假贸易，使得国际热钱流入大幅减少，外汇占款增长大幅下降，这些因素都在一定程度上加剧了银行间资金面紧张状况。2013年5月后，各银行间资金面开始明显趋紧，危机隐现。

2.2.1　农发债流标

自2013年5月下旬开始，国内银行间市场资金面趋于紧张，相关数据显示7天回购率在5月中旬处于2.78%的较低水平，5月底上升到当月的最高值4.81%，在6月6日甚至达到了自2012年2月以来的新高。同时，当日6个月期回购利率为5.50%，远高于当时在银行间市场招标的中国农业发展银行发行的贴现债券的实际中标利率3.4493%，从而导致当日在银行间市场招标的中国农业发展银行6个月期贴现金融债的实际发行额仅有115.1亿元人民币，远低于计划发行额200亿元，农发债惨遭流标。

2.2.2　“黑天鹅”事件的传言

在农发债罕见流标的同时，各种利空消息也不断出现。2013年6月6日午后，有关光大银行对兴业银行高达千亿元的同业拆借资金违约的“黑天鹅”事件传闻在市场中流传，进一步加剧了银行间债券市场的流动性紧张局势。

6月7日，兴业银行和光大银行分别通过不同的途径对流言进行了澄清。兴业方面表示：“第一，昨日所谓光大银行对兴业银行的拆借资金违约门是不实的，过分夸大的；第二，近日来银行间市场资金面紧张，是由于多种因素综合影响造成的。”而光大银行上海分行私人银行总经理在其微博中也对该消息进行了回应：“兴业银行一直是我行重要的业务合作伙伴，双方合作关系良好。我行备付充分，与所有交易对手交易正常。上述消息是别有用心的造谣，我行将保留追究造谣者责任的权利。”

6月7日上午，市场上又传出人民银行决定在这紧要关头运用公开市场短期流动性调节工具(short-term liquidity operations，SLO)向市场注入规模为1500亿元资金的消息。然而，人们的期盼在当日下午化为泡影，该信息并没有兑现，市场开始恐慌，6月7日

1天期、7天期、14天期、1月和3月同业拆放利率全部大幅上涨。

2.2.3 国债流标

6月14日,银行间质押式回购加权平均利率仍处于较高水平,资金面紧张局势没有改观。银行间隔夜拆借利率上行至6.968%,7天期、14天期、30天期分别涨至6.6811%、7.522%及7.21%。此时中国财政部和进出口银行同时招标发行五期规模共计772亿元的新债,其中9月期贴现国债计划招标150亿元,中标利率高于二级市场利率水平,高达3.7612%。但由于流动性持续偏紧,机构对债券认购需求不高,最终认购金额仅为95.3亿元,从而导致流标。

2.3 事件高潮——恐慌爆发

2013年6月19日,随着银行间拆借利率不断攀升,资金短缺问题越来越严重,市场均预期人民银行将会降准以释放流动性,6月20日甚至传出中央银行已释放4000亿元人民币流动性的消息。然而,中央银行不仅"按兵不动",而且还发行20亿元央票收紧流动性,市场降准预期落空,恐慌加剧。

6月20日下午六点,此次"钱荒"事件中最大的伪"黑天鹅"出现了。有媒体报道称,中国银行出现了高达千亿元的不良债务,此消息对市场产生了巨大的影响,银行间资金市场利率进一步上升,流动性紧张程度达到空前状态,中小企业贷款成本大幅提高。但随后中国银行有关负责人第一时间通过腾讯财经否认了该消息,并发布正式声明称,6月20日该行按时完成全部对外支付,未发生资金违约事件,有关市场传闻不符合事实。而发布错误消息的媒体也公开道歉。

2.4 事件结局——市场恢复理性

2013年6月21日,随着各类谣言被澄清,市场趋于冷静,银行间市场利率明显回落。隔夜拆借利率回落至8.492%,7天拆放利率回落至8.543%。2013年6月25日,人民银行发布《合理调节流动性维护货币市场稳定》的通知,通知表示近期中央银行对相应符合要求的金融机构提供了流动性支持,同时表示目前货币市场利率已经趋向回稳。同日,人民银行副行长胡晓炼在《新闻联播》中表示,为了保持货币市场的稳定,中央银行将在继续坚持稳健货币政策的前提下,根据市场的流动性情况,合理利用各种工具调节银行体系的流动性水平。当日,人民银行上海总部副主任凌涛也在2013年陆家嘴金融论坛发布会上公开表示:"总体上看流动性是宽裕的。银行间市场的各类参与机构获取资金的环境也是相对宽松的。"

6月26日人民网转载了《北京青年报》的一篇评论——《钱荒真相:一场可控的"金融危机"》。该报道称,"截至6月21日,全部金融机构备付金约为1.5万亿元。通常情况下,全部金融机构备付金保持在六七千亿元左右即可满足正常的支付清算需求,若保持在1万亿元左右则比较充足,所以总体看,当前流动性总量并不短缺。"

3 银行“钱荒”事件的影响

3.1 理财产品收益率上涨

随着“钱荒”问题不断发酵，流动性紧张也蔓延至理财产品市场，各银行通过发行高收益理财产品来筹措资金，这使得理财产品发行规模明显扩大，特别是短期理财产品的收益率水平普遍超过了 5%，部分产品收益率甚至超过了 7%。

新浪财经 2013 年 6 月 26 日的文章《近期收益超 6%理财产品一览(附表)》显示，平安银行、中国工商银行及招商银行等多家银行接连发行年化收益率超过 6%的理财产品。其中，中国工商银行销售的 40 日保本型个人人民币理财产品收益率高达 6.5%，起始金额为 100 万元；平安银行甚至发行了一款预期收益率高至 7%、期限为 7 天的聚财宝现金溢不保本理财产品，起始金额仅为 5 万元人民币；人民网也转载了齐鲁晚报的相关文章(见图 6-1)。

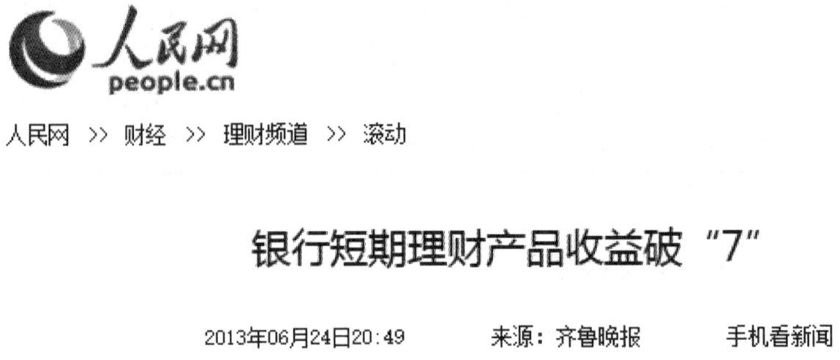

人民网 >> 财经 >> 理财频道 >> 滚动

银行短期理财产品收益破“7”

2013年06月24日20:49　　来源：齐鲁晚报　　手机看新闻

图 6-1 银行短期理财产品

3.2 沪深股市双双大跌

2013 年上半年资金异常紧张，A 股市场受此影响，上证指数从 5 月 31 日的 2300.59 点一路下跌，6 月 20 日，上证指数报收 2084.02 点，较前日下跌 2.77%；深证成指报收 8147.48 点，与前日相比跌幅高达 3.25%。特别是银行板块大跌 3.92%，全线收绿，其中，浦发银行跌幅为 5.29%，平安银行大跌 6.21%。6 月 24 日，银行间市场的恐慌再次冲击股市，截至收盘，沪指股价暴跌至 1963.24 点，较上一交易日下跌 5.30%；深成指报 7588.52 点，较上一交易日下跌 6.73%。继 6 月 24 日沪指在跌破 2000 点后，25 日早盘继续大跌，投资者信心一度失控，当日沪指最低暴跌至 1849.65 点，创 2008 年金融危机以来 5 年新低。

3.3 银行间国债价格下挫

与股市相似，2013 年 6 月 20 日早间，大多数的债券交易员们就开始抛售债券，紧急平仓，导致银行间国债价格全线暴跌，连一直稳定的中长期国债也开始大跌。根据中国证券信息网的数据，中债国债 1 年期、5 年期及 10 年期收益率分别为 3.5606％，3.6209％及 3.7016％，相比前一日分别上涨 9.2％、7.1％及 4.2％。

有市场人士表示：“恐慌情绪遍布市场，买盘少有人接手，抛售不断。”

虽然这段高潮迭起的“钱荒”事件随着人民银行 6 月 25 日的《合理调节流动性 维护货币市场稳定》的通知而逐渐走向平息，银行间市场利率开始回稳，资金紧张局面得到缓解，但是此次事件发生的原因，由此引发的市场恐慌值得我们思考，商业银行也应从中吸取经验教训，进一步加强流动性风险管理，尽可能地避免将来同样事件的发生。

4　银行“钱荒”的成因分析

回顾整个事件，银行间同业拆借市场资金严重短缺是因为中国货币供应量的增量下降而导致银行间市场流动性紧缩？还是因为货币供应量的增速跟不上经济增长而导致资金相对短缺？或者是因为银行没有持有足够的超额准备金？下面我们需要从货币供给量、银行超额准备金等多角度探讨银行“钱荒”爆发的原因。

4.1　货币供给量分析

我国货币供应量分为 M0、M1 及 M2 三个层次。M0 是流通中的现金，即在银行体系外流通的现金；M1 是狭义的货币供应量，即 M0 加上居民及事业单位的活期存款；M2 是广义的货币供应量，即 M1 加上居民储蓄存款、企业单位定期存款和其他存款。我国 2012 年与 2013 年 M2 数量对比情况如图 6-2 所示。

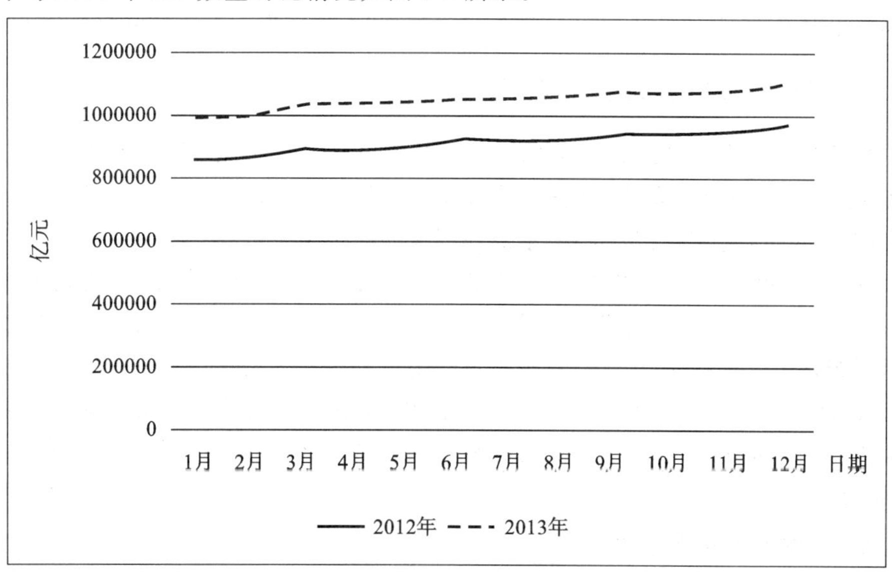

图 6-2　2012 年与 2013 年各月份 M2 对比图

数据来源：中国人民银行。

根据国家统计局的统计数据，截至 2013 年末，我国广义货币供给量 M2 余额为110.7万亿元，相比 2012 年同比增长 13.6%。从图 6-2 可以看出，2013 年我国货币供应量 M2 相对 2012 同期要相对宽松得多。

从社会的货币化程度 M2/GDP 来看，即一定经济范围内通过货币进行商品与服务交换的价值占国民生产总值的比重，是衡量金融深化的常用指标，自 2006 年以后我国货币化程度一直在提高。从图 6-3 中可以看出，截至 2013 年底，我国 M2/GDP 约为 187%，高于 2012 年的结果，说明我国 M2 的增速相对于 GDP 来说是相对较快的。通常来说，该比值越大，说明经济货币化的程度越高。

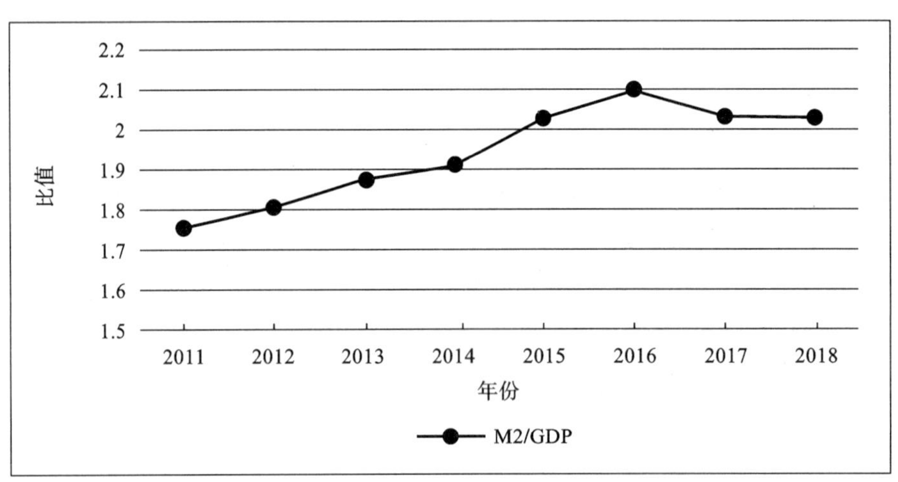

图 6-3　2011—2018 年 M2/GDP 比值

从以上分析中可以看出，进入 2013 年以来我国货币供应量无论是从增量还是增速上来说都相对宽松，证明 2013 年出现的银行“钱荒”不是由货币供应量紧缩导致的。

4.2　银行间同业拆借市场分析

一些专家通过分析同业拆借市场的资金供求认为出现“钱荒”更合理的解释是，部分资金在金融体系内循环，没有真正进入实体，玩“空转”游戏。加之，一些银行流动性管理不到位，短借长贷，期限配置不合理，最终导致流动性紧缩。

银行同业拆借市场产生的根本原因是银行存款准备金制度的实施。在准备金制度下，各银行会出现法定准备金充裕或不足的情况，法定准备金多余的银行一般愿意出借部分超额准备金以获利，而法定准备金不足的银行则须借入资金以达到国家法定准备金的要求，由此而形成同业拆借市场。因此，银行同业拆借市场的资金来源就是各银行的超额准备金。下面我们通过进一步分析银行同业拆借市场的资金供求来探究银行“钱荒”的原因。

4.2.1　法定准备金较高

2013 年，我国中小金融机构的法定存款准备率是 18%，大型金融机构是 20%，平均法定存款准备金率大致为 19%，因企业和个人贷款、短期和超短期融资券发行、外汇占款、中期票据发行等融资行为而派生的银行存款数量在 12 万~14 万亿元,因此整个银行体系所需的法定存款准备金大约为 2.28 万~2.66 万亿元,较高的法定准备金导致在我国同业市场银行对资金的需求迅速增加。

特别是 2013 年 5 月末,金融机构存款大幅冲高,6 月份各金融机构根据上月末的一般存款余额需要补缴的存款准备金也随之增加。与此同时,各银行的超额备付金率逐渐下降,银行体系流动性的边际承受力也因此下降。加之,6 月底商业银行面临大量理财产品集中到期以及中期考核的压力,银行资金需求进一步上升。因此,即使 2013 年新增外汇占款 2.78 万亿元,我国银行同业拆借市场仍频现"钱荒"现象。

4.2.2 外汇资金流入管理趋严

5 月初,外汇管理局发出《关于加强外汇资金流入管理有关问题的通知》,通知规定除政策性银行之外,各银行当月结售汇综合头寸下限=(上月末境内外汇贷款余额-上月末外汇存款余额×参考贷存比)×国际收支调节系数。其中,国际收支调节系数为 0.25,中资银行的参考贷存比为 75%,外资银行的参考贷存比为 100%。外汇贷存比高于参考贷存比的银行,应在每月的前 10 个工作日内将综合头寸调整至下限之上;下限调整之后,其上限也要随之上调相同的额度(初次实施于 2013 年 6 月底前)。

为了达到监管标准,在外币纳入贷存比考核的压力下,部分银行不得不买入美元补充外汇头寸,这也在一定程度上加剧了银行间资金面紧张状况。

4.2.3 外汇占款下降,热钱流出

外汇占款是指一个国家的银行收购外汇资产而相应投放的本国货币。在资金需求增加的同时,由于外汇占款下降、热钱流出等原因,我国市场的资金供给却在减少。自 2005 年 7 月汇改政策推出以来,我国外汇占款增速呈总体下降趋势,2012 年我国外汇占款增速达到最低点约 2%的水平。2013 年由于人民币兑美元汇率上涨,吸引了一些热钱涌入中国,外汇占款开始回升,如图 6-4 所示,但与高峰年份 40%~50%的增速相比仍处于相对低位,特别是 5 月后外汇占款大幅下降,6 月、7 月连续负增长,由此投放的本国货币也相应减少。

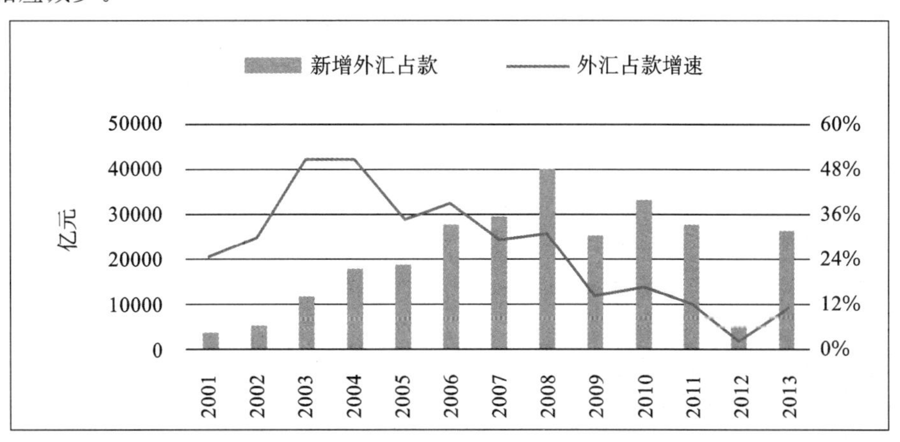

图 6-4 2001—2013 年新增外汇占款及增速

数据来源:国家统计局网站。

加之对美国退出QE的预期，新兴市场国家承受着资金流出、货币贬值的压力，亚洲的股市大幅下跌。6月13日，国外各大股市及国内A股市场均暴跌，其中国内A股市场上证指数跌幅近3%，日本股市暴跌6.35%、菲律宾股市大跌6.75%，国际资本开始撤出。同时，我国监管层严查虚假贸易，热钱流入减少。这些不利因素使我国银行间市场的流动性愈发紧张。

4.2.4 财税上缴

5月底以及6月初是企业所得税集中清缴期，资金通过税收等形式从实体经济进入国库，被记在财政存款账户上。因财政存款存在人民银行，这意味着等量资金被央行回笼，相当于央行从市场中抽走了大量流动性。

4.2.5 银监会对银行表外业务监管趋严

近年来，银行的理财业务发展迅猛，银行理财产品余额增长迅速，理财产品已成为银行表外业务的重要组成部分。从图6-5中可以看出，自2009年到2018年末，我国银行理财产品余额一直保持增长趋势，截至2018年末，银行理财余额从1.7万亿元飙升到32.1万亿元，9年间理财产品余额增加了约18倍。

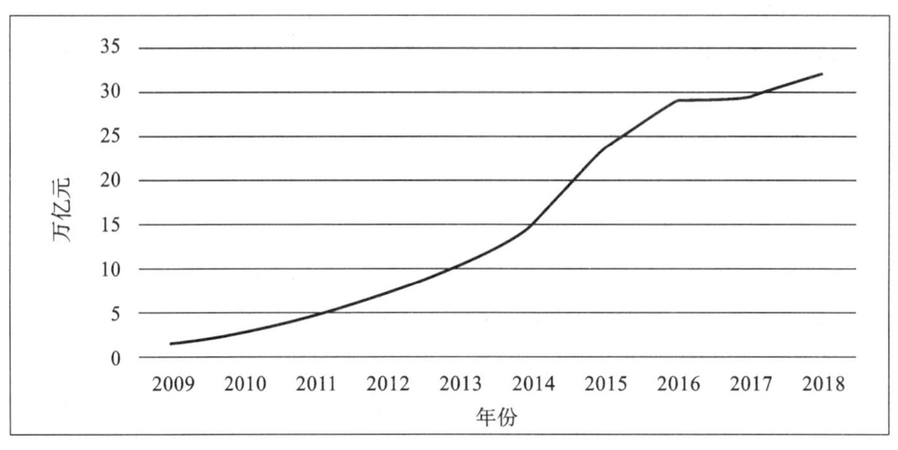

图6-5 2009年12月—2018年12月理财产品余额

名目繁多的理财产品大幅增加有其更深层次的原因。普通的银行贷款规模、贷款行业投向受到监管部门的严格审核，贷款利率也较低，商业银行还必须按照规定扣除一定比例的存款准备金以应对客户的存款提取，因此，对于以盈利为目标的商业银行而言，普通贷款伴随着巨大的机会成本。相比而言，银行的同业业务比如银信合作的理财业务，相对灵活，贷款门槛低，贷款利率较高，商业银行也可以快速收回资金，对交易双方都有利，这也是各个商业银行积极发展此类业务，并把表内资金移出到表外，不断扩大这种业务规模以获取高额利润的原因。

当然低门槛、高收益必然伴随着较高的风险，这些理财产品在带来丰厚利润的同时也伴随着一系列的问题，其中一个主要的问题是贷款项目的期限错配问题，大量短期的理财产品投入到规模较大的房地产、交通建设和产能过剩等长期项目上，长期资产没有足够货币对应存放于各大银行中，因此，理财产品到期再筹措后续资金的时候，会给银行带来兑付压力，使流动性趋于紧张。另一个问题是由于一些同业业务运作较不透明，大量资金在各个金融机构间循环获利，在金融体系内部空转，或绕道各种金融产品进入非生产性投机领域，造成实体经济中创新性生产领域资金不足，反过来也从根本上减少了金融业的资金供给。

为了降低信贷投放的增长速度，监管层发起了包括货币、债市、理财及同业市场的一系列整顿行动。2013 年 3 月 27 日银监会发布了《中国银监会关于规范商业银行理财业务投资运作有关问题的通知》(以下称银监 8 号文)对理财业务进行规范。

在 8 号文中，银监会首次提及了对“非标准化债权资产”的整顿，非标准化债权资产是指未在银行间市场及证券交易所市场交易的债券性资产，包括但不限于信贷资产、信托贷款、委托债权、承兑汇票、信用证、应收账款、各类受(收)益权、带回购条款的股权性融资等。其中通知第五条明确规定：“商业银行应当合理控制理财资金投资非标准化债权资产的总额，理财资金投资非标准化债权资产的余额在任何时点均以理财产品余额的 35%与商业银行上一年度审计报告披露总资产的 4%之间孰低者为上限。”银监会将在 6 月底之前针对 8 号文的落实情况展开检查，迫使银行将表外非标资产转移至表内同业资产。而 6 月底银行有超过人民币 1.5 万亿元的理财产品到期，由于 8 号文限制了银行靠发行新的理财产品来偿还这次到期的理财产品，使银行同业拆借额度更加紧张。

同时，中央银行向市场传递出坚持稳健的货币政策、合理保持货币总量、不放松流动性的信号。2013 年 6 月，央行召开的货币信贷形势分析会议对近期货币形势做了判断，其中包括近期存在的三大问题，“一是货币市场波动，部分银行长期从事大规模的同业批发业务，期限错配相当高，给流动性管理带来较大压力；二是信贷增加出现过猛的势头；三是信贷结构依然不合理。”因此，此次央行面对银行间市场资金严重短缺的状况却坚决“不放水”，目的应该是控制影子银行野蛮发展，逼迫商业银行调整信贷结构，规范表外业务，把相应资产移入表内，纳入监控范围，降低影子资产风险。

5 启示与建议

5.1 商业银行应加强流动性管理，调整信贷结构

此次“钱荒”爆发的主要原因之一是商业银行通过影子银行体系投放过多信贷，这部分资产的流动性差，存贷期限错配。当宏观形势发生改变，流动性缩减时，就会出现资金短缺的现象。央行坚持稳健的货币政策，就是要敦促商业银行加强流动性管理，调整信贷结构，使表内、表外业务达到合理水平。因此，商业银行应该从此次事件中吸取教训，加强流动性和信贷规模管理，合理调整信贷结构，使信贷真正服务于实体经济。

5.2 央行应加强与商业银行的有效沟通，适时调节银行体系流动性

此次“钱荒”期间，中央银行称流动性总量并不短缺，目的是希望打消市场对货币进一步宽松的预期，也借此机会给金融机构敲一个警钟，不要在业务扩张的同时忽略风险

管理。而商业银行并没有及时领会央行的意图、准确预测未来货币政策的走向，导致了市场的盲目恐慌，使“钱荒”的影响扩大。因此，央行应该加强与商业银行的有效沟通，使商业银行对货币政策的预期更加清晰和稳定，以利于银行更好地理解整个市场状况，提前做好准备，防止金融市场的恐慌与动荡。

同时，中央银行也要根据市场流动性的实际状况，积极运用货币政策工具及短期流动性调节工具(SLO)和常备借贷便利(SLF)等创新工具组合，适时调节银行体系流动性，平抑短期异常波动，稳定市场预期，保持货币市场稳定，为金融市场平稳运行和经济结构调整、转型升级创造良好货币条件。

案例使用说明

一、关键点

本案例介绍了 2013 年 6 月我国商业银行体系遭遇流动性危机的过程，分析了本次“钱荒”的原因以及人民银行的应对措施，并提出了相应的政策建议。教学中的关键点包括：

(1) 本次“钱荒”中银行流动性紧张的主要表现以及在银行体系的传导机制；

(2) 我国货币供给量的层次划分以及货币供给与需求的影响因素；

(3) 从货币供给量、存款准备金率等宏观角度及金融机构的微观等角度深入理解“钱荒”产生的深层次原因；

(4) 理解中国人民银行在应对“钱荒”过程中，相关货币政策的出发点以及针对影子银行现象所作的考虑。

二、知识点

1. 银行同业拆借市场

银行同业拆借市场，是指银行之间为解决临时性资金短缺需要或调剂准备金头寸余额而进行短期资金融通的市场。

2. 非标准化债权资产

非标准化债权资产是指未在银行间市场及证券交易所市场交易的债券性资产，包括但不限于信贷资产、信托贷款、委托债权、承兑汇票、信用证、应收账款、各类受(收)益权、带回购条款的股权性融资等。

3. 债券质押回购交易

债券质押回购交易是指交易双方以债券为权利质押进行短期资金融通时，同时签订协议，约定在将来某一指定日期由出售证券的一方按协定价格购回原债券，因此，债券质押回购交易实际上是一种有担保品的短期资金融通方式。

4. 短期流动性调节工具

短期流动性调节工具(short-term liquidity operations，SLO)，是指在银行体系流动性出现临时性波动时，央行在公开市场向 12 家商业银行招标，向银行卖出或买入一定资金的资产，以达到回收银行资金以紧缩流动性的目的或向市场释放一定资金以放宽流动性的目的。作为公开市场常规操作的必要补充，该工具以 7 天期以内短期回购为主，遇节假日可适当延长操作期限。

5. 法定准备金率

法定准备金率是指一国中央银行规定的商业银行和存款金融机构必须缴存中央银行的法定准备金占其存款总额的比率。商业银行吸收的存款不能全部放贷出去，必须按照法定比率留存一部分作为随时应付存款人提款的准备金。

6. 超额准备金

超额准备金是商业银行及存款性金融机构在中央银行存款账户上的实际准备金超过法定准备金的部分，是存款类金融机构在缴足法定准备金之后，自愿存放在央行的钱，由银行自主支配，可随时用于清算、提取现金等需要。

三、启发思考题

(1) 2013 年我国银行间市场资金严重短缺的原因是什么？这些因素中哪些是表面原因？哪些是深层原因？

(2) 面对 2013 年银行的“钱荒”，央行为何没有轻易释放流动性？

(3) 银行“钱荒”事件给我们提供了哪些经验教训？对我国商业银行、央行有哪些借鉴意义？

参考文献

[1] 董小君. 从“热钱”到“钱荒”：形势逆转的原因、影响及应对之策[J]. 经济学动态，2013(07)：94-98.

[2] 段胜辉. 银信合作、货币供应与货币政策[J]. 上海金融，2012(03)：51-56，117.

[3] 范建军. 经济后果、破解对策与同业市场“钱荒”成因[J]. 改革，2014(06)：94-104.

[4] 付国伟. “钱荒”产生的宏观经济与金融内因探讨[J]. 市场周刊(理论研究)，2014(04)：98-101，152

[5] 黄梓扶. 从“钱荒”看影子银行——对银行表外业务的思考[J]. 财经政法资讯，2013(05)：53-55.

[6] 刘振冬. 央行表态维护货币市场稳定[N/OL]. 经济参考报，(2013-6-26)[2020-9-25]. http://dz.jjckb.cn/www/pages/webpage2009/html/2013-06/26/content_76365.htm? div=-1.

[7] 张杰. 中国的货币化进程、金融控制及改革困境[J]. 经济研究，1997(08)：20-25，79.

[8] 张晓玫，弋琳. 货币空转与银行间市场流动性——基于我国“钱荒”事件研究[J]. 财经科学，2013(12)：20-28.

[9] 中国人民银行调查统计司与成都分行调查统计处联合课题组. 影子银行体系的内涵及外延[J]. 金融发展评论，2012(08)：61-76.

案例 7
反收购策略——“毒丸计划”

摘要：随着中国证券市场的发展，上市公司发生的收购与反收购事件越来越多，对反收购策略的研究也日趋重要。本案例以万宝之争作为背景，引入“毒丸计划”的概念，并介绍了毒丸计划常见的 5 种类型。同时借助经典的经济学理论讨论了运用“毒丸计划”进行反收购的利弊。接着，通过分析新浪运用“毒丸计划”对抗盛大收购的案例，介绍了“毒丸计划”的实施过程。最后，结合当下的法律规定和宏观环境，讨论了该策略在中国证券市场所面临的限制及应用前景。

关键词：收购；反收购；毒丸计划

1　引言

2015 年下半年，中国资本市场上发生了涉及资金高达数百亿的宝能收购万科事件。从最初王石公开表示“不欢迎”和宝能公告回应“相信市场的力量”，再到万科停牌，宝能质问万科无形资产归属权和王石转发“洗钱指责”微博，万科的控股权之争逐步升级，演变为一场资本角逐的大戏。

此前知名度相对较低的宝能系瞄准了万科集团股权结构分散的弱点，结合当前经济形势下地产企业估值较低的机遇，出其不意地发动了此次收购大战。2015 年 12 月 4 日，钜盛华通过资管计划在深交所买入万科 A 股股票 549091001 股。此时，钜盛华及其一致行动人前海人寿保险股份有限公司合计持有万科 A 股股票 2211038918 股，占万科公司当时总股本的 20.008%，成为万科公司第一大股东，万科面临被收购的风险。[①]

万科的高层管理层以“重重杠杆、信用不够”和“短债长投、风险较大”为由，对宝能系公开表示了“不欢迎”。然而，在成为万科第一大股东后，钜盛华持续增持万科 A 股股票，

① 数据来源：深交所万科公司公告。

截至2015年12月18日,钜盛华与前海人寿合计持有的万科股份占总股本的24.26%,当时万科华润系控制的股份总数只占总股本的15.29%,低于宝能系持股比例。

2015年12月7日,安邦保险突然举牌增持5%的万科股份,并在此后继续增持到7.1%。如果安邦保险与宝能系结盟,万科华润系则将处于明显的被动地位。随后,万科A在12月18日中午宣布临时停牌,当时深交所披露的主要原因是"有关事项尚存不确定性,为了维护投资者利益,避免对公司股价造成重大影响"。这被业界解读为"毒丸计划"的预备阶段。当时有学者预测万科的高管团队可能会通过定向增发来稀释对手的股份。如果该计划得以执行,那么这将成为"毒丸计划"在中国成功实施的一个典型案例。

2 "毒丸计划"的起源和分类

"毒丸计划"起源于美国,但该词诞生的时间并不长,这与美国有关企业兼并的法律变迁历程密切相关。20世纪中叶,美国迎来了二战之后的第一次公司并购浪潮,大公司企图通过兼并其他不同领域的公司来实现多元化发展和平衡盈利,然而这一做法引起人们对于垄断的担忧。1950年美国国会通过了《塞勒-凯弗维尔反兼并法》,该法案对《克莱顿法》的第七条进行了修正,禁止可能会严重损害市场竞争的资产购买。当时,学者对竞争市场推崇备至,比如George Stigler(1955)就建议:超过市场份额20%的横向兼并应当初步视为非法,其中一家公司占有市场份额超过20%的纵向兼并也应当初步视为非法。1968年《威廉姆斯法案》要求并购方必须明确公示收购条件,并且允许其他公司在一定期限内可以与之竞争,同时期的并购准则对主并公司市场份额上限与对应的被并公司份额上限有严格的规定。在当时如此严厉的法规下,收购事件鲜有发生,这种状况一直持续到里根总统上台。在里根执政时期,法院开始放松反收购的执行标准,司法部对收购案件的审核标准也有所降低。公司管理层不能再通过法律阻挡"野蛮人叩门",因而设计出各式各样的反收购策略。其中,"毒丸计划"就是80年代美国的公司收购潮中,经常被采用的反收购策略。

"毒丸计划(poison pill plan)"是指目标公司抵御恶意收购而采用的一系列防御性策略,1982年由美国Wachtell, Lipton, Rosen & Katz律师行的并购律师马丁·利普顿(Martin Lipton)发明。由于该计划不需要股东的直接批准就可以实施,故在80年代后期被广泛采用。毒丸计划按照其发展的时间顺序,可分为以下5种类型。

2.1 优先股计划

优先股计划指的是目标公司向现有股东发行大量新股,通常是优先股。这些新股一般有严格的赎回条款,比如允许这些优先股在公司被收购时转换成大量普通股,从而稀释了收购方持有的目标公司股票的比例,使收购方收购目标公司所付的代价更大。

2.2 外翻式毒丸计划

"外翻式毒丸计划"(flip-in poison pill)是当收购人完成收购上市公司的股票时才会触发的特定反收购条款。该条款允许其他股东有权以相对较低的价格购买收购方公司的股票。这种购股权是公司发行的一种买入期权,允许持有者在固定时期内按照特定的价格购买一定数量的股票。最早的"外翻式毒丸计划"的触发条件较为严格,只有当收购者收购目标公司 100%股份时,才能触发反收购条款。而现代的"外翻毒丸计划"的触发条件可以是任何个人或组织购买了目标公司 20%的流通股或要约收购了目标公司 30%以上的流通股。

2.3 内翻式毒丸计划

"内翻式毒丸计划"(flip-in poison pill)是一种允许现有股东(除收购股东外)折价购买目标公司股份的策略。"内翻式毒丸"使持有者能够获得目标公司的股票,与之相反,"外翻式毒丸计划"则允许持有者有权购买收购方的股票。

"内翻式毒丸计划"反收购策略是通过允许管理层向市场大量增发新股的方式,稀释收购方所购股份的价值,同时使购买新股的投资者能够从折价收购价格与市价之间的差价中获利。"内翻式毒丸计划"作为一种潜在的反收购策略,常在公司章程中公开披露,具体内容为:在潜在的收购发生之前,一旦潜在收购方累积的流通股超过某个阈值水平(通常为 20%至 50%),就会触发"内翻式毒丸计划",即除收购方外的现有股东均拥有公司新增发股票的折价购买权,这种权利使收购方所购股份的价值有被目标公司歧视性稀释的风险,最终可能使收购者无法获取公司控制权。这些条款让任何敌意收购的公司明白他们将面临很多困难,迫使收购人知难而退,放弃收购计划。"内翻式毒丸计划"在不少国家被广泛地应用。

2.4 后端计划

"后端计划"(back-end plans)也称为票据购买权计划(note purchase right plan),是目标公司为现有股东提供的反收购策略。在该策略中,目标公司赋予现有股东(收购方除外)将现有证券以公司董事会确定的价格兑换成现金或其他证券的权利。这些权利在收购方购买目标公司的股份超过规定比例时就会执行。

后端计划中规定的价格通常高于市场价格,但应该是善意的价格。在目标公司向股东提供以较高价值获得股票权利的情况下,收购公司无法以更低的股价完成收购。但是,如果收购公司提供的价格高于后端计划中规定的价格,则意味着毒丸计划失败。

2.5 投票毒丸计划

"投票毒丸计划"是指公司发行具有超级表决权的优先股以防止外部机构获得公司投票控制权的毒丸计划,该计划最早出现于 1985 年。在该计划下,即使恶意竞标者获得了目标公司相当数量的有表决权的普通股,持有优先股的非收购方股东仍能保持目标公司的控制权。

3 “毒丸计划”的经济学分析

3.1 委托代理理论

委托代理问题是由于信息不对称而带来的道德风险问题，当委托人（所有者）与代理人（管理者）的利益不一致时，代理人以自身的利益而不是委托人的利益行事，该行为可能违背委托人的最大利益，从而发生委托代理问题。例如，在企业并购过程中，若经理人的利益体现为所掌控公司规模的大小，则收购方经理人会更加看重并购所带来的自身权利范围扩大的利益，而不在乎收购成本的高低，从而容易在收购过程中忽视股东的利益，那么兼并和收购其他公司未必是使得股东利益最大化的决策。Dennis（1997）通过设置4组对照组，分别从盈利能力、市场份额以及股票收益三方面比较公司在收购前和收购后的表现，发现企业并购之后税前利润及市场份额显著下降，股票收益在大部分情况下也低于参照组。由此可见，该理论认为收购行为并不一定会对公司本身的发展、社会效率的提升和股东的权益最大化起到促进作用，因此使用毒丸计划阻止收购可能有利于企业发展与股东利益。

3.2 股东利益保护理论

一些学者认为“毒丸计划”可以起到保护股东利益的作用。股东一般并不关心企业由谁实际控制，只关心所持股票的收益情况，使用“毒丸计划”的公司常常借此与收购方进行谈判，以实现股东利益最大化。大型律师事务所乔治森公司在1988年发表的一份研究报告中比较分析了有毒丸计划保护的公司与没有毒丸计划保护的公司的收购溢价，发现有毒丸计划保护的公司比没有毒丸计划保护的公司多获得69％的收购溢价。在乔治森的样本中，有毒丸计划保护的公司与其6个月前的股票交易价格相比溢价了78.5％；没有毒丸保护的公司的溢价为56.7％。随后，这家事务所在1997年又对1992—1996年的交易数据进行了分析，得到了类似的结果，受到毒丸计划保护的公司得到的溢价比平均水平高8％，比没有毒丸计划保护的公司高26％，特别是在资本规模小的公司样本中溢价差异更大（见图7-1）。

Ryngaert（1988）研究了在1982—1986年期间实施了毒丸计划的380家公司，发现实施毒丸计划的公司更有可能击退敌意收购，在收到敌意收购的出价后，有31％保持了独立；而没有实施毒丸计划的公司在同样情境下只有15.78％保持了独立。然而从股价的角度来看，Ryngaert发现那些受到并购威胁而采取了毒丸计划的公司的股票价格显著下降。

虽然反收购措施是收购溢价的决定因素之一，但从长期来看，“毒丸计划”是否能起到保护股东利益的作用一直存在争议。

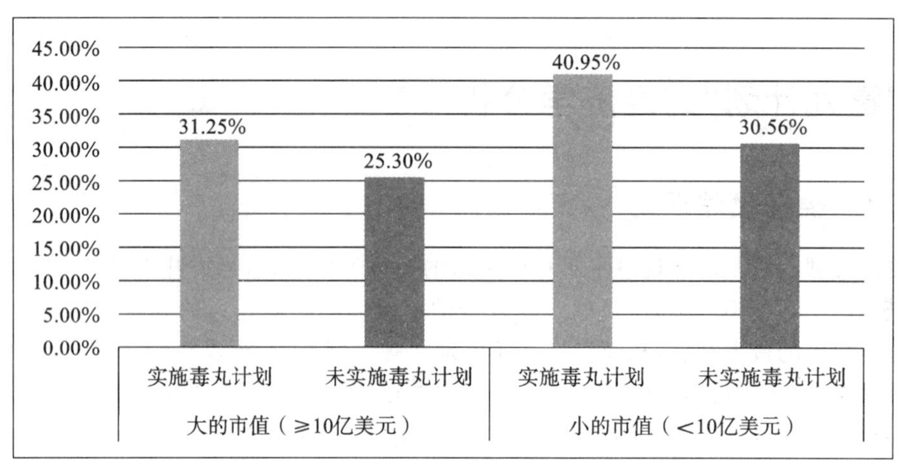

图 7-1　毒丸计划与收购溢价

资料来源：Poison Pills and Shareholder Value：1992—1996，Georgeson & Company，1997。

3.3　外部监督理论

如果管理层未能积极履职，导致公司的优质资产运作效率低下，那么收购行为本身就可以作为一种外部监督机制，给低效臃肿的企业管理层施加压力，这有利于增强企业的市场竞争力。但由于"毒丸计划"这类防御性策略的存在，公司管理层认为公司被收购的可能性较小，这会进一步加重管理层消极履行职责的程度，长期来看这将不利于公司的发展。同时，管理层如果滥用"毒丸计划"，将会使希望退出的股东失去溢价出售股份的机会。从这个角度来看，"毒丸计划"与保护股东权益的目的背道而驰。

4　"毒丸计划"实例——新浪反收购之战

从国际上一些企业反收购的经历来看，"毒丸计划"效果卓著，因此，不少公司都采用"毒丸计划"来应对潜在的收购。我国海外上市公司也不乏运用"毒丸计划"成功阻止被收购的例子，其中最著名的是 2005 年新浪与盛大之间的公司控股权之争。这场在中国本土上演的华尔街式收购战，清晰地呈现了新浪公司是如何使用"内翻式毒丸计划"抵御收购，同时实现股东权益最大化的过程。

新浪是备受瞩目的全球华人资讯平台，盛大则是当时中国最大的网络游戏运营商。两家海外上市公司的主体均注册于英属开曼群岛，通过 VIE 结构和其他安排巧妙地使中国境内注册的公司成功在美国纳斯达克证券交易所上市。2005 年 2 月，盛大宣布同其控股的一致行动人地平线媒体有限公司一道收购新浪约 19.5%的股权[①]，成为新浪第一大股东。

① 数据来源：新浪科技。

盛大当时选择收购新浪的主要原因有以下几点：首先，作为在中国影响力极大的互联网门户公司，新浪在业务上与盛大互补，收购新浪有利于盛大的业务转型，如果盛大成功收购新浪，将会产生非常明显的协同效应；其次，当盛大发动收购战时，新浪股价已经从一年前的最高点每股39.64美元跌至每股24.75美元，估值较低，因此大大降低了盛大的收购成本；最后，新浪的股权结构相对分散，盛大更容易占据主动地位。

面对盛大来势汹汹的收购，新浪管理层迅速采取措施予以反击，第一时间聘用华尔街著名投行摩根士丹利为上市公司财务顾问，很快便制定了一份“毒丸计划”。主要条款就是“除收购的股东外，其余新浪股东所持的每一股股票都能获得一份购股权，并且这份权利不可交易。如果收购者持有或控制的新浪股票总数超过新浪总股本的20%，行使权力的条件成立，此项购股权就将被触发，股东便可凭借手中的购股权以半价购买新浪增发的股票”。经测算，该“毒丸”可以将盛大19.5%的股权稀释至2.8%。在完成了19.5%股权的收购后，盛大的资金严重不足，面对新浪抛出的“毒丸”无计可施，只好放弃收购，抛出新浪股票。虽然在这场收购大战中盛大被挡在门外，但这场轰轰烈烈的收购活动无论是对互联网界、法律界，还是对投资界都具有里程碑式的意义。

5 “毒丸计划”在中国的适用性

新浪运用“毒丸计划”成功地将收购者盛大拒之门外的案例说明了“毒丸计划”在反收购中发挥着重要的作用。在我国也发生过不少兼并重组的事例，比如近年来最著名的宝能收购万科事件。然而，万科管理层在反收购过程中并未运用“毒丸计划”，这其中的原因是什么呢？

首先，法律框架的约束对实施“毒丸计划”有很大的影响。新浪成功运用“毒丸计划”的法律保障之一在于美国的公司成立和新股发行采用的是授权资本制。在授权资本制下，公司在其章程中设立注册资本总额，由发起人认购一定比例的法定资本后公司即可正式成立；发起人在认购其股份后，将注册资本中未认购的股份直接授权给董事会，董事会可根据公司生产经营情况和证券市场行情发行股份，这为不经股东大会决议就启动“毒丸计划”提供了制度空间。然而，根据我国《公司法》第一百零四条规定，我国公司想要发行新股(增资)，必须经过公司最高决策层——股东大会的批准，并且需代表公司三分之二表决权的股东表决通过。在这种法律环境下，万科管理层不能直接通过董事会决议来发行新股，而需要经过股东大会表决通过。但召开临时股东大会需要一定时间，并且公司法对于表决程序和表决结果的有效性有着硬性的规定，如果达不到召开股东大会的标准，可能会导致股东大会无法召开或者不能做出有效的表决。

其次，我国对新股发行价格的限制会对国内企业实施“毒丸计划”造成一定影响。我国上市公司新股发行有以下几种方式：配股、公开增发、非公开发行及发行股份购买资产。在这四种方式下，证监会对发行价格也有相应的规定。例如，根据《上市公司证券发行管理办法》，公开增发新股的发行价格应不低于公告招股意向书前20日或前一日股价交易的均价，而非公开发行的发行价格应该不低于定价基准日前20日股价交易均价的90%[①]；根据《上市公司重大资产重组(2019年修正)》，发行股份购买资产的股份发行价格不得低于市场参考价的90%，市场参考价为本次发行股份购买资产的董事会决议公告日前20个交易日、60个交易日或120个交易日的公司股票交易均价之一。由此可见，我国现行法律制度对新股发行价格的规定并没有留出足够的价格下行空间，这在一定程度上对实施"毒丸计划"造成了阻碍。

最后，"内翻式毒丸"能起作用的关键是区别对待收购者和除收购者以外的公司股东。而根据我国证券法公开发行股份的相关条款，除定向增发外，其他方式一般面向不特定对象发行。万科可以采取定向增发方式向特定对象(往往是与董事会一致行动的大股东)增发股份，即通过非公开发行新股的方式对收购者以外的目标公司股东低价发售股份。据报道，万科管理层曾希望说服华润为定向增发股份的认购主力。但作为上市公司，万科的定向增发要遵守我国2014年修正的《证券法》第十三条的规定，即"上市公司非公开发行新股，应当符合经国务院批准的国务院证券监督管理机构规定的条件，并报国务院证券监督管理机构核准"。因此，定向增发要经历复杂的审批程序和较长的时间。

2019年12月28日，十三届全国人大常委会第十五次会议全体会议审议通过了中华人民共和国证券法(修订草案)。根据该草案，"上市公司发行新股，应当符合经国务院批准的国务院证券监督管理机构规定的条件，具体管理办法由国务院证券监督管理机构规定"。该草案调整了证券发行的程序，取消了发行审核委员会制度和上市公司发行新股的核准要求。

6 "毒丸计划"在中国的应用前景

与美国等拥有发达金融市场的国家相比，我国证券市场起步较晚。在股权分置改革之前，由于我国企业较为集中的股权结构形成了天然的反收购屏障，企业收购事件很少发生。从1993年9月我国发生第一起收购案例至2005年股权分置改革，在我国发生并记录在案的上市企业收购与反收购案件相对于近年来要少得多。在此期间，目标公司很少使用"毒丸计划"进行反收购，而通常采用司法诉讼，通过对公司的资产、业务等进行调整和再组合以降低公司吸引力的"焦土战术"或寻找善意合作的"白衣骑士"等反收购策略，这与当时我国证券市场的发展状况以及公司收购和反收购相关的立法有关。然而，随着我国金融市场的不断完善，可以预计"毒丸计划"在我国将会被越来越广泛地运用。

6.1 我国证券市场发展逐渐成熟

从1990年末上交所的正式成立到2005年股权分置改革再到今天，近30年来中国股市从不完善逐步走向成熟。早期的证券市场非流通股和国有股股权高度集中，为证券市

① 原《上市公司证券发行管理办法》中规定为90%，2019年11月8日证监会就修改《上市公司证券发行管理办法》《创业板上市公司证券发行管理暂行办法》等再融资规则公开征求意见，建议修改为80%。

场上的公开收购设置了“天然屏障”。但随着 2007 年我国股权分置改革的基本完成，股市中流通股数量不断增加，我国将有更多的上市公司参与到企业收购的浪潮中，反收购战略也成为不少学者和公司关注的热点。特别是在实践中被业界称为反恶意收购最有效手段之一的“毒丸计划”将在我国发挥越来越重要的作用。

6.2 企业面临收购大潮

西方企业的收购历史长达一百多年，共经历了 5 次收购浪潮。而真正建立在市场基础上的中国企业收购是从 2002 年才开始，其发展历程与我国宏观经济环境的变化密不可分。例如，加入 WTO 使我国企业面临着更加开放的市场和更加激烈的竞争，国内出现了大规模的企业收购浪潮。特别是 2015 年在《中共中央、国务院关于深化国有企业改革的指导意见》中，我国政府强调“加快处置低效无效资产，淘汰落后产能”，这必然导致一大批效率低下的企业被淘汰和兼并，出现新的收购浪潮。这一浪潮不仅波及诸如工业、制造业等传统行业，还涉及互联网等新兴产业。在此收购浪潮下，可以预计将会出现更多的收购与反收购的案件，毒丸计划也会发挥更大的作用。

6.3 反收购立法逐步完善

我国有关反收购的法律正不断完善。2002 年颁布的《上市公司收购管理办法》第三十三条中规定：“收购人做出提示性公告后，被收购公司董事会除可以继续执行已经订立的合同或者股东大会已经做出的决议外，不得提议如下事项：(一)发行股份；(二)发行可转换公司债券；(三)回购上市公司股份；(四)修改公司章程……”这就意味着当时“毒丸计划”是违法的。而 2006 年收购办法修订后删除了这四项规定，并对该条款作出修改。这说明我国法律为“毒丸计划”预留了适当的空间。

目前在反收购诉讼中，我国以《证券法》和《上市公司收购管理办法》为参考依据，但并没有系统的反收购法律体系，这极有可能产生管理层为了巩固自身地位而滥用“毒丸计划”的现象。因此，只有建立完善的反收购法律体系及公司信息披露制度，才能为公司实施“毒丸计划”提供正确的决策基础，并最大程度维护股东的利益。

案例使用说明

一、关键点

本案例的关键点在于理解“毒丸计划”概念、分类及其运作过程，分析“毒丸计划”的优势和缺陷以及反并购策略的合理性。教学中具体的关键点包括：

(1) “毒丸计划”的概念和主要种类；

(2) “外翻式毒丸”和“内翻式毒丸”的区别；

(3) “毒丸计划”的优势和缺陷；

(4) 在中国证券市场实施“毒丸计划”的难点；

(5)“毒丸计划”在我国的适用性。

二、知识点

1. “毒丸计划”的概念

“毒丸计划”是公司董事会用于反收购的一种防御策略。该计划迫使收购方就出售股份的价格与董事会进行谈判,从而避免收购方与股东直接进行磋商。通常,如果潜在的收购方购买了公司一定比例或更多的股份,“毒丸计划”将赋予其他股东折价购买更多股份的权利,这种购买会稀释收购者的股份,从而增加其收购成本。如果收购方得知“毒丸计划”会被触发,可能不愿意在没有董事会批准的情况下接管公司,而会首先与董事会谈判以撤销该计划。该计划可由董事会以现有股份“期权”或“认股权证”的形式提供给股东,并且只能由董事会自行决定撤销。

2. “毒丸计划”的分类

1) 优先股计划

优先股计划指的是目标公司向现有股东发行大量新股,通常是优先股。这些新股一般有严格的赎回条款,比如允许这些优先股在公司被收购时转换成大量普通股,从而稀释了收购方持有的目标公司股票的比例,使收购方收购目标公司所付的代价更大。

2) 外翻式毒丸计划

“外翻式毒丸”是当收购人完成收购上市公司的股票时才会触发的特定反收购条款。该条款允许其他股东有权以相对较低的价格购买收购方公司的股票。这种购股权是公司发行的一种买入期权,允许持有者在固定时期内按照特定的价格购买一定数量的股票。

3) 内翻式毒丸计划

“内翻式毒丸”是一种允许现有股东(除收购股东外)折价购买目标公司股份的策略。该策略是通过允许管理层向市场大量增发新股的方式,稀释收购方所购股份的价值,同时使购买新股的投资者能够从折价收购价格与市价之间的差价中获利。

4) 后端计划

后端计划也称为票据购买权计划。在该计划中,目标公司赋予现有股东(收购方除外)将现有证券以公司董事会确定的价格兑换成现金或其他证券的权利。这些权利在收购方购买目标公司的股份超过规定比例时就会被执行。

5) 投票毒丸计划

投票毒丸计划是指公司发行具有超级表决权的优先股以防止外部机构获得公司投票控制权的毒丸计划。在该计划下,即使恶意竞标者获得了目标公司相当数量的有表决权的普通股,持有优先股的非收购方股东仍能保持目标公司的控制权。

3. 委托代理理论

委托代理问题是由于信息不对称而带来的道德风险问题,当委托人(所有者)与代理人(管理者)的利益不一致时,代理人以自身的利益而不是委托人的利益行事,该行为可能违背委托人的最大利益,从而发生委托代理问题。

4. 配股和定向增发

(1) 配股:是指上市公司根据公司发展需要,依照有关法律规定和相应的程序,向原股票股东按其持股比例，以低于市价的某一特定价格配售一定数量新发行股票的融资行为。

(2) 定向增发：也称非公开发行，即向特定投资者发行新股，是指公司向几个特定的(一般不超过10位)法人或机构投资者增发股票，这些有资格的股东可以以较低价格认购新股。

三、启发思考题

为了帮助学生理解“毒丸计划”的概念、类型、优缺点及背后的经济学原理，请思考以下几个问题：

(1) 新浪运用“毒丸计划”反收购成功的经验是什么？

(2) “毒丸计划”有哪几种类型？各有何利弊？

(3) 请比较“毒丸计划”和“焦土策略”的异同点。

(4) “毒丸计划”是否更多保护的是管理层的利益？该计划对于目标企业和目标企业的股东有利吗？

(5) “毒丸计划”在我国的应用前景如何？请谈谈你的看法。

参考文献

[1] Dawson S S, Pence R J, Stone D S. Poison pill defensive measures[J]. The Business Lawyer, 1987: 423-439.

[2] Stigler G J. Mergers and preventive antitrust policy[J]. University of Pennsylvania Law Review, 1955, 104(2): 176-184.

[3] Mueller D C. Merger Policy in the United States: A Reconsideration[J]. Review of Industrial Organization, 1997, 12(5): 655-685.

[4] Gaughan P A. Mergers, acquisitions, and corporate restructurings[M]. Hoboken: John Wiley & Sons, 2010.

[5] 可丽娟. 上市公司反收购措施对中小股东权益影响分析[J]. 法制与经济(下旬), 2011(11):84+86.

[6] 李贵卿，黄萍，王元珑. 加入WTO我国国有企业如何进行并购[J]. 经济师, 2003(10):160-161.

[7] 刘蕾. 浅析万科股权之争[J]. 当代经济, 2016(05):8-9.

[8] 田蜜. “毒丸”的药理分析[J]. 商界(评论), 2009(05):50-53.

[9] 王晓. 美国公司反收购战中毒丸计划的法律分析[J]. 证券市场导报, 2007(02): 68 77.

[10] 严莉. 探究上市公司反收购“毒丸”计划在我国的适用[J]. 学理论, 2012(14): 116-118.

[11] 左沈怡. 毒丸计划诞生记[J]. 上海国资, 2016(02):72-73.

案例 8
众筹——互联网金融的革命

摘要：近年来，众筹融资作为一种基于互联网平台的新型融资模式在全球兴起，为解决中小企业融资问题提供了新的思路和渠道。本案例阐述了众筹的概念、运作模式，并详细地介绍了国内外现有典型众筹平台的特点及优势，重点分析了众筹平台对我国金融行业的冲击。在此基础上，提出了促进我国众筹平台发展的建议。

关键词：互联网金融；众筹；金融创新；项目融资

1 引言

过去十多年中，小型企业的投资违约事件不断发生，致使不少投资者损失惨重，投资者对小企业逐渐失去了信心，从而更愿意把资金投资于实力强、信誉好的大企业。而作为市场中最为活跃的小企业由于经营风险较大，难以从资本市场获得生产和服务所需的资金。小企业资金供给不足的问题严重地影响了小企业的发展，导致社会经济增长活力不足，整体创新能力下降。

为了刺激经济发展、支持新兴成长型企业的发展以及解决就业低迷等问题，2012 年 4 月 5 日，美国出台了《企业振兴法案》(Jumpstart Our Business Start-ups Act，简称“JOBS 法案”)。随着法案的颁布，众筹被正式纳入合法范畴。同时，针对这种具有互联网时代特征的新型网络融资模式，法案对投资者身份、融资准入规则以及相关法律等多个方面制定了具体的规定。

2014 年 12 月 18 日我国证券业协会颁布的《私募股权众筹融资管理办法(试行)(征求意见稿)》也对股权众筹的性质、融资者准入条件、投资者门槛等方面进行了初步的界定，该意见稿的公布引发了行业的高度关注。那么，众筹到底是怎样的一种融资模式？这种模式将会对整个经济社会带来怎样的变革？

2 众筹的定义

当前国内外对众筹均没有给出统一的定义，以下列出几种国内外常见的解释。

2.1 国外定义

众筹(crowdfunding)作为一种新型商业模式，诞生于美国。2003年第一家众筹平台ArtistShare以资助多个音乐人获得格莱美大奖而闻名。2006年美国学者迈克尔·萨利文建立了一个名叫Fundavlog的融资平台，第一次使用了众筹的概念，他将众筹定义为"一种群体性的合作，即人们通过网络汇集资金支持个人或组织建立的项目"。尽管平台以失败告终，但迈克尔·萨利文对众筹的定义让众筹这一概念开始进入人们的视野。

2009年，随着Kickstarter网站的正式上线，众筹融资模式开始引起市场的重视。随后，《麦克米伦词典》和《牛津词典》也在2010年2月和2011年11月分别收录了众筹(crowdfunding)这一新型金融术语。在《麦克米伦词典》中众筹被定义为"通过网页或者其他在线工具得到一群人对某个项目的支持"；而在《牛津词典》中众筹被解释为"利用互联网向公众筹集小额资金来为某个项目或企业融资的行为"。

2.2 国内定义

众筹在国外出现后，在国内也迅速引起了社会公众的关注。"云募资"是我国对crowdfunding最初的翻译。随后出现了"众筹""密集型筹资""密集型融资"及"大众融资"等不同的翻译名称，其中"众筹"是最普遍使用的翻译词条。

2012年5月16日，百度百科首次创建"众筹"词条，将其定义为："通过'团购＋预购'的形式，向网友募集项目资金的模式。"至此，各种译法得到统一。

2014年4月，"众筹"在中国人民银行所发布的《中国金融稳定报告(2014)》中被正式归入六大互联网金融主要业态，该报告将众筹定义为："通过网络平台为项目发起人筹集从事某项创业或活动的小额资金，并由项目发起人向投资人提供一定回报的融资模式。"

3 众筹的商业模式

3.1 众筹的组成部分

众筹融资由项目发起人(筹资人)、公众(出资人)和中介机构(众筹平台)三个部分构成。

3.1.1 项目发起人(筹资人)

项目发起人一般是有创意但缺乏资金的市场主体，也有部分发起人是为了扩大企业知名度，增强用户交流体验，让公众能通过众筹的方式切身参与到产品的设计、研发、推广中来。

3.1.2 公众（出资人）

出资人一般是指对筹资者的创意项目和相应回报感兴趣的以在线支付方式进行投资的众多互联网用户。这种投资过程其实就是消费前移的过程，满足了筹资人的资金需求及出资人个性化的消费体验。

3.1.3 中介机构（众筹平台）

中介机构是连接发起人和出资人的互联网终端。众筹平台的职责贯穿了整个项目始末，不仅是项目发起人的辅导者和监督者，也是出资人的利益维护人。众筹平台不仅需要高端的网络技术支持，而且在项目上线之前还进行细致的审查以保证项目的真实性、价值性及可实施性。项目筹资成功后也要持续进行监督和辅导，如果项目没有成功，众筹平台将担负起监督项目发起人给出资人退款的职责。

3.2 众筹融资的类型

众筹融资可以分为四类：债权众筹、股权众筹、回报众筹和捐赠众筹。

3.2.1 债权众筹

债权众筹指的是筹资人承诺在约定期限内向出资人偿还其出资额并给付利息收益的筹资方式。其中，众筹平台的主要角色是借款中介，也有部分平台提供还款担保的服务。

3.2.2 股权众筹

股权众筹指的是项目发起人向出资人出让股权以获得资金的筹资方式，但出资人在获取股权收益的同时也需和筹资人共同承担股权投资的损失。基于互联网的股权众筹相比传统的股权融资具有交易成本低、筹资面广等优势，给更多的中小企业提供了融资的新渠道。

3.2.3 回报众筹

回报众筹可分为两类：预购众筹和奖励众筹。预购众筹主要应用于创意项目的融资如音乐及电影等，指的是项目发起人在线发布拟推出其创意产品和服务的信息，发起一定范围的资金募集，投资人可选择支付购买的融资方式。奖励众筹与预购众筹不同之处在于奖励众筹不直接提供项目的产品或服务，而是提供一些象征性的奖励如 VIP 资格等。

目前我国流行的众筹以项目投资居多，主要采取团购预售的方式融资。与传统团购购买现有产品不同的是项目众筹团购的是预期产品，产品多数处于创意阶段。项目众筹对于传统文化的创新至关重要，很多优秀的创意，由于没有资金的支持而胎死腹中。而基于互联网的项目众筹能够为那些具有良好创意，但是没有资金支持的创业者筹集所需资金。

3.2.4 捐赠众筹

捐赠众筹是指在整个项目中投资者不获得任何实质性回报的融资方式。这种众筹形式涉及的金额一般较小，主要适用于红十字会等非政府组织对特殊项目的募捐或无偿贷款。

3.3 众筹融资流程

众筹商业模式的构建与流程如图 8-1 所示。

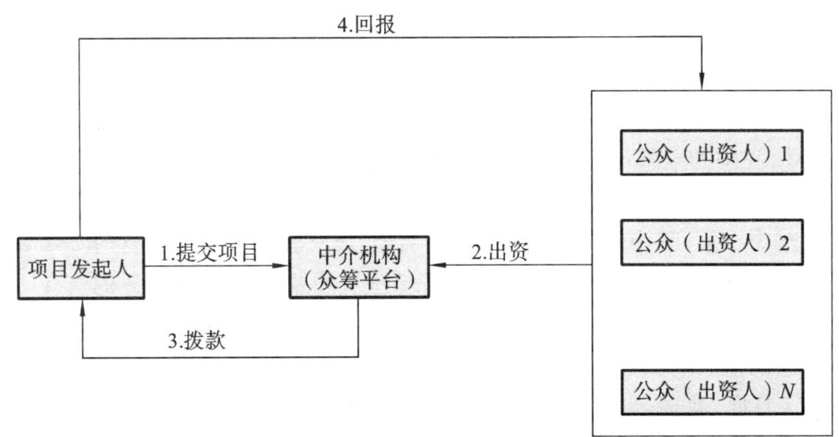

图 8-1 众筹商业模式及流程

项目的发起人拟定项目以及融资方案，具体包括融资平台、期限、金额及回报方式等，并向众筹平台提出申请，平台秉持保护投资者利益的原则对项目进行审查筛选。通过审查的项目，平台通知项目发起人创建项目主页，以文字、视频及图片等方式对项目进行介绍，平台也会辅助发起人在官方微博、微信平台等进行宣传。此时投资者可以在预设时间范围内对项目进行投资，待融资期满，达到预设金额则项目成功，未达到则项目失败。众筹平台会对融资成功的项目征收一定的佣金。项目完成之后，项目发起人需按照承诺向投资者支付相应报酬。

4 众筹的发展

自 2006 年迈克尔·萨利文首次运用众筹融资后，众筹在全球范围内迅速发展。Massolution 公司 2015 年《众筹的工业报告》显示：2011 年全球在运营的众筹平台仅为约 452 家，募资总额仅为 14.7 亿美元；而在 2012 年及 2013 年总融资额则分别快速上升至 27 亿美元和 61 亿美元，年增长率分别为 83.7%和 125%；截至 2014 年 12 月，全球在运营的众筹平台共 1250 家，这 1250 家众筹平台大部分坐落于欧洲和北美地区，为众多项目募集了高达 162 亿美元的资金；2014 年的总融资额年增长率更是超过 2013 年达到 167%，其中，房地产和中小企业融资平台引人注目，初创企业众筹融资规模在不断上升。

从众筹的不同融资模式来看，2014 年债权众筹年度增长率为 223%，融资量高达 110.8 亿美元，大大高于其他模式的众筹融资规模。其次是捐赠众筹融资量，达到 19.4 亿美元，但年增长率仅为 45%，在各类融资模式中处于最低水平。回报众筹融资量为 13.3 亿美元，年增长率为 84%。而股权类众筹虽然融资总额较少，仅为 11.1 亿美元，但增长速度高达 182%，远超过捐赠众筹和回报众筹，仅次于债权众筹。

从不同地区分布来看，2014 年北美国家的众筹融资规模最高，为 94.6 亿美元，年增长率为 145%；其次是亚洲众筹市场，众筹融资规模年增长 320%，达到 34 亿美元；欧洲地区众筹规模的年增长率为 141%，接近于北美地区增长率，是其 2013 年年增长率的 3 倍多，融资规模为 32.6 亿美元。

我国众筹融资尽管起步时间比较晚，但行业整体发展势头良好。就众筹平台数目而言，经历了从快速增长到快速下降的过程。2011 年到 2013 年，增长速度相对平缓，截至 2013 年 12 月，我国的众筹平台数仅为 25 家。但从 2013 年至 2015 年，众筹平台数进入了高速增长期。据零壹研究院数据中心统计，截至 2015 年 12 月底，我国互联网众筹平台数目增长至 365 家，其中 2015 年上线的平台有 168 家。在正常运营的 281 家平台中，涉及股权众筹业务的有 185 家，占比最高(65.8%)；涉及产品众筹业务的有 119 家，占比 42.3%。

值得注意的是，根据众筹家旗下人创咨询编撰的《2018 中国众筹行业发展年报》，截至 2017 年 12 月底，我国运营的互联网众筹平台数目从 2016 年底高峰时期的 532 家急剧降低到 294 家，但全年的成功项目数和融资总额分别为 69637 个和 260 亿元人民币，超过了 2016 年的 48437 个项目数和 217.43 亿元人民币的融资总额，实际融资总额同比增长 19.58%，这表明众筹行业的市场集中度和占有率开始提高。由于 2016 年互联网金融监管开始收紧，股权型众筹发展迎来了拐点。到了 2017 年底，全国的股权型众筹完成的融资总额仅有 33.61 亿元。2015 年以后众筹行业的增长主要来源于权益众筹和物权众筹，其中，汽车众筹是 2017 年最热的细分市场，实体场所及科技众筹成功项目所筹金额分别位居第二及第三名。

5 国内外著名的众筹平台分析

2001 年众筹平台刚开始成立和运营的时候，用户主要是音乐界的艺术家及其粉丝，而现在的用户背景更加多元化。除音乐领域外，还涉及游戏、出版、设计、影视及科技硬件产品等方面，其中最为成功的是游戏、影视和设计产品领域。最具有代表性的众筹平台是 2009 年在美国成立的 Kickstarter，该平台的出现引发了一代众筹平台的爆发式增长。本节选取几个具有代表性的国内外众筹平台，对其运营模式及发展情况进行分析。

5.1 美国 Kickstarter 众筹平台

5.1.1 Kickstarter 平台简介

美国纽约的 Kickstarter 网站诞生于 2009 年 4 月 28 日，目前已发展成为规模最大、专门为拥有创意方案的创造者提供融资的众筹平台，激励和支持具有创新性、创意性和有抱负的设想是 Kickstarter 网站的宗旨。

2015 年 Kickstarter 进行重组成为公益企业，该网站通过网络平台向公众进行集资，为具备创造力的人提供筹资机会，以帮助他们实现梦想。该平台运作模式较为简单有效：愿意提供资金的赞助者帮助具有创新精神同时渴求资金支持的创造者实现其新创作、新发明及新产品创意方案。

5.1.2 Kickstarter **运营模式**

在 Kickstarter 网站上，任何人都可以向某个特定项目捐赠一定数目资金，平台收取较低费率的佣金。Kickstarter 将自身定位为“全球最大的创意项目融资平台”。该平台涉及的四类主体分别为筹资人、捐助者、亚马逊支付体系（Amazon Payment）和 Kickstarter 平台。

项目筹资人在平台上发布项目、设置融资时长（1～69 天）、募集资金总额以及捐款所对应的回报，该回报可能是一个产品的小样、一个项目的源代码或是在项目里增加捐助者的姓名，但不可能是资金回报。

捐助者可以为自己偏好的项目进行投资，投资额从 10 美元到 1 万美元不等。如果在规定时间内筹资总额达到了筹资人预设的目标，则表明融资成功，捐助者随后也将按照既定的条约得到相应的回报；相反，若筹资额并未在既定的时间内达到设定的目标，捐助者所捐助的资金将被退还到各自的账户。

作为整个交易过程中最为重要的交易平台和资金托管平台，亚马逊支付体系会根据交易额的大小收取费用，交易费率从 3% 到 5% 不等。捐助者需要将资金转入亚马逊支付体系，融资者也通过亚马逊支付体系将资金转入自己的账户。美国有些州规定，如果交易涉及直接货币传输，必须获得货币传输证（Money Transmission License），而 Kickstarter 并未直接作为资金的托管和传输平台，在一定程度上避免了触犯州府相关法律的风险。

Kickstarter 平台在整个交易过程中扮演项目评估与督导的角色。项目上线之前需经过严格的审核，唯有具备真实性、可实施性的项目方可在网上进行公布。集资成功后，Kickstarter 平台将抽取融资总额的 3%～5% 作为收入。值得强调的是，Kickstarter 是一个“零和模式”的众筹平台，若项目未成功，已捐助的资金将全部退还给捐助人。Kickstarter 具体运作流程如图 8-2 所示。

例如，美国加州的漫画家马金・卡拉汉想创作一部关于半人半妖的漫画，为了筹集第一期的宣传和创作费用共计 1500 美元的资金，她给网站写了一封介绍信，希望可以得到一些小额捐款。若筹集总额达到 1500 美元的标准，捐助人的回报安排如下：捐 5 美元可获得带有作者亲笔签名的漫画书；捐 100 美元可获得带有漫画主人公装饰的包。结果她在非常短的时间里筹集到了这笔资金。

5.1.3 Kickstarter **的发展现状**

Kickstarter 网站上的数据表明，截至 2019 年 7 月底，已有约 1668 万人支持过在 Kickstarter 网站上发布的项目，其中约 547 万人支持过网站上多个项目，已成功获得资

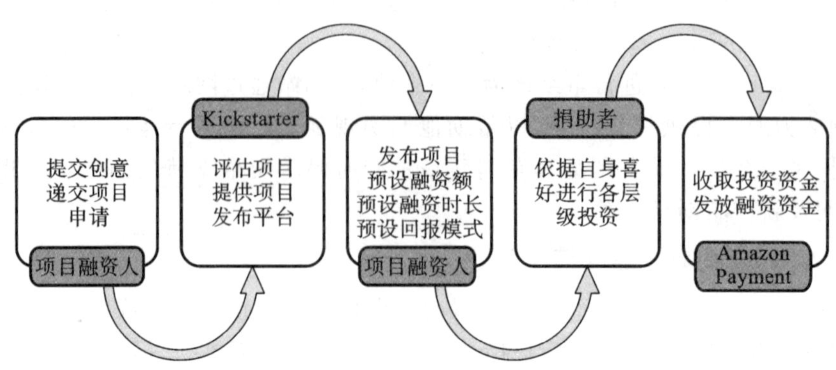

图 8-2　Kickstarter 运作流程图

助的项目数达到 16.8 万个，认缴的总金额为 44.69 亿美元。

Kickstarter 网站的创意性活动包括时尚、设计、工艺、漫画、艺术、舞蹈、电影 & 电视、音乐、摄影、出版、食品、游戏、新闻、技术以及戏剧。截至 2018 年末，每个领域成功资助的项目数如图 8-3 所示。

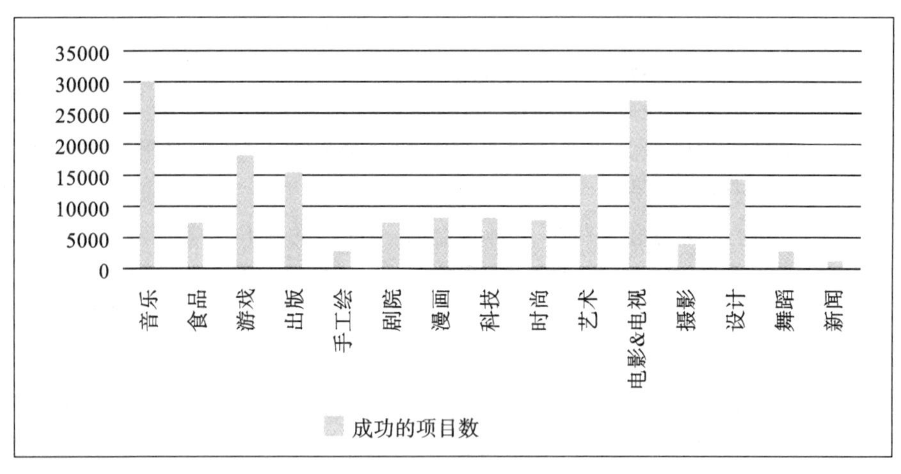

图 8-3　Kickstarter 各领域成功项目数量(个)

从图 8-3 中可以看出，音乐类成功的项目最多，为 29961 个；其次为电影 & 电视项目，达 26952 个。Kickstarter 自创建以来，总筹资金额已成功达成 45 亿美元。具体每个项目投入的金额情况如图 8-4 所示。

从图 8-4 中可以看出，在所有项目中，游戏众筹对筹资总额的贡献最大，总金额达到了 10.8 亿美元；其次是设计行业，为 995 万美元，科技领域和电影制片的投入也相对较多。仔细比对这些项目，我们可以发现，决定众筹项目成功与否的决定性因素在于融资人的创意和赞助人的梦想。

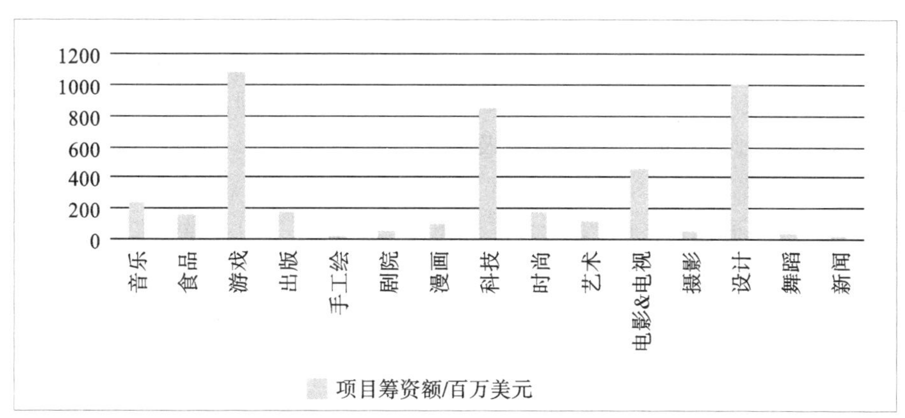

图 8-4 Kickstarter 各领域资金投入情况

5.2 英国 Crowdcube 众筹平台

5.2.1 Crowdcube 平台简介

2011 年 2 月,Luke Lang 和 Darren Westlake 在埃克塞特大学创新中心建立了 Crowdcube 众筹平台,该平台被英格兰银行誉为“银行业的颠覆者”。Crowdcube 是全球第一家正式上线的股权众筹平台,在 2013 年被 FCA(金融市场行为监管局)批准注册,创建了企业筹资的新模式。截至 2013 年 12 月,该平台已经为 85 个项目成功融资近 1650 万英镑,拥有注册投资者 56000 余人。截至 2016 年 5 月,Crowdcube 已为超过 400 个众筹项目成功融资。

5.2.2 Crowdcube 平台业务流程

与 Kickstarter 及其他众筹平台不同,Crowdcube 是以股权筹资为基础的筹资平台,主要为初创型以及成长型企业筹集资金。在该平台上,企业可以直接从公众那里筹集所需资金,而不必通过天使投资人或银行;而投资者除了能够获取相应的投资回报或获得与创业者交流的机会之外,还能成为所投资企业的股东。该平台的业务流程如图 8-5 所示。

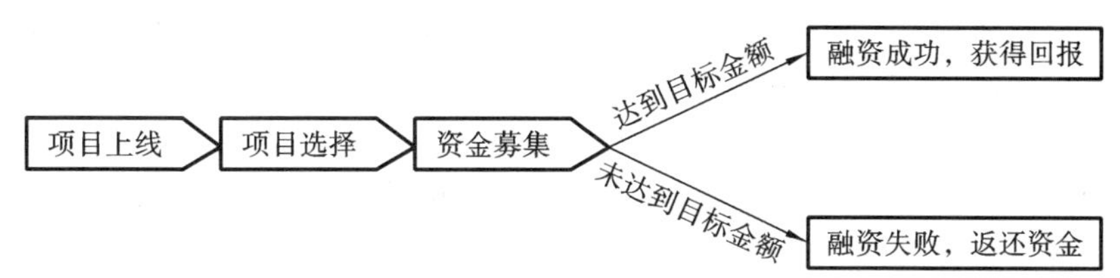

图 8-5 Crowdcube 的融资流程图

Crowdcube 的业务流程可以从筹资人以及投资人两个方面进行阐述。筹资人的操作流程主要为注册、评级、项目申请、标书制作、发布与认证等。

(1) 注册:拥有社保号,且信用评级在 640 分以上的筹资人才能在 Crowdcube 平台上进行注册。

(2) 评级:Crowdcube 对筹资人进行信用评级。

(3) 项目申请:融资人需要向 Crowdcube 提出项目申请,并从专业的角度提供项目的主要内容、具体发展计划、退出模式以及未来三年内的财务预测,确定公司的目标融资金额。Crowdcube 平台根据以往的经验及历史数据一般在 72 小时以内对项目进行审核,并提供修改建议。

(4) 标书制作:通过审核后,融资人需制作标书并在标书中提供股权比例设置、股权类型、目标筹资金额、融资期限、奖励计划及该项目是否符合 EIS(Enterprise Investment Scheme)免税政策等详细信息。其中,Crowdcube 规定最低融资金额为 1 万英镑,最佳的融资额度为 10～15 万英镑,超过 15 万英镑的项目需要有足够大的吸引力;融资期限虽然由融资人自行选择,但一般不超过 60 天,Crowdcube 对需要延长期限的项目进行特殊的审核;融资人一般为投资者提供不带投票权的 B 型股权,也有部分企业同时出让拥有投票权的 A 型股权和不带投票权的 B 型股权,但由于股权奖励的期限比较久,融资人会提供一些类似餐厅会员卡等物质奖励;最后,在 Crowdcube 平台上符合 EIS 要求的项目均能享受 30%的免税优惠。

(5) 公布与认证:完成后的标书通过 Crowdcube 再次审核后就可以上线。同时,Crowdcube 会拟定项目认证进度表,与发布同时进行。

投资人的操作流程比较简单,分为注册、充值、竞标及放贷等环节。

(1) 注册:投资人必须是 18 岁以上并拥有社会保险号的英国公民;机构投资者必须是本土的机构且拥有纳税人号码。

(2) 充值:投资人账户至少充值 25 美元。

(3) 竞标:Crowdcube 根据投资人的偏好进行匹配,投资人可以根据自身意愿和公司公布的各项信息对项目投标。

(4) 放贷:Crowdcube 对所有的筹资列表审核完成后将资金打入筹资人账户,投资人收到 Crowdcube 的相应票据。

5.3 国内代表性众筹平台

众筹网站在中国起步较晚,尚处于萌芽阶段。目前,我国的众筹模式主要以回报众筹和股权众筹这两种模式为主。回报众筹的模式是在项目完全展开之前筹集资金,运用筹集的资金生产产品,然后回报给投资者,这相当于投资者在产品和服务生产前就已预订这些产品和服务;而股权众筹的投资人是通过卖出投资的股票获取利益。同国外相比,我国众筹参与人数和筹资额都较少,发展速度较慢,还未出现像 Kickstarter 一样拥有较强影响力的标志性平台。

根据人创咨询的中国众筹行业统计月报,截至 2019 年 6 月底,我国共有 105 家处于运营状态的众筹平台,但质量参差不齐。下面以点名时间众筹平台、天使汇众筹平台为案例详细分析我国众筹平台的运作。

5.3.1 点名时间众筹平台

点名时间是我国第一家众筹平台,成立于 2011 年 5 月,是发布项目最多的众筹网站之一，但在发展过程中经历了一次转型，因此，分析点名时间具有一定的代表性。

5.3.1.1 点名时间平台简介

点名时间众筹平台被称为“中国的 Kickstarter”，成立于 2011 年 5 月并于同年的 7 月正式上线。创立团队将其定位为开放、免费的众筹平台，主要为有创意的人筹集资金或者对接资源，涉及的范围比较广泛，包含摄影、音乐、影视、动漫、科技、游戏及出版等领域。点名时间平台的运营模式和其他众筹平台类似，项目必须在集资人预设的时间范围内达到或者超过预设的额度才能算是融资成功，未能成功的项目，需将款项退还给出资人。这些项目都要通过相关人员的审核才能上线，项目的发起人也需要经过实名认证。同时，在对外公布的项目介绍中，项目发起人还需明确揭示项目潜在的风险以及预设的补救措施。在回报方面，项目发起人需设置三个以上的回报类别，可以是实物也可以是非实物，但不可以是资金回报或股权回报。公众在认可后，以资助的方式参与项目，并在项目成功后取得相应回报。

5.3.1.2 点名时间平台操作流程

以“支持一个创意，预购一个梦想”为使命的点名时间不仅为用户提供了一个筹资平台，还给予了精神上的鼓励。项目发起人在登录网站并注册成功后，便可以在网站上提交基本的项目说明，包括名称、类别、项目简介、融资金额、融资期限及宣传视频等。同时，项目发起人还需说明该项目的现状、风险及回报方式，然后提交项目等待平台审核。点名时间会对所提交的全部项目进行审核并对发起人进行调查，确保项目的完整性和可执行性。并且，为保障投资者的权益，项目融资成功后，平台会分两次将款项汇给发起人；若审核未通过，平台会通过邮箱联系项目发起人解释原因，并要求发起人退还支持者款项，其基本流程如图 8-6 所示。

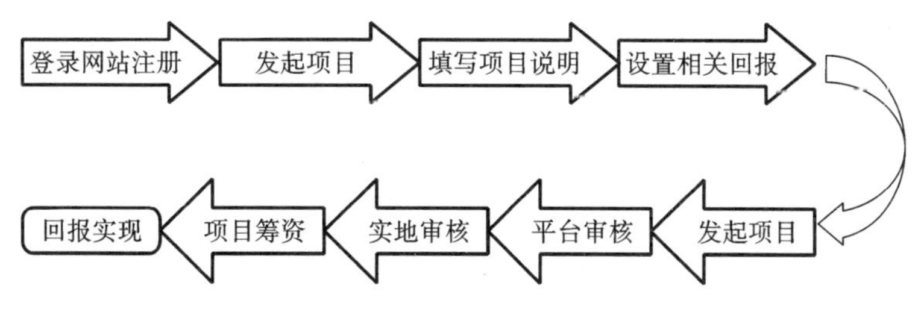

图 8-6 点名时间网站融资流程

点名时间项目涵盖电影、动漫、设计及科技等，但大多成功的案例主要集中在文艺及科技领域，知名的项目有百万级电影《大鱼海棠》《十万个冷笑话》及网络人气漫画家熊顿发起的《滚蛋吧！肿瘤君》新书预售等。以《大鱼海棠》为例，该项目共设置了 12 个不同层级的融资额度以及相应回报。从 2013 年 6 月 17 日开始融资，到 2013 年 8 月 1 日仅一个半月就有近 3600 人参与融资，以 158 万元的成绩拿下点名时间 2013 年单个项目最高融资额度的桂冠。作为回报，项目提供投资者 VIP 资格、不定期的电影制作进展、海报、电影原画、电影票或者向团队建议的机会等。

5.3.1.3 点名时间平台的落幕

成立于 2011 年的点名时间是首个将回报众筹引入我国的平台，当时很少有人相信众筹模式会在之后得到社会的认可。但通过点名时间平台在各类媒体上广泛的宣传，2013 年年初，由畅销书作者熊顿创作的《滚蛋吧！肿瘤君》在点名时间众筹平台推出；2013 年中，动画电影《大鱼海棠》首次打破了国内回报式众筹融资记录，在该平台筹集了一百多万元资金。随后，盛大等公司也纷纷推出众筹平台，这表明众筹被越来越多的大众所接受。然而在 2014 年 4 月，点名时间突然宣布放弃众筹平台定位的决定，转型为智能硬件的首发平台。点名时间突然放弃"国内众筹第一"的宝座说明众筹平台本身确实存在一些需要解决的问题。

首先，众筹这一新型融资模式还没能得到大众最广泛的接受，公众认知能力也有一定的局限性，这直接限制了点名时间平台的进一步发展。众筹的用户主要分为两类：极客和大众消费者。前者注重参与感，并不一定需要成熟产品；后者注重物质性，需要优质的产成品，传统的众筹融资模式难以兼顾这两类用户，导致参与投资的人员不足。其次，在点名时间平台发展的最佳时期，京东众筹、阿里众筹等巨头纷纷入场，宣传不收取佣金，点名时间面临巨大的竞争压力。此外，以鼓励创新、扶植梦想为重点的点名时间平台一般都是以提供某种 VIP 会员资格和一些相关纪念品给投资者作为回报，而不是资金或者股权。由于大多数投资者都是逐利的，他们更多关心的是真实收益，而不是价值低廉的纪念品，这导致项目的融资金额不足，成功的筹资计划只能在较小的创意项目上得以实施。截至 2013 年 8 月，点名时间共收到项目申请 7000 多个，但成功上线的项目仅 900 多个，成功率不足 13%。其中，成功的项目里超过 10 万元融资额的项目并不多。

针对点名时间平台的投资者无法获得股权回报的问题，可以为投资人提供一定比例股权回报的股权众筹大大激发了投资者投资的热情。其中，天使汇平台就是股权众筹的典型代表。

5.3.2 天使汇众筹平台

5.3.2.1 天使汇简介

2011 年 11 月 11 日，天使汇（AngelCrunch）众筹诞生，以"光棍节"为生日的天使汇致力于高效撮合天使投资人与创业者，是我国首家发布天使投资人众筹规则的众筹平台。

从天使汇的网站首页截图（见图 8-7）可以发现，天使汇提供的股权众筹项目大多为互联网及高技术行业，涉及的项目类别多样，主要包括社交网络、企业服务、游戏、科技、电子产品及电子商务等行业，同时也包括餐饮、健康及教育等传统行业。天使汇主要为初创型企业融资，其融资的具体流程如图 8-8 所示。

5.3.2.2 天使汇融资分布状况

根据天使汇网站上的数据显示，截至 2015 年 7 月，该平台登记的创业项目约 51000 个，其中 400 个项目已经完成了超过 40 亿元的融资；注册的创业者与投资人分别为 14 万人和 4800 人。截至 2019 年 7 月底，已有 3561 个投资人经过平台认证。通过对网站 2014 年 1 月至 2014 年 9 月的项目融资金额进行分析，项目融资金额的分布情况具体如图 8-9 所示。

从图 8-9 中可以看出，在天使汇上融资的项目金额主要集中在 300 万元至 500 万元之间，其次是 100 万元至 300 万元的项目，而所需金额较少的融资项目并不多。同时，天

图 8-7 天使汇的网页截图

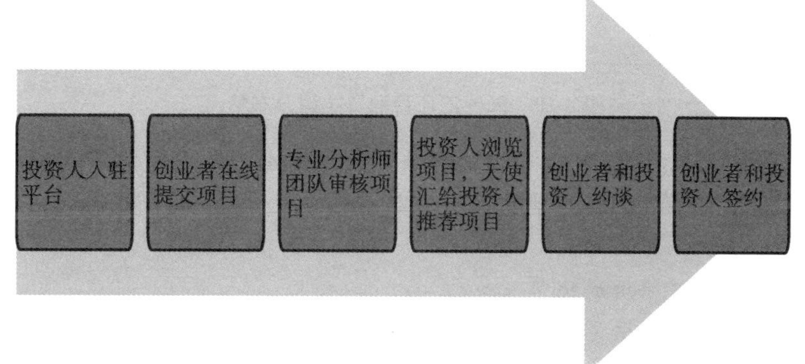

图 8-8 天使汇的融资流程图

资料来源：天使汇网站。

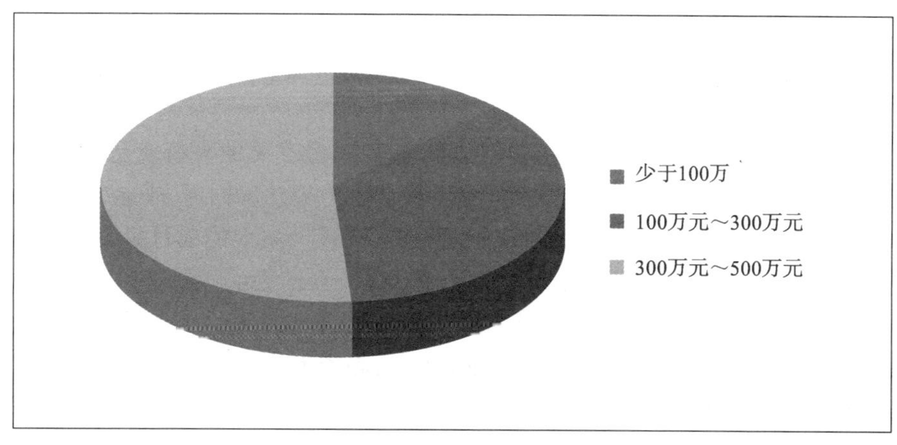

图 8-9 天使汇项目融资金额分布情况

使汇网站根据2014年1月至2014年9月的数据，对通过平台融资的项目类型分布情况进行了调查，如图8-10所示。

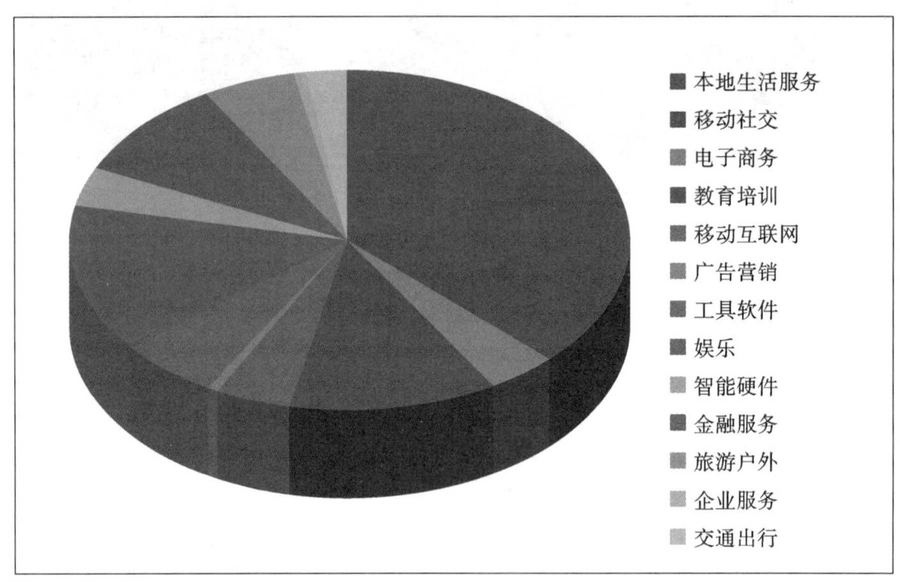

图8-10　天使汇项目融资类型分布情况

从图8-10中可以看出，天使汇涉及的融资项目类别分布广泛，多样化特征明显，其中，融资数量及金额较多的是本地生活服务类和移动社交类，娱乐类的项目融资规模也相对较大。

5.3.2.3　天使汇平台的优势

作为我国规模最大、融资最快的投资平台，天使汇的快速发展主要取决于以下优势：

一是天使汇吸收了一些国外的先进理念，推出"领投＋跟投"的机制，特别是对领投人的资格要求很高，例如领投人应在某个领域具有丰富的经验、独立的判断力、丰富的行业资源和影响力，至少退出过1个项目，领投额度最低不得少于本轮融资的5%，最高不得超过50%等；跟投人也应符合天使汇合格投资人的要求且对风险有充分的认识。因此，天使汇被称为专业投资人的圈内众筹，一般的投资人很难参与，这也是天使汇项目往往能够顺利融资并最终成功的关键。

二是注重宣传和市场推广。对于初创型企业而言，最重要的事情就是宣传与市场推广，而天使汇平台从成立之初就一直备受网络及媒体的关注。同时，平台也十分关注国内科技创新的新动态并直播国外的新产品和新技术。该网站上的项目只要有亮点、有价值，均可以申请Tech2IPO的免费采访。为了使社会公众迅速了解创业者项目，让产品更快走向市场，天使汇在2014年建立了极客咖啡馆，并在创业大街入口设置了巨大的LED屏幕，以便创业者利用这些资源进行宣传和交流，为融资创造了良好的条件。

三是建立了分层级的信息披露机制。对于创新型企业而言，知识产权保护是企业关注的重要问题，剽窃和山寨会大大影响创新企业的未来发展。为了保证对项目的详细披露，同时又保护初创企业的知识产权，天使汇推出了分层级的信息披露制度，即创业者可以自主选择对不同的投资主体进行不同程度的信息披露，这一举措不仅保障了企业的利益，也有利于融资者提供更加真实可靠的信息，实现双赢。

6 众筹平台对传统金融行业的影响

资本要发挥最大效用需要两个基本条件：大规模性和有效性，即具有一定规模的资本才能发挥其规模经济效益，同时资本只有与具有发展潜力的项目相结合，才能发挥其有效性，为社会创造最大化的财富。“众人拾柴火焰高”就是资本规模在经济哲学层面的阐述；而“锦上添花”是风险投资行业的投资哲学，是资本发挥有效性的表现。

根据传统的金融学理论，当拥有的资本量较少并面临信息不对称的问题时，大多数个人无法及时获得准确的投资信息，同时由于存在逆向选择和道德风险的问题，个人投资者的资本无法满足规模和有效性的要求。而互联网众筹平台利用其在资金方面的优势和规模效应，能较有效地解决金融市场普遍存在的信息不对称问题，为企业融资提供了新的选择，并在一定程度上对传统金融体系造成较大的冲击。

6.1 冲击了传统的银行存贷款业务

众筹平台将无数投资者的资金聚集在一起，形成规模效应。需要资金的企业在众筹平台上发布相关的信息后，众多的合格投资者通过平台选择和评估投资项目，完成投资，并获得相应投资回报。因此，天使汇等众筹平台分流了传统银行的金融业务，使商业银行的存贷款等业务收缩，利润下降，对银行的存贷款业务造成一定的冲击。

6.2 降低了中小企业的融资门槛

无论是大企业还是科技创新型中小企业，通过传统金融模式融资都必须满足一定的条件。在现实生活中，大企业更容易达到这些条件的要求，私募或风投机构也只对盈利能力强，具有巨大市场潜力的公司感兴趣。而中小企业特别是初创企业由于难以满足银行贷款的担保条件、无法提供足够的抵押品或其一系列上市和财务指标不符合在资本市场进行股权融资的要求，因而一直存在融资难的问题。但是初创企业中不乏一些具备广阔市场前景和盈利潜力，有足够能力给投资者带来丰厚回报的企业。由于众筹融资的条件要求较低，能够帮助这些有资金需求的优质项目或小企业以较低的成本获得所需的发展资金。

6.3 引导民间资本流入

我国作为一个拥有14亿人口的大国，民间资本存量大，活力强。但由于资金投资渠道有限，加上缺乏合理引导，不少资金进入投机或者非法集资等领域，这不仅降低了资金的使用效率，而且也给投资者带来了巨大的经济损失。众筹平台的出现，为民间资金和实体经济提供了良好的资金融通渠道，使社会闲散资金得到有效利用，为中小初创企业融资提供了便利。同时，这种直接与实体经济对接的方式也避免了资金在金融体系内空转的现象。随着众筹平台的逐渐完善和发展，众筹模式将会被越来越多的企业所接受。

总的来说，与传统的融资方式相比，众筹融资更加灵活、开放，成本更加低廉。但由于目前众筹的融资规模有限，众筹主要还是为中小企业与初创企业提供小额融资。

7 促进我国众筹模式发展的建议

我国众筹的兴起顺应了信息时代的发展规律，满足了投资者们多样化的投资需求，促进了我国大量民间资本的有效利用。然而，由于我国的众筹政策并不明晰，相关的法律尚不健全，这些因素制约了行业的进一步发展。与此同时，众筹平台同质化现象严重，大多数投融资只能局限于规模较小、期限较短的创意类项目。

为了促进众筹融资模式健康平稳的发展，相关部门应加强对众筹平台的监管，建立完善的监管制度，加强对知识产权的保护。从美国的《创业企业融资法案》、法国的《众筹融资指引》、德国的《资本投资法》、欧盟的《欧盟经济长期融资绿皮书》、日本的《金融商品交易法》到中国的《私募股权众筹融资管理办法（试行）（征求意见稿）》、《关于促进互联网金融健康发展的指导意见》再到《股权众筹风险专项整治工作实施方案》，尽管监管内容有所区别，但都体现了合理适度监管的理念。同时，为缓释投资人与融资人之间信息不对称引发的投资风险，我国应当建立有效、完备的信息披露制度。

众筹网站也应进一步推进平台建设，加强资源整合。比如，众筹平台可以与微信、微博等社交平台展开合作，提高众筹网站项目的宣传力度，扩大众筹的影响力。同时，优化自身的商业模式，提高服务能力，在提升自我专业化的同时促进科技创新行业和中小企业的发展。

案例使用说明

一、关键点

本案例分析的关键在于把握众筹的定义和类型，理清国内外众筹的发展现状和运作模式，分析众筹模式对我国传统金融行业的影响，教学中的关键要点包括：

(1) 众筹这一新兴互联网金融模式的运作过程及特点；

(2) 众筹模式在美国、英国及我国运作的不同之处及各自的优势与缺点；

(3) 众筹对我国传统金融行业的冲击。

二、知识点

1. 众筹的定义

百度百科首次创建“众筹”词条，将其定义为：用“团购＋预购”的形式，向网友募集项目资金的模式。

中国人民银行发布的《中国金融稳定报告(2014)》将众筹定义为:"通过网络平台为项目发起人筹集从事某项创业或活动的小额资金,并由项目发起人向投资人提供一定回报的融资模式。"

2. 众筹的组成部分

众筹融资由项目发起人(筹资人)、公众(出资人)和中介机构(众筹平台)三个部分构成。

3. 众筹融资的类型

众筹融资可以分为四类:债权众筹、股权众筹、回报众筹和捐赠众筹。

(1) 债权众筹指的是筹资人承诺在约定期限内向出资人偿还其出资额的筹资方式,其中,众筹平台主要的作用是借款中介,也有部分网站提供还款担保的服务。

(2) 股权众筹指的是项目发起人以向出资人出让股权的方式获得资金的筹资方式,但出资人在获取股权收益的同时也需和筹资人一起共担股权投资的损失。

(3) 回报众筹分为两类:预购众筹和奖励众筹。预购众筹指的是项目发起人在线发布拟推出产品和服务的信息,投资人可选择支付购买的融资方式,此类众筹主要应用于创意项目的融资。奖励众筹与预购众筹不同之处在于前者不直接提供项目的产品或服务,而是提供一些象征性的奖励如VIP资格等。

(4) 捐赠众筹是指在整个项目中投资者不获得任何实质性的回报。这种众筹形式涉及的金额一般比较小,主要适用于红十字会等非政府组织对特殊项目的募捐或无偿贷款。

三、启发思考题

学生在案例学习和讨论前需认真阅读《货币金融学》教材中有关金融创新与互联网金融的相关内容,包括我国互联网金融的发展现状。本案例的启发思考题主要是使学生通过案例的学习,理解众筹这一新型融资方式的特点、优缺点及对传统金融融资模式的影响,并独立思考将来融资的新趋势及相应的监管模式。

(1) 众筹与非法集资有何不同?

(2) 你认为我国众筹平台之所以能够快速发展,与哪些因素有关?

(3) 点名时间众筹平台落幕的主要原因是什么?

(4) 如果你是点名时间的CEO,你是否会选择转行?为什么?若选择继续经营众筹平台,你会制定怎样的发展战略?

(5) 如果你是监管者,你将如何规范我国的众筹市场?

(6) 众筹融资模式对我国传统金融行业造成哪些影响?

参考文献

[1] 黄健青,辛乔利."众筹"——新型网络融资模式的概念、特点及启示[J].国际金融,2013(09):64-69.

[2] 李文娟,严丹荔,郭迎雪,等.中美网络众筹融资模式比较研究——以 Kickstarter 和名时间网站为例[J].国际商务财会,2014(08):56-61.

[3] 刘俊棋.众筹融资的国际经验与中国实践[J].南京财经大学学报,2014(08):48-57.

[4] 零壹财经.2015 中国互联网众筹年度报告:43 个千万级别项目是如何炼成的[EB/OL].(2016-02-24)[2020-09-25].http://www.01caijing.com/finds/details/2791.htm.

[5] 零壹财经.谁说众筹已死?全面复盘 2017 众筹行业[EB/OL].(2018-02-09)[2020-09-25].http://www.01caijing.com/finds/details/20517.htm.

案例 9
牛市、熊市的幕后推手
——杠杆交易

摘要:2015 年 6 月至 8 月中国股市经历了断崖式下跌,引起了社会的广泛关注。这段时间股票市场发生的千股跌停、大量上市公司停牌现象极其罕见。本案例从这次股市震荡前期的融资融券、场外配资状况出发,分析了流动性危机发生的过程及其原因,揭示了股市在去杠杆过程中的连锁反应和市场连续暴跌的机制。在此基础上,进一步探讨了我国资本市场监管和市场机制存在的问题,并提出了具有针对性的政策建议。

关键词:杠杆交易;融资融券;场外配资;流动性危机

1 引言

2015 年 6 月 15 日至 7 月 9 日间的 18 个交易日里,中国股市出现连续暴跌。其中,上证指数的最大跌幅为 32%,中小板跌幅为 39%,创业板跌幅更是达到了 42%,累计跌幅超过 30%和 50%的分别有 2139 家和 1390 家。特别值得一提的是,2015 年 6 月 19 日、26 日、29 日,7 月 1 日、2 日、6 日、7 日均出现 1000 只以上的个股跌停。

随后的 7 月初,财政部、央行、证监会等部门相继出台了一系列政策,展开了股市“救市”行动,股价出现了一定幅度的回升。但 8 月中旬股价又开始新一轮的快速下跌。8 月 26 日,上证综指最低下跌到 2850 点,比 6 月初的最高点下跌了 45%。那么,为什么股市会如此暴跌?此次股市暴跌给我们带来哪些启示?

2 股市行情概述

2.1 股市暴跌前的疯涨

股市第一轮的上涨发生在 2014 年底,11 月 24 日到 12 月 31 日的 28 个交易日,上证综指上涨了30%。随后的2015年2月，证监会对证券公司及其他相关金融机构的融资融券等融资类业务进行现场检查，市场进入了一段时间的整理期。然而2015年3月至6月，上证综指再次加速上涨，涨幅高达54%，中小板指数和创业板指数分别上涨75%及93%。从2014年9月的2200多点攀登到2015年6月12日的最高峰5178.19，累计涨幅达到230%。

根据中国证监会发布的统计数据，2015年第一季度起，A股新增账户和投资者数呈现上升趋势。尤其是4月13日起，A股市场放开了“一人多户”的限制，每位投资者最多可以开立20个A股账户和场内封闭式基金账户。随着开户数的大幅增长（见表9-1），股市的交易金额也大幅度增加（见图9-1）。

表9-1　2015年一季度A股市场的交易账户数(单位:万)

时间	A股账户数	A股投资者数	日均新增账户	日均新增投资者
1月	197.16	97.13	9.86	4.86
2月	111.71	54.50	7.45	3.63
3月	486.49.	241.27	22.11	10.97
4.1—4.10	256.64	127.89	36.66	18.27
4.13—4.30	1033.66	369.64	73.83	26.40

资料来源：中国证监会。

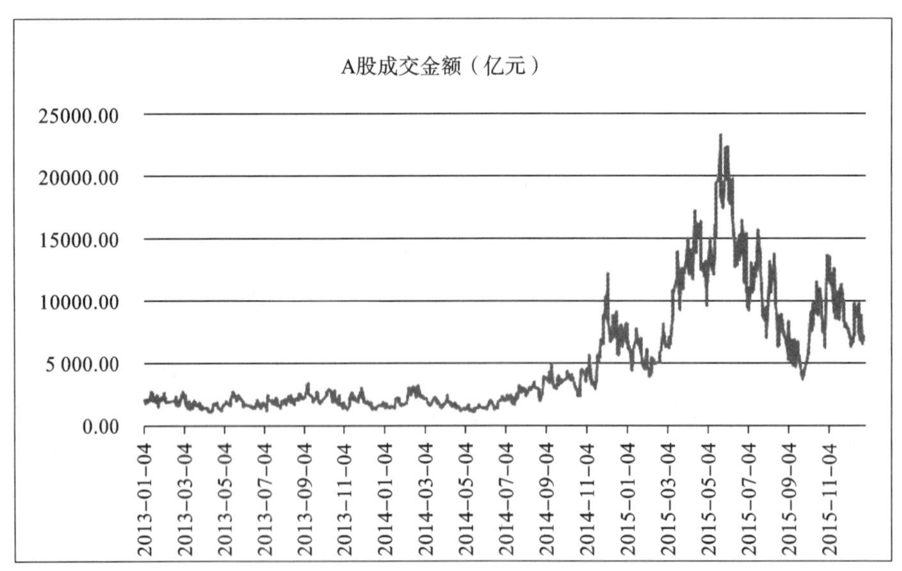

图9-1　2013年1月至2015年12月A股市场交易金额

资料来源：Wind。

根据中国证券登记结算有限责任公司的统计数据，2015年第一季度，新增股票账户同比增长433%，达到795万户。其中，80后成为主力军，占62%，55岁以上的投资者占5.2%；从持股看，90%以上账户持股市值50万元以下。投资者交易活跃，两市交易金额41.18万亿元，同比增长238.4%，其中自然人投资者的交易金额占八成以上，换手率达

100.7%,同比增长 67.2%。[①]

2.2 股市行情的转折

行情的转折发生在 2015 年中期,6 月 13 日上证指数高开震荡下行,当日跌幅达到 2.00%。从 6 月 13 日至 7 月 8 日不到一个月的时间,上证指数从 5000 多点下挫到 3507.19,其中,有 8 个交易日出现了千股跌停的局面,下跌幅度之大、跌速之快创下了中国股市的历史,甚至超过了 2007 年股市的"5.30 事件"导致的市场震荡。

2015 年 6 月 12 日,证监会下发了《关于加强证券公司信息系统外部接入管理的通知》,强调各证券公司不得通过网上证券交易接口为任何机构和个人开展场外配资活动、非法证券业务提供便利。2015 年 6 月到 2015 年 12 月,证监会严查各类场外配资等非法融资融券(见图 9-2)。公开信息显示,截至 2015 年 9 月 11 日,证监会清理资金账户 3255 个,占全部涉嫌场外配资账户的 60.85%,还有 2094 个账户尚未清理,持股市值约 1876.27亿元。在已清理的账户中,有 76.28%采取取消信息系统外部接入权限并改用合法交易的方式清理,仅 6.33%采取销户方式清理,还有部分账户采取产品终止等方式清理。

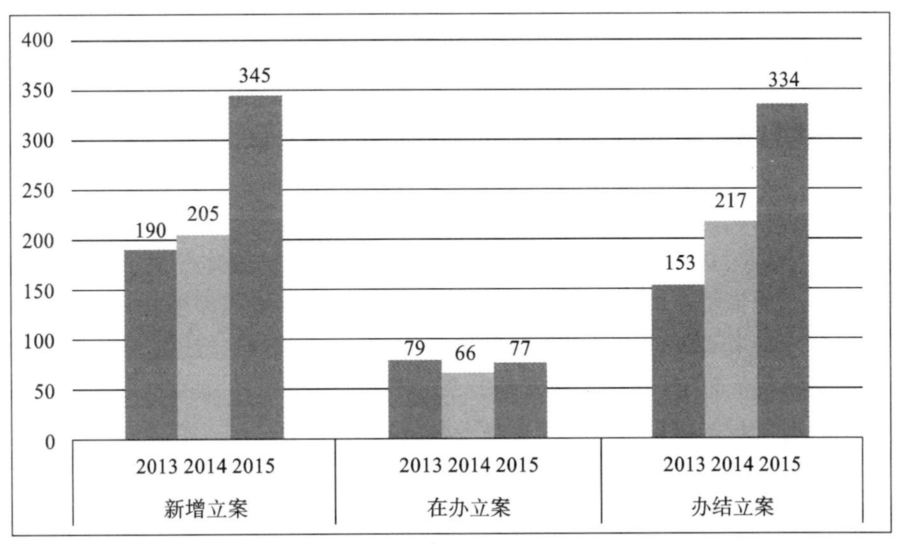

图 9-2 证监会案件办理情况

资料来源:中国证监会。

一系列的去杠杆行动,使得股市在短时间内形成去杠杆与股市下跌的负反馈机制,直接引发市场预期的逆转。以 6 月中旬对券商场外配资的清理为例,这一次行动使得从 6 月 15 日到 7 月 8 日上证综指和融资余额分别下跌 34.9%和 36.3%。与此同时,证监会也采取措施稳定市场。7 月 5 日,证监会发布《关于中国人民银行给予中国证券金融股份有限公司流动性支持的公告》,公告要求充分发挥中国证金公司的作用,多渠道筹集资金,增强维护市场稳定的能力(证监会公告,2015)。

① 根据中国证监会公开资料整理。

3 杠杆交易的方式

在本次股市行情中，两融、伞形信托和单一信托是产业资本、私募以及高净值客户的主要配资选择；对于散户而言，最常见的配资选择是缺乏监管的互联网金融平台和系统分仓模式（HOMS 系统）。下面详细介绍这两类杠杆交易。

3.1 融资融券

融资融券交易是指投资者向具有证券交易所会员资格的证券公司提供担保物，借入资金购买交易所上市证券或借入交易所上市证券并卖出的行为。通俗地讲，“融资”就是投资者在看多某只股票的情况下借钱买股票，“融券”就是投资者在看空某只股票的情况下借券卖掉，然后等股票价格跌下来，再买回来归还。

以上海交易所 2019 年修订的融资融券交易实施细则为例，融资融券交易的基本门槛是投资者从事证券交易时间超过半年、具有较高风险承担能力、最近 20 个交易日日均证券类资产高于 50 万元，且无重大违规记录。专业机构投资者参与融资、融券，可不受从事证券交易时间及证券类资产条件限制。融资融券采用竞价交易方式，融资买入、融券卖出股票或基金的，申报数量应当为 100 股（份）或其整数倍。

融资融券业务采取保证金交易制度。交易所会员公布的融资保证金比例、融券保证金比例及维持担保比例，不得低于交易所规定的标准。保证金可以用上市交易的股票、证券投资基金、债券、货币市场基金、证券公司现金管理产品及本所认可的其他证券充抵。充抵保证金的证券在计算保证金金额时应当以证券市值或净值按照一定折算率进行折算。投资者融资买入或融券卖出时所使用的保证金不得超过其保证金可用余额。

投资者融资买入证券时，融资保证金比例不得低于 100%。融资保证金比例是指投资者融资买入时交付的保证金与融资交易金额的比例，计算公式[①]为：

$$\text{融资保证金比例}=\text{保证金}/(\text{融资买入证券数量}\times\text{买入价格})\times 100\%$$

投资者融券卖出时，融券保证金比例不得低于 50%。融券保证金比例是指投资者融券卖出时交付的保证金与融券交易金额的比例，计算公式[②]为：

$$\text{融券保证金比例}=\text{保证金}/(\text{融券卖出证券数量}\times\text{卖出价格})\times 100\%$$

会员应当对客户提交的担保物进行整体监控，并计算其维持担保比例。维持担保比例是指客户担保物价值与其融资融券债务之间的比例，计算公式[③]为：

$$\text{维持担保比例}=\frac{\text{现金}+\text{信用证券账户内证券市值总和}+\text{其他担保物价值}}{\text{融资买入金额}+\text{融券卖出证券数量}\times\text{当前市价}+\text{利息及费用总和}}$$

---

① 资料来源于《上海证券交易所融资融券交易实施细则》。

② 资料来源于《上海证券交易所融资融券交易实施细则》。

③ 资料来源于《上海证券交易所融资融券交易实施细则》。

3.2 场外配资

3.2.1 场外配资的概念与流程

根据2019年最高人民法院发布的《全国法院民商事审判工作会议纪要》，场外配资业务是指一些P2P公司或者私募类配资公司利用互联网信息技术，搭建起游离于监管体系之外的融资业务平台，将资金融出方、资金融入方即用资人和券商营业部三方连接起来，配资公司利用计算机软件系统的二级分仓功能将其自有资金或者以较低成本融入的资金出借给用资人，赚取利息收入的行为。一般来说，场外配资的融资成本为13%～18%。与融资融券一样，场外配资也需要按比例缴纳保证金，其计算公式为：

融资保证金比例＝保证金/(融资买入证券数量×买入价格)×100%

保证金为投资者的自有资金。从融资比例来看，官方渠道一般不会超过1比2，而场外配资的杠杆要高得多。配资客户在配资公司平台开户后，配资公司可以监控其投资者账户。如账户中的金额达到警戒线，配资公司则会提醒配资者补充资金；如账户金额达到平仓线，配资者又未及时补充资金的话，配资公司可强行平仓。

场外配资的主要业务流程包括：资产管理机构（比如信托公司）发行结构化的资管产品，并以产品的名义开立证券账户（一级）；银行通过理财资金认购优先级份额，由配资机构认购劣后级份额，同时配资机构与资产管理机构签订投资顾问协议，取得结构化产品的下单权和配资权；配资公司利用HOMS类系统在一级账户下开设二级账户（虚拟），并在二级账户下为投资者（比如散户）开设三级账户。需从配资机构借钱的投资者与配资机构签订配资合同，获得资金。例如，股民提供本金10万元，按照1比4配比，配资公司给股民提供4倍的杠杆资金，这样融资者获得40万元。一般情况下，按月结算的还款月利率大约为1.8%，按此计算年息为21.6%；而按季结算的月优惠利率大约为1.6%，年息为19.2%。在股票交易阶段，配资机构对保证金也有着严格的约束。股票交易每日结算，只要本金亏损40%，即10万元资本金的杠杆交易亏损达到4万元，投资者就要追加保证金。而如果本金亏损50%，也就是亏损5万元，该账户通常会被强制平仓。

3.2.2 场外配资的渠道——伞形信托和HOMS系统

信托是指委托人基于对受托人的信任，将其财产权委托给受托人，由受托人按委托人的意愿以自己的名义，为受益人的利益或者特定目的，进行管理或者处分的行为，简而言之即为“受人之托、代人理财”。[①]

所谓伞形信托，是指由证券公司、信托公司、银行等金融机构共同合作，结合各自优势，为证券二级市场的投资者提供投、融资服务的结构化证券投资产品。具体来说，就是用银行理财资金借道信托产品，通过配资、融资等方式，增加杠杆后投资于股市。[②] 伞形信托是同一个信托产品中包含两种或两种以上的不同类型的子信托，投资者可以根据投资偏好选择一种或几种进行投资。子信托资金的运用对象、运用期限可以不同，不同企

① 定义来源于《中华人民共和国信托法》。

② 资料来源于中国信托网 http://www.suobuy.com/zhishi/151_1.html。

业的资金预计收益率也可以不同。通常情况是，在交易系统中，一个信托主账号被设置为多个独立的子信托，每个子信托单元包含一个劣后级客户和一个优先级客户。资产管理者借助账户管理技术，对每个子信托进行管理和监控。

HOMS 是一种外部信息接入系统，是由恒生电子开发出来的一种投资工具，其特点是可以将证券账户下的资金进行分仓管理，独立进行交易和结算。这种独特的分仓单元可以实现同一证券账户下的分仓管理及二级子账户交易、清算的功能。

HOMS 系统为投资管理者提供了一个接口，其分仓管理功能很好地满足了结构化证券投资信托的要求。同时，该系统允许在主账户下分拆多个子账户的特点为伞型信托配资提供了条件。配资公司可通过 HOMS 平台与信托公司进行线上对接，采用分拆子账户的形式实现与伞型信托多个子信托的对应。因此，在实际中，信托公司和配资公司都可以运用这一系统实现分仓管理和风险控制。

伞形信托常常和 HOMS 系统成对出现，为场外资金特别是银行资金进入股票市场提供了便利。

场外配资的主要参与者不仅包括 P2P 公司、担保公司以及互联网金融公司，实际上还包括银行、信托公司、证券公司、配资公司和以恒生电子为代表的配资服务系统提供商。虽然按照法律规定，银行资金不能直接进入股市，但其通过信托公司的资金托管业务，与配资公司建立联系，并通过 HOMS 系统间接流入股市。

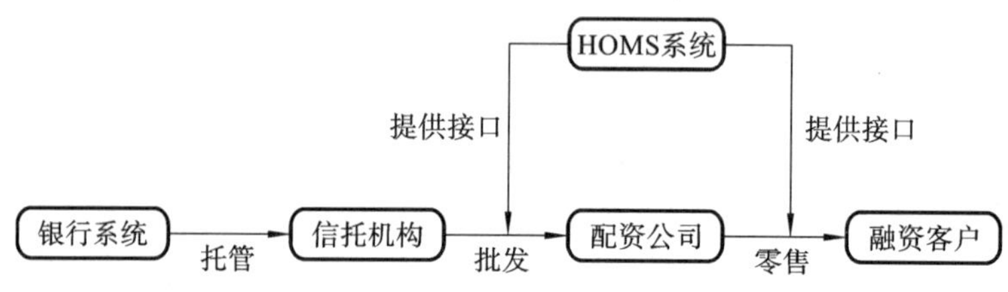

图 9-3　场外配资的参与方及交易流程

图 9-3 揭示了场外配资各参与方之间的关系。银行资金通过信托公司流入配资公司，再通过配资公司的配资业务流入股票市场。通过场外配资，越来越多的银行资金进入股票市场，推动股市持续上涨，市场的系统性风险不断增加。一旦股票市场出现大跌，不仅引发投资者的恐慌，还会影响银行体系的稳定。

4　股市暴跌的机制

从美国等其他国家及地区股票市场的发展历史来看，大规模高杠杆资金流入股市会放大股市的波动，在监管层采取严格措施“去杠杆”时，往往会导致流动性短缺，引发市场崩盘。

2015 年 6 月以前，我国大量无法从融资融券渠道融资的投资者将通过配资公司获得的高杠杆配资投入股票市场，推动了股市的大幅上涨。在 6 月股市下跌前，A 股市场总市值和自由流通市场的市值分别为 76 万亿元和 28 万亿元，全部杠杆资金分别占总市值和自由流通市值的 5.3%和 14.3%，融资融券余额的比例分别达到了 2.97%和 8.1%。由于杠杆交易，2014 年 11 月 3 日至 2015 年 6 月 12 日，上证综指从 2430 点上涨到 5166 点，而深证成指从 1361 点上涨到 3140 点，累计涨幅分别为 112.59%和 130.79%（见图 9-4）。这段时期股市的大涨超过了大多数股民的预期，越来越多的投资者通过杠杆交易将资金继续投入股市，以追求短期的高额收益，导致股市出现泡沫。

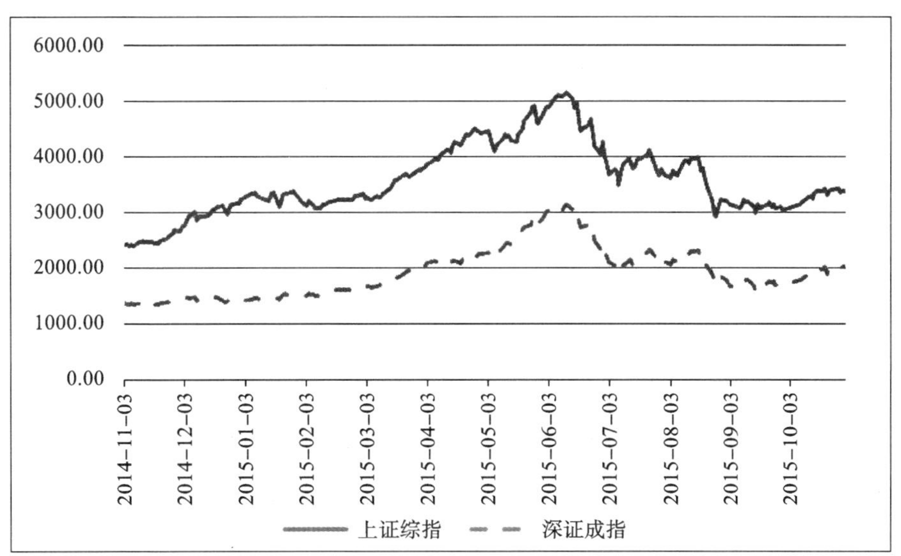

图 9-4　2014 年至 2015 年上证综指和深证成指波动图

特别是 2014 年 11 月至 2015 年 1 月，融资融券余额同比上涨 46.7%，同期上证综指涨幅为 35.8%。为了控制融资融券的规模，从 2014 年 12 月 15 日至 28 日，证监会对 45 家证券公司的融资类业务进行了为期 2 周的现场检查，此后，于 2015 年 1 月 16 日公布了检查结果，并处罚了 12 家证券公司。[①]随后，市场经历了短暂的调整。但从 2015 年 3 月至 6 月初，融资余额上涨 88.3%，增至 2.26 万亿元（见图 9-5），与此同时，上证综指和创业板指数分别上涨了 59.8%和 102.3%。

除了两融，场外配资的兴起也对前期的股市暴涨起到了推波助澜的作用。据渤海证券估算，杠杆资金规模最高时超过 5 万～6 万亿元，主要包括 2 万亿元的场内融资（融资融券）和大约 3 万～4 万亿元的场外配资。华泰证券测算的数据显示，股灾前场内外配资的总体规模在 3.3 万亿元左右，甚至可能达到 3.5 万～3.7 万亿元。海通证券估算杠杆资金规模约 4 万亿元以上，主要包括：场内融资 2.27 万亿元；场外配资主要通过伞形信托、P2P 等结构化产品形式进入股市，总规模约 1.8 万亿元，其中银行配资的结构化产品余额为 8000 亿元左右。申万宏源证券经过详细测算，保守估计民间配资公司规模总体约为 1 万～1.5 万亿元左右。大规模的杠杆资金推动了股市的大幅上涨，当监管层加强

① 资料来源于《中国日报》财经频道 http://caijing.chinadaily.com.cn/2015-01/29/content_19436603.htm。

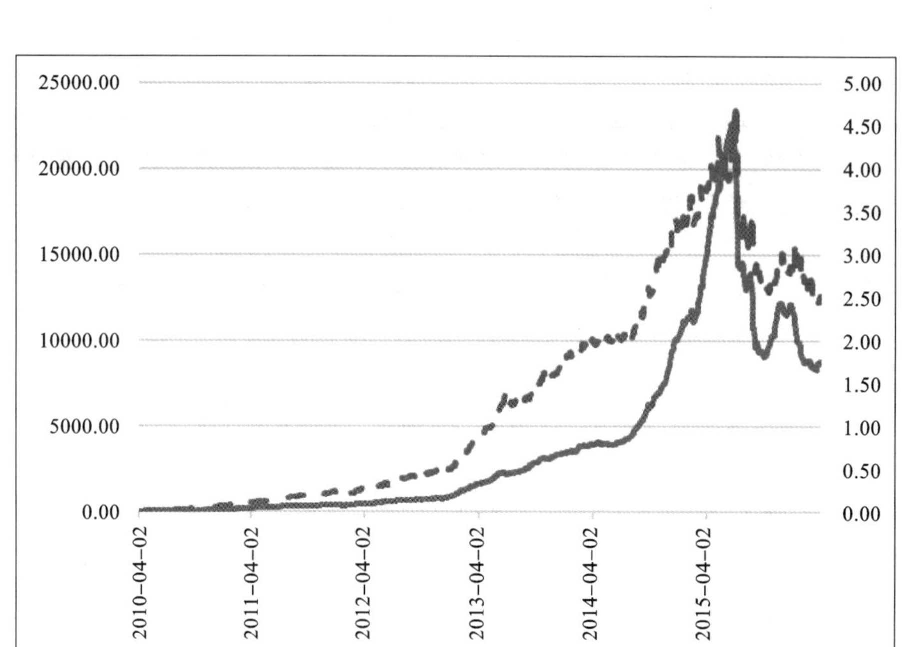

图 9-5 融资余额及其占 A 股市值的比重

资料来源：Wind。

监管，采取去杠杆的相关措施时，必将引起股市的下跌。

本轮行情中，由配资账户集中抛售引发的流动性危机是股市连续下跌的关键。从整个股票市场来看，如果 HOMS 系统中的账户同时抛售股票，很可能导致配资集中的股票跌停，短时间内形成流动性危机。随着伞形信托与融资融券配置的股票跌至平仓线，股票市场的流动性进一步紧缩，市场恐慌加剧。因此，由于羊群行为的存在，短时间内股市形成抛售浪潮，甚至出现开盘跌停。同时，机构投资者也通过做空股指期货对冲风险，导致股指期货价格下跌，带动股票市场进一步下跌，市场进入恶性循环。

此外，由于我国资本市场仍处于发展初期，缺少足够的卖空交易工具，多空力量失衡会加剧市场波动。因此，高杠杆交易对我国股票市场产生极大影响。2015 年我国 A 股股指期货未到期合约总金额仅为 1732 亿元，占总市值比例不到 0.3%。相比之下，2007 年美国股票总市值为 19.9 万亿美元，而其交易所股指期货、期权的未到期合约总金额为 8.06万亿美元，占美股市场总市值的 40.5%，券商、基金等机构投资者可以利用衍生品交易对现货市场进行有效的风险对冲。在股市杠杆方面，中国融券与融资的比例为 1∶560（见图 9-6），而日本和中国台湾地区的融券与融资比例分别为 1∶3 和 1∶8。杠杆率高且缺乏风险对冲金融工具这两个特征使我国股市具有较高的系统性风险。

图 9-6　A 股融券余额/融资余额

资料来源：Wind。

5　启示与建议

5.1　银行资金与资本市场隔离

虽然我国《证券法》规定“禁止投资者违规利用财政资金、银行信贷资金买卖证券”，但互联网金融的发展和银行理财业务的拓展，使得银行资金与资本市场的“隔阂”逐渐被打通。银行通过信托或证券公司的资产管理业务通道进入股票市场，客观上回避了银行业监管。目前，在不少国家和地区包括实行金融混业经营的地区，伞形信托这类融资都受到了严格的约束。因此，我国金融监管机构应不断完善金融监管体系，保障银行资金与资本市场隔离，从而维护金融市场稳定。

近年来，监管层逐渐加强了对这方面业务的限制。2018 年 4 月 27 日，央行、银保监会、证监会及外汇管理局联合发布《资管新规》，对金融机构资产管理业务提出了新的规定。《资管新规》极大限制了金融机构的通道业务，明确了非标资产的划分，消除了监管差异，加强了信息披露机制。该新规的出台有效限制了银行资金流入股市，对我国资管行业降低杠杆、良性发展发挥了积极的作用。

5.2　加强证券公司监管，优化杠杆结构

证监会在 2014 年 5 月发布的《关于进一步推进证券经营机构创新发展的意见》中提出“鼓励证券经营机构探索新的融资渠道和新型融资工具”“支持融资类创新业务，完善

融资融券业务相关规则，扩大融资融券与转融通业务的资金和证券来源”，但要“优化以净资本及流动性风险防范为核心的证券经营机构风险控制指标体系”。在对股市杠杆交易规模、结构和潜在风险的监控时，应采取循序渐进的措施，同时强化舆论监督和协调，确保金融市场稳定。特别是应规范证券公司的各类配资业务，包括完善合格投资者制度、加强证券账户实名制管理、限制最高配资杠杆比例以及拓展金融监管机构的监管范围等。另外，也要严厉打击内幕交易和价格操纵等违法行为，提高证券市场的违法成本，以保证投资者的基本收益。

5.3　促进金融产品创新，提高市场效率

中国证券会在 2014 年发布的《关于进一步推进证券经营机构创新发展的意见》中明确提出“支持证券经营机构参与境内期货市场交易和信用风险缓释工具、利率互换、期权等衍生品交易。允许符合条件的机构投资者以对冲风险为目的使用期货衍生品工具”。目前，我国衍生品市场的主体主要是券商和基金，而私募和保险等资产管理机构较少。同时，我国 A 股市场以中小投资者为主，股指期货等风险管理工具相对较少，市场主体的策略趋同导致金融风险分散机制失效。多样化的风险对冲工具为投资者提供了更多的策略选择，有利于市场运行的稳定。

案例使用说明

一、关键点

理解本案例的关键点是理解场外配资交易的流程及杠杆融资的渠道，特别是 2015 年股市暴跌的深层原因。教学中的主要关键要点包括：

(1) 场外配资的概念、参与方和基本的操作流程；

(2) 伞形信托和 HOMS 系统在场外配资流程中扮演的角色；

(3) 为了对场外配资进行有效监管，金融监管机构应采取的措施。

二、知识点

1. 融资融券交易

融资融券交易是指投资者向具有证券交易所会员资格的证券公司提供担保物，借入资金购买交易所上市证券或借入交易所上市证券并卖出的行为。通俗地讲，“融资”就是投资者在看多某只股票的情况下借钱买股票，“融券”就是投资者在看空某只股票的情况下借券卖掉，然后等股票价格跌下来，再买回来归还。

2. 场外配资业务

场外配资业务是指一些 P2P 公司或者私募类配资公司利用互联网信息技术，搭建起游离于监管体系之外的融资业务平台，将资金融出方、资金融入方即用资人和券商营业部三方连接起来，配资公司利用计算机软件系统的二级分仓功能将其自有资金或者以较

低成本融入的资金出借给用资人,赚取利息收入的行为。

3. 伞形信托

所谓伞形信托,是指由证券公司、信托公司、银行等金融机构共同合作,结合各自优势,为证券二级市场的投资者提供投、融资服务的结构化证券投资产品。具体来说,就是用银行理财资金借道信托产品,通过配资、融资等方式,增加杠杆后投资于股市。

4. 做空

做空是金融资产的一种操作模式,与做多相对。做空是指先借入标的金融资产,卖出获得现金,一段时间后再买入相应资产归还,做空一般是投资者对未来看跌的情况下采用的交易。

三、启发思考题

(1) 结合本案例,你认为2015年我国股市大幅下跌的原因是什么?

(2) 伞形信托和HOMS系统在场外配资中的作用是什么?

(3) 我国是否应该引入做空机制?请谈谈你的看法。

(4) 什么是股票市场上的杠杆交易?高杠杆交易对股市有何影响?

(5) 相关监管部门应对股票市场的高杠杆交易如何监管?

参考文献

[1] Carpenter J N, Lu F, Whitelaw R F. The real value of China's stock market[J]. Journal of Financial Economics, 2020.

[2] 邓雄.高杠杆下股市剧烈波动的影响与应对:国际比较及启示[J].国际金融,2015(12):58-63.

[3] 聂庆平.国内融资融券的现状与未来[J].清华金融评论,2015(3):87-90.

[4] 吴晓灵,李剑阁,王忠民.完善制度设计,提升市场信心,建设长期健康稳定发展的资本市场[J].清华金融评论,2015(12):16-25.

[5] 孙国茂.中国股市与经济运行背离的原因分析[J].理论学刊,2012(2):51-55.

[6] 王帆.2015年中国股灾成因及影响分析[J].公司金融研究,2016(Z1):218-234.

[7] 谢百三,童鑫来.中国2015年"股灾"的反思及建议[J].价格理论与实践,2015(12):31-34.

[8] 荀玉根,刘瑞,张华恩.慎对杠杆——2015年股灾反思[J].公司金融研究,2016(Z1):159-181.

[9] 尹中立.股市健康发展需要处理好两个关系[J].清华金融评论,2015(9):79-84.

[10] 尹中立.股灾的成因及教训[J].群言,2015(10):29-32.

[11] 张建军."危"与"机":全球主要股灾背景下的救市措施与A股选择[J].金融市场,2015(51):39-43.

[12] 李杨,王国刚,殷剑峰.金融蓝皮书:中国金融发展报告[M].北京:社会科学文献出版社,2016.

案例10
中国平安收购富通为什么失败?

摘要:跨国并购是我国企业走向国际市场,实施全球化经营战略的有效手段。2008年全球金融危机使一些西方金融机构实力被严重削弱,但为中国金融企业通过海外并购"走向全球"创造了机遇。如何把握机遇,理性地制定海外投资战略是迫切需要研究和思考的问题。本案例以中国平安收购富通集团为例,介绍了该收购事件发生的过程,分析了收购失败的主要原因。在此基础上,提出了我国企业规避跨国并购风险的对策和建议。

关键词:中国平安;富通集团;跨国并购;并购风险

1 案件始末

中国平安诞生于1988年,是我国第一家以保险业为核心,集信托、银行、证券、资产管理和企业年金等多元金融业务为一体的集团公司,在2007年被社会公众广泛认定为最具潜力的中国金融企业之一。为了加快国际化进程,迅速与国际保险业进行对接,弥补平安在基金、资产管理等方面的短板,平安将在欧洲排名前15的富通集团(Fortis)纳入并购名单。作为享誉全球的金融机构,富通集团包括富通银行和富通国际股份有限公司,其子公司富通国际在比利时、荷兰和卢森堡等其他欧洲国家的金融保险行业处于领先地位,而作为欧洲十大银行之一的富通银行在世界65个国家和地区开展业务,在交叉销售方面优势突出。富通集团不仅银行与保险业务久负盛名,而且在与荷银资产管理业务合并后,其管理的资产规模达到2450亿欧元。

然而,天有不测风云,随着美国"次贷危机"的发生,全球股市接连下跌,富通集团也未能幸免,其股价在2007年4月10日创造了29.78欧元的新高,之后连续4个月下跌。富通的股价下跌为平安提供了绝佳的收购机会,早在2006年年底平安已经开始与富通集团持续接触,长达一年的调查了解以及摩根大通的测算使平安相信投资富通是稳赚不赔的生意。2007年11月27日,平安宣布通过旗下的寿险公司在二级市场上以196亿元人民币(约合18.1亿欧元)直接购买了富通集团4.18%的股权(共9501万股),之后在短短2～3 个月内将股权增持至 4.99%,成为富通的第一大股东。

2008 年 4 月 2 日,平安在 A 股市场成功融资 1600 亿元后与富通资产管理公司签订协议,以 240.2 亿元人民币的价格收购富通公司 50%的股份。然而好景不长,为了弥补收购荷兰银行带来的资金缺口,保证现金流的稳定,富通集团先后在 4 月和 6 月进行了 130 亿欧元和 83 亿欧元的股份增发,这一举动直接降低了平安对富通的持股比例,迫使平安再以 7500 万欧元(约合 8.1 亿元人民币)的价款购买了增发股份的 5%。至此,平安为此次收购投入的成本已高达 238.7 亿元人民币。

2008 年 10 月 3 日,荷兰政府宣布以 168 亿欧元[①]收回富通集团在荷兰的全部业务并将其国有化。当天,富通集团的股价跌至 5.42 欧元(约合人民币 54.2 元),经粗略计算,平安对富通投资浮亏扩大至 172 亿元左右。[②] 10 月 6 日,法国巴黎银行公布收购富通在比利时和卢森堡的银行以及保险业务。这些事件打破了平安与富通在银行、保险、资产管理三方面合作的基础,中国平安不得不宣布高达 157 亿元的亏损计提。至此,富通的股价从平安买入时的均价 19 欧元持续下跌,截至 2008 年 10 月 19 日跌破 1 欧元大关,导致中国平安亏损高达 200 多亿元人民币。

2 收购失败的原因

从收购签约到最终宣布收购失败,平安仅仅用了不到一年的时间,这个备受瞩目的跨国收购案为什么会以失败告终? 究其原因,主要是企业并购是一种极具风险的投资行为,特别是企业进行跨国并购时往往会面临更加复杂的市场环境和利益冲突,整合难度相对更大。因此,加强风险评估和风险管理本应是重中之重。然而平安恰恰没有合理评估此次收购中潜在的各项风险,由此付出了沉重代价。

2.1 战略风险

战略风险一般是指来自企业自身发展战略方面的失误而给企业带来的风险。首先,从宏观环境来看,2007 年初美国次贷危机爆发,全球金融市场处在持续恶化的风口浪尖上。随着金融危机的影响范围逐步扩大,金融市场价格大幅波动,投资者信心不足,金融机构资产持续贬值。在此背景下,中国平安在实施“走出去”的战略时,对收购目标企业所处的宏观环境、当地的政府行为及收购风险缺乏充分的评估和准确的判断。

其次,从企业整体战略方向来看,中国平安选择收购目标有误。20 世纪 90 年代中期,国际金融业务的发展趋势从分业经营转化为集团控股和专业化管理模式,中国平安的管理层认为以保险为核心的综合性金融服务集团是未来的发展方向,由此确定了扩张性的发展战略。但由于双方企业实力悬殊,即使平安成为富通的第一大股东,也很难控制这家规模庞大的国际金融公司。同时,富通集团存在着财务危机,但是平安却没有意

① 数据来源:新浪财经。

② 数据来源:中国证券网—上海证券报。

识到这个问题,认为投资富通是一个正确的决策。

最后,从公司内部治理来看也存在着一些问题。首先,2018 年 1 月平安股票大幅下跌,并未动摇平安高层收购富通的决心;其次,中国平安没有认识到此次收购过程中存在着严重的信息不对称问题。在荷兰政府、比利时政府和巴黎银行相继剥离出富通在荷兰、比利时、卢森堡的全部业务后,曾经“银行+保险+资产管理”三位一体的富通集团实际已经解体,“瘦身”成为一家国际保险公司,作为第一大股东的中国平安却并没有提前洞察到这些信息。

2.2 环境风险

环境风险一般是指由企业外部环境的不确定性和复杂性带来的风险。中国平安收购富通集团时,全球金融市场正笼罩在次贷危机的恐慌氛围下,但是平安的管理层低估了金融危机对企业财务带来的巨大风险。从 2007 年 11 月至 2008 年 10 月,富通的股价从每股 19 欧元左右跌至每股 0.95 欧元左右,跌幅约为 95%。股价的下跌给中国平安造成了巨额账面亏损,加上富通持有了大量次级债,使中国平安不得不为富通在危机中的损失买单。

2.3 道德风险

道德风险是指发生在交易之后,由于信息不对称所造成的问题。即在融资完成之后,融资者不按事先约定运用所融入的资金而去从事高风险或不利于投资者的活动,从而增加了投资者所面临的风险。本案例中的道德风险存在于两类主体之间:

一是中国平安与富通集团之间。由于信息不对称,中国平安获取负面信息的机会较少。比利时《晚报》在 2007 年 10 月 29 日披露,此前陷入财务困境的富通集团可能涉嫌有意隐瞒企业所持有美国次级债的具体情况。实际上,截至 2007 年 8 月末,富通集团持有的债务抵押债券中 89.7%来自美国,其中约 24.5%是风险较大的“中级品债务抵押债券”(约合 12.54 亿欧元)。[①] 然而中国平安对上述情况并不了解,其信息来源仅限于富通对外公布的信息,未对富通集团的财务状况展开深入调查。随着美国次贷危机的加深,富通集团的亏损额不断增加,至 2008 年 9 月 28 日,该集团对外宣布亏损额预计为 40 亿欧元。

二是中国政府与荷兰、比利时、卢森堡政府之间。1984 年,中国政府与比利时和卢森堡政府签订了《关于相互促进和保护投资的协定》(下称《协定》)。1985 年中国与荷兰也签订了上述协定,《协定》中第四条明文规定,缔约各方承诺不采取任何征收或国有化措施,或任何具有直接或间接剥夺缔约另一方投资者在其领土内投资效果的措施。但 2008 年 10 月 3 日,荷兰政府对富通在荷兰的全部业务予以国有化。两天后,富通在卢森堡和比利时的业务也被全部剥离。这三国政府的举动无疑违背了上述协议的相关规定。

① 数据来源:每日财经新闻。

2.4　估值风险

估值风险是指由于对企业价值评估不够准确而给企业带来的风险。从 2006 年底至 2007 年 11 月,富通的股价从最高的 40 欧元降至 19 欧元左右,其 1.1 倍的净资产收益率和 5 倍市净率远优于国内一些企业。根据平安及摩根大通对并购富通的模型测算结果显示,该并购项目可以为企业带来长期稳定的收益。然而这只是表象,2007 年 10 月富通银行联合另外两家银行收购荷兰银行并为此大肆举债,这无疑加剧了富通的财务风险。但是富通从自身利益出发,隐瞒了真实的负债情况,通过高估资产和盈利来抬高股价,这些虚假的信息使得中国平安对富通的价值估计产生了严重的偏差,增加了此次收购的估值风险。

3　建议与对策

3.1　明确企业并购动机

正如跨国企业专家 Cave 所说,“纵向的跨国并购将中间产品内部化,横向的跨国并购将无形资产市场内部化”,因而在考察并购项目前,首先需要考虑该并购项目是否可以达到预计的并购目标。其一,并购是否有利于企业实现规模经济。通过海外并购,企业可以扩张资产规模,降低单位成本,同时能有效利用被并购企业的市场网络,进入经济高速增长的国家占领市场份额,提高企业竞争力。此外,同行业的跨国并购可以减少竞争对手,增强行业集中度,而跨行业的并购能降低进入新行业的障碍,有利于企业实施多元化战略,实现产业结构的优化和调整,分散投资风险。其二,并购是否产生协同效应。当企业制定并购战略时,应将协同效应作为并购实施的前提。成功的并购可以给企业带来生产、经营以及财务上的协同效应,通过扩大生产规模、经营规模及营销规模,降低产品的单位边际成本,提高经营管理效率,为企业创造更大的经济效益。其三,并购是否利于企业的创新和发展。通过跨国并购,建立国际合作关系及全球金融业务网,分享被并购企业原有的客户资源、人力资源和品牌价值,节省市场推广成本和时间。

3.2　全面评估并购风险

根据 2015 年波士顿咨询公司发布的《迎接中国企业海外并购新时代》报告,2014 年中国企业海外并购的成功率为 67%,低于日本、欧美平均水平,而在金融领域并购成功率更低。在进行跨国并购活动之前一定要做好可行性分析,对目标企业的真实情况进行深入调查。在明晰自身战略目标后,从宏观、微观两个方面对风险进行认证分析,客观评价目标企业所在地区的政治经济法律状况、市场需求度以及目标企业自身的商业文化、财务水平等各方面因素,通过情景模拟、压力测试等方式确认企业的承压水平和风险管理能力,对可以管理的风险做好风险备案。并购只是企业进入国际金融领域的第一步,能否克服各类风险通过并购实现资源整合、技术共享、共同发展才是对企业真正的考验。

3.3 审慎选择目标企业

在进入国际市场之前，企业需明确自身的战略目标，确定战略计划和并购对象，从而有效避免企业盲目并购。例如，对于以开拓市场为目的的企业，首先确定未来市场需求较大的并购区位，然后选择销售渠道良好和品牌知名度高的企业作为并购对象。

明确目标企业后，需做到以下几点：

首先，利用各种渠道收集目标企业的相关信息，并对信息进行深入研究。也可以考虑聘请经验丰富、声誉良好的国际性中介机构对目标企业提供的信息进行调查，对于重要事项亲自取证。在此基础上，分析目标企业的市场结构和份额、行业竞争优势、管理能力、盈利能力和成长能力等。通过评估目标企业的财务水平，挖掘内幕信息、隐性负债，以及调查公司的商业文化氛围、管理团队等，判断目标企业是否存在法律风险或文化冲突，能否形成生产、经营和技术的协同效应，从而确定目标企业是否符合并购战略目标。

其次，收集并分析各类信息后，一般采用市盈率(PE)和现金流折现模型(DCF)等方法评估目标企业的真实价值，并预测企业的未来现金流、并购后的销售增量与成本削减等，计算协同增效的价值。

最后，比较并购前后的收益与成本，根据自身经营现状与发展战略确定成本范围、并购目标和并购方式。同时持续监控目标企业状况，及时发现潜在风险，并采取相应措施。

3.4 合理评估企业并购能力

为实现成功并购，企业应深入分析影响并购的各种因素，特别是理性评估自身并购能力以明确并购交易的规模和范围，做出正确的企业并购决策。企业的并购能力可从两个方面来评估。一是企业融资能力，通过分析财务杠杆率、资产流动性水平、偿债能力和资产质量来综合评估企业融资能力和风险承压能力。二是企业并购团队的能力，包括人员配置是否合理，整体素质是否精良。并购团队应全面了解和掌握东道国的宏观经济形势、目标企业具体情况以及收购流程的相关细节、会计处理、税收和各类书面材料。为了提高团队的综合水平，必要时可以培养或是从国外引进熟悉海外并购规则的专业型人才，包括财务、咨询、法律、资本运营、公共关系等方面的专家，避免出现并购后遗症。

3.5 全面掌握目标企业相关国家的法律法规

并购法律风险存在于并购的整个过程中，能否有效控制由于信息不对称、各国法律不统一以及相关法律协议失效等带来的法律风险将直接关系到并购的成败。为了避免并购中的法律风险，并购企业应深入研究和了解当地的法律法规，在并购中要识别尽职调查中可能存在的陷阱，预防和控制并购的法律风险。特别是通过签订相关法律条款明确划分并购过程中或有事项、未尽事宜的权责并解决追加并购成本的补偿等问题。另外，在并购谈判初期，通过签署框架协议或意向书来争取优先的谈判地位，或者设定双方的保密义务，防止商业机密泄露。

案例使用说明

一、关键点

本案例的关键点在于了解中国平安收购富通的过程，分析收购失败产生的原因，掌握防范跨国并购风险的对策。教学中的关键要点包括：

(1) 平安收购富通的基本过程；

(2) 收购失败的原因以及海外并购存在的风险；

(3) 防范跨国并购风险的对策；

(4) 金融机构进行海外扩张的注意事项；

(5) 美国次贷危机对金融市场的影响。

二、知识点

1. 企业并购

企业并购包括兼并与收购，是指在自愿平等、等价有偿基础上，一个企业利用自身的各种优势取得另一个企业的资产、股权、经营权或控制权，实现企业资本扩张和业务发展的行为。

2. 战略风险

战略风险一般是指来自企业自身发展战略方面的失误而给企业带来的风险。

3. 环境风险

环境风险一般是指由于企业外部环境的不确定性和复杂性带来的风险。

4. 道德风险

道德风险是指发生在交易之后，由于信息不对称所造成的问题。即在融资完成之后，融资者不按事先约定运用所融入的资金而去从事高风险或不利于投资者的活动，从而增加了投资者所面临的风险。

5. 估值风险

估值风险是指由于对企业价值评估不够准确而给企业带来的风险。

6. 或有事项

或有事项是指过去的交易或者事项形成的，其结果须由某些未来事件发生或不发生才能决定的不确定事项。或有事项的结果是否发生具有不确定性，或有事项的结果预计将会发生但发生的具体时间或金额具有不确定性。

7. 未尽事宜

未尽事宜是指未提及的其他事项，主要起补充说明的作用，一般用于文件的结尾处。

8. 协同效应

协同效应是指并购后竞争力增强，导致净现金流量超过两家公司预期现金流之和，或者合并后公司业绩比两个公司独立存在时的预期业绩高。

三、启发思考题

(1) 在金融危机背景下企业应该如何把握时机进行跨国并购?

(2) 在面临跨国并购时,企业应该如何采取防范措施规避风险、合理整合目标企业?

(3) 分析在收购前后平安与富通的财务报表中重要会计指标有何变化?

(4) 谈谈我国历史上几次企业收购潮的宏观经济背景。

参考文献

[1] 耿明英.平安保险收购富通的败局值得反思[J].武汉金融,2010(10):51-52.

[2] 李留宇.普华永道:中国企业海外并购进入"理性时代"[J].国际融资,2014(12):14-15.

[3] 杨明海.我国金融企业走出去热的冷思考——看中国平安投资富通失利[J].财会月刊,2009(26):77-78.

[4] 张家婧,孙福明.中国企业海外并购筹备阶段财务风险分析——以中国平安收购富通集团为例[J].科技和产业,2013,13(02):100-102,112.

第三篇 外汇市场

WAIHUI SHICHANG

本篇概述：外汇市场是指国际间进行货币交易和外汇买卖、调节外汇供求的金融市场，该市场分散于全球各地，具有国际清算、套期保值、投机等功能。在外汇市场上，投资者进行外币和以外币计价的信用工具与有价证券的交易决定了各国货币的汇率水平，而众多国际或国内因素都可能引发汇率的变动。本章选取全球较为典型的案例，应用货币金融学知识剖析汇率变动的深层次原因以及影响效应。

本篇的卢布之变案例分析了俄罗斯国内的经济形势、产业结构、国际石油价格以及来自欧美经济制裁等因素对卢布贬值的巨大影响。在国际资本自由流动的背景下，当一国实行固定汇率制，同时经济泡沫化严重时，其经济和汇率会受到大量国际投机资本的影响和冲击，量子基金与泰国和中国香港的两次"对垒"的案例梳理了量子基金做空泰铢与港币的过程，深入分析了量子基金做空泰铢成功与做空港币失败的原因。根据"三元悖论"，在开放经济条件下，资本的完全流动、汇率的稳定性、货币政策的独立性三者不能同时实现。为了防止汇率剧烈波动对本国经济的影响，一些国家实行联系汇率制度，但是在资本自由流动背景下，货币政策的独立性受到了极大的限制。瑞士的"黑天鹅"案例介绍了瑞郎与欧元脱钩的经过及对国际金融市场的影响，分析了瑞郎取消联系汇率制的深层次原因。固定汇率政策虽然稳定但也存在着弊端，20 世纪 90 年代，阿根廷比索大幅贬值引发了阿根廷债务危机，对阿根廷经济造成了巨大的负面影响，该案例为其他国家制定汇率制度及防范外来资本冲击具有一定的借鉴意义。各国的货币政策会对这些国家的资本市场产生巨大的影响，全球股市"黑色星期二"事件充分表明利用不同货币地区利率差异获利的套利交易导致了股市的大幅下跌，并且从宏观调控的角度，提出了防范此类风险的政策建议。综上所述，本篇的案例内容涵盖一国汇率决定、汇率制度选择、外汇市场套期保值和投机交易策略等多个维度，有助于读者深入理解外汇市场的运作、汇率变动的深层原因以及一国货币稳定、货币政策独立性和资本自由流动之间的关系，增强其运用理论分析实际问题的能力。

案例 11

卢布之变:大贬值背后的石油、制裁及其他

摘要:2014 年 10 月,卢布兑美元在短短两个月的时间内跌幅超过 40%,自此之后卢布一蹶不振,再也没有回到 2014 年年初的水平。为了了解本次卢布狂跌背后的真相,本案例从俄罗斯国内经济形势、产业结构、石油价格、来自欧美的经济制裁和国内政策等方面详细地分析了引起本次卢布贬值的原因,并介绍了俄罗斯政府为应对本次卢布大跌所采取的策略。

关键词:卢布大跌;俄罗斯经济形势;产业结构;经济制裁;量化宽松

1 引言

2014 年 10 月 08 日,卢布跌破 1 美元兑换 40 卢布心理关口。

2014 年 11 月 28 日,卢布跌至 1 美元兑换 50.4085 卢布。

2014 年 12 月 15 日,卢布跌破 1 美元兑换 60 卢布的“生死线”。

2014 年 12 月 16 日,卢布跌至谷底,1 美元最多可兑换 80 卢布。

2014 年的冬天,卢布暴跌的消息如地震一般不断传来,举世哗然。卢布贬值,物价飞涨,焦虑的俄罗斯民众为了应对通货膨胀加紧囤积生活物资,而国外采购者狂欢一般地进入俄罗斯大肆采购。这让我们回忆起 1998 年俄罗斯卢布暴跌的场景:当时物价飞涨,民众挤兑卢布、兑换美元,卢布价值一泻千里。此次危机对俄罗斯产生的冲击是空前的,造成极其严重的危害和极为深远的影响。如何能力挽狂澜止住卢布汇率不断下跌的颓势,俄罗斯政府该出台怎样的经济政策才能有效阻止卢布的下跌,这些都是克里姆林宫最需要考虑和亟待解决的问题。

2 低迷的国内经济形势

2.1 低速的经济增长

俄罗斯国内的经济形势及其经济结构特点是卢布在短时间内大跌的重要原因之一。2013年，俄罗斯宏观经济低速增长态势已经基本确立。根据俄罗斯联邦统计局统计资料显示，2014年俄罗斯实际GDP增速仅为0.7%，小于其2013—2015年的经济预期。同时，汇丰银行的统计数据显示，2013年12月俄罗斯制造业PMI指数仅为48.8，是自2009年12月以来的最低值。2013年12月份俄罗斯工业生产领域订单数量自7月以来首次下降，雇员数量降幅创4年来新高，库存商品降幅达2010年11月来最高值。从金融部门的情况来看，俄罗斯央行发布的《金融稳定性简评》报告显示，2013年前10个月主要金融部门活力明显不足，银行信贷资产质量大幅下降。特别是企业债务同比增长了22.3%，其中外债占了绝大部分。在经济增速下降的情况下，俄罗斯央行预测2014年俄罗斯企业的境外融资难度将会明显增加，同时，卢布贬值还将导致俄企业偿还外债的成本增加。

2.2 严重的通货膨胀

2015年1月12日，俄罗斯联邦统计局发布调查报告，调查数据显示2014年俄通货膨胀率为11.35%，达到了2008年13.28%之后的最高水平，食品、烟酒及服务费均出现了不同程度的上涨。其中2014年12月，俄罗斯整体物价水平上涨了2.8%，食品类上涨3.3%，非食品类上涨2.3%，服务费上涨2.2%。2014年通货膨胀的具体数据如表11-1所示。

表11-1 2014年食品、烟酒及服务费涨幅

食品价格涨幅	糖类产品	40%
	米类作物	34.6%
	肉类产品	20.1%
	水产品	19.1%
	通心粉制品	8.4%
烟酒及服务费涨幅	烟草制品	27.1%
	酒类产品	13.7%
	物业服务费	9.4%
	起居类服务收费	19%

时任俄罗斯经济发展部部长乌柳卡耶夫认为俄罗斯此次高速通胀的主要原因是西方国家制裁、国际油价下跌等带来的经济压力，并预计2015年全年俄罗斯的通胀率将高

于 10%。俄罗斯通货膨胀率的大幅上涨,使货币购买力下降,货币对内贬值,高通货膨胀率成为卢布贬值的又一大重要原因。

3 激进的社会福利政策

2010 年以来,在普京领导下的俄罗斯政府签署了一系列经济方面的相关政令,包括完善免费医疗制度、提高最低工资标准等。这一系列政令,在俄罗斯经济本就不甚乐观的大背景下,为俄罗斯的财政预算带来了沉重的负担,也影响了经济的增长,而一国经济实力毫无疑问是奠定其货币汇率高低的基础。

3.1 完善免费医疗制度

俄罗斯医疗保险体系于 1991 年 6 月建立,并在发展过程中不断改革完善。为实现医疗保险现代化、提高医疗服务质量及医疗保险向完全保险过渡等目标,2010 年 11 月 29 日,俄罗斯颁布了《俄罗斯联邦强制医疗保险法(第 326 号)》,并于 2011 年 1 月 1 日开始了新一轮医疗保险体系改革。截至 2012 年底,俄罗斯政府通过强制医疗保险基金的方式将全国 1.42 亿人纳入医疗保障体系,其中无工作居民占 58.8%,政府通过财政收入缴纳无工作的大学生、失业者、老年人以及儿童的医疗保险费。2012 年,俄罗斯免费医疗支出占全部医疗支出的比重约为 68%,支出总额高达 28985 亿卢布。政府预算拨款包括对联邦转移支付的部分和强制医疗保险基金的拨款,政府预算拨款在全部医疗支出中占比 53.6%,在免费医疗支出中占比 78.8%,政府预算拨款总计 22834 亿卢布。

2013 年 10 月 6 日,在全俄医疗媒体论坛上,俄罗斯卫生部长援引宪法规定,宣布保证俄罗斯公民在俄罗斯联邦所有政府和市政机构均可免费享受医疗服务,并承诺现在不会变更,以后也不会改变这项条款,即每一位俄罗斯公民自出生便可享受所有包含在国家保障计划下的医疗服务项目,这标志着俄罗斯付费医疗的终结,俄罗斯公民永久享受免费医疗。

俄罗斯政府在其《医疗发展规划》中表示,随着经济的不断发展,政府应通过国家预算的形式不断增加公共医疗的投入力度。预计到 2020 年,俄罗斯国家预算对医疗卫生的支出将提高到 GDP 的 4.8%,私人医疗保险支出提高到 GDP 的 1.1%~1.5%,并鼓励私人增加医疗保险支出,最终将俄罗斯医疗支出总体水平占 GDP 的比重提高到 6%~6.3%。

3.2 提高最低工资标准

2013 年末,俄罗斯劳动和社会保障部副部长柳博芙·叶利佐娃宣布,俄罗斯劳动和社会保障部制定了一项法案。根据该法案,自 2014 年 1 月 1 日起俄罗斯最低工资将从原先法案规定的每月 5205 卢布增加到每月 5554 卢布,提高了 6.7%。

柳博芙·叶利佐娃强调,劳动法同时将赋予各地区根据地区特点(包括社会和经济条件及最低生活保障标准)设定最低工资数额的权力。根据俄罗斯经济发展部的估计数据，2013 年具有劳动能力人口的月均最低生活保障标准为 7769 卢布，最低工资额与具有劳动能力人口的最低生活保障标准的比例将为 67%。并且，俄罗斯劳动和社会保障部表示将分阶段、循序渐进地把最低工资额提高到最低生活保障标准。

4 疲软的世界石油价格

4.1 石油在俄罗斯经济中的作用及地位

俄罗斯是世界上拥有石油资源最多的国家之一，根据俄罗斯联邦政府统计局的统计数据显示，俄罗斯在陆地上的工业石油储量高达 270 亿吨之多。除此之外，沿海大陆架也是俄罗斯未来潜在的最大石油资源来源，俄罗斯沿海大陆架石油总储量约为陆地上工业石油储量的 5 倍以上，以石油为代表的自然资源为俄罗斯的经济发展奠定了良好的基础。同时，俄罗斯的石油产量以及对外出口量均位居世界第二位，仅次于沙特阿拉伯。从近几年的数据来看，俄罗斯石油加工产品已经超越原油，为其带来了更多的出口收入。除此之外，俄罗斯的页岩油储量居世界第一位，而页岩油是另外一种具有巨大前景的石油资源。据美国能源部能源信息管理局最新的评估数据显示，俄罗斯的页岩油资源储量约为 120 亿吨。

至 2014 年，俄罗斯石油工业领域共有 250 家企业。俄罗斯全国税收和关税总收入的四分之一来自石油开采和加工企业，石油开采与加工企业为俄罗斯创造了三分之一的外汇收入。石油企业不仅进行单纯的石油开采加工以及出口等活动，而且是能源和其他行业（如管道、汽车制造、交通、石油化工以及其他一些工业生产等领域）的订单大户。这些石油公司对俄罗斯地方财政收入也做出了巨大的贡献，尤其是在诸如亚马尔-涅涅茨自治区、汉特-曼西自治区、梁赞州、萨哈林州以及萨马拉州等地区，石油开采和加工企业的税赋缴纳已经成为其财政收入的主要来源。

为了追求短期利润的最大化，俄罗斯政府以及企业家们会优先将资金投入到那些具有较高盈利的行业，这必然会导致其他工业部门的发展动力不足，使得俄罗斯逐渐形成了以石油行业为主的“单一经济”发展模式，导致俄罗斯经济过于依赖石油能源。

4.2 2014 年石油价格疲软及其原因

2014 年下半年，世界原油价格持续走低，图 11-1 和图 11-2 分别为国际原油 WTI 曲线图和国际原油布伦特曲线图，从中不难看出原油价格下跌的整体趋势，特别是在 10 月中上旬和 11 月底，世界原油价格经历了两次显著的下跌。2014 年石油价格下降的原因较为复杂，既有宏观经济因素，也有 OPEC 等国际石油组织的影响。

首先，此次世界原油价格大规模、长时间下跌的主要因素之一是全球范围内的经济疲软。自欧债危机爆发以来，整个欧元区面临着通货紧缩和经济衰退的威胁。根据 OECD 报告的数据，欧元区已经成为世界经济的一个“大包袱”。除欧元区外，日本经济同样陷在通货紧缩的泥潭中难以自拔，“安倍经济学”对日本经济的刺激并没有达到预期

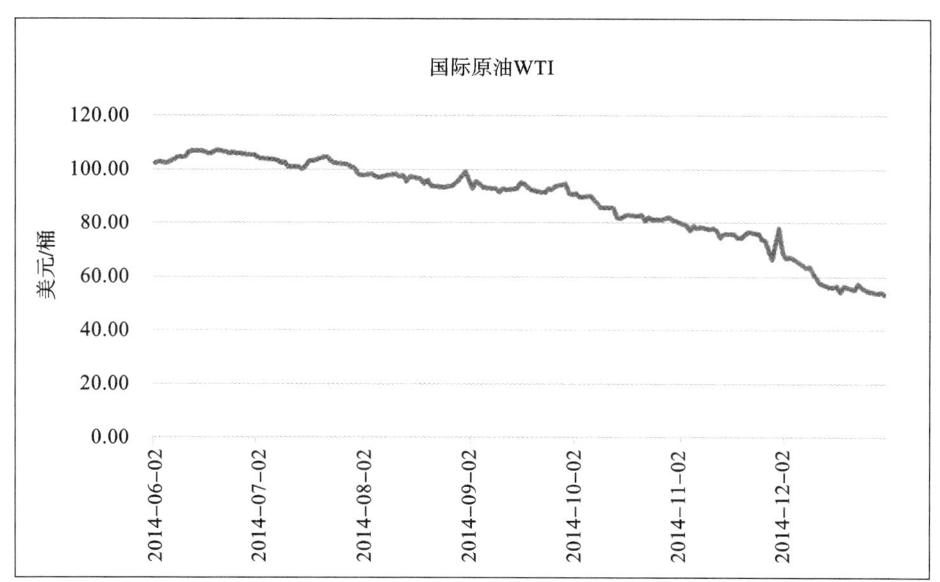

图 11-1 国际原油 WTI 走势图

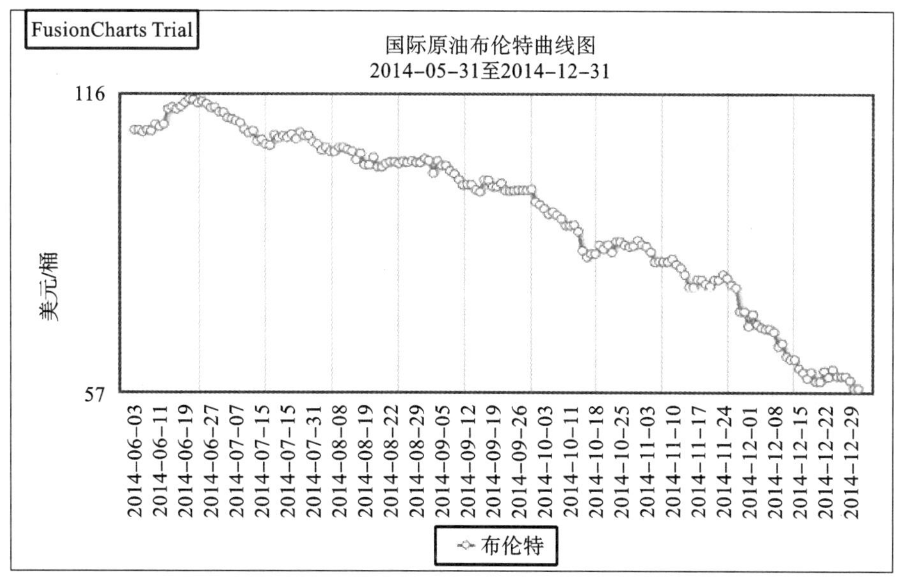

图 11-2 国际原油布伦特曲线图

的效果。而中国作为世界上最大的新兴经济体,其经济增速也明显放缓。全球经济增速放缓必然会引发石油消费需求的下降,从而导致国际油价因此走低。

其次,造成原油价格下跌的另一个重要推动力是原油生产的过剩。近年来,美国对页岩油的大力开采,不仅很大程度上增加了国际原油市场的总供应量,同时也是对国际原油生产格局的一大挑战。此外,英国杂志《经济学人》的分析认为,石油价格持续走低的一个重要原因是沙特政府希望利用石油的低价策略来打压美国的页岩油气开发商,以迫使其因为成本过高而放缓增产，抑制世界市场上原油总供应量的增长。2014 年 11 月 27 日 OPEC 部长级会议在维也纳召开，会后 OPEC 公开宣布维持现有的石油产量不变。这一决议引发了全球油价的大幅下跌，伦敦原油期货价格跌至每桶 72.82 美元，为 4 年来新低。同时，美国减少原油进口并解禁了对外出口石油的限制，这无疑使本就低迷的原油价格雪上加霜。

4.3 石油价格对俄经济及汇率的影响

世界石油价格不可预期的波动会对俄罗斯的 GDP 以及卢布汇率产生至关重要的影响，两者之间的联动性已得到一些学者实证研究的证实。根据俄罗斯相关专家的估计，国际油价和俄罗斯国家财政的具体关系如下：国际油价每降低 10 美元将会导致俄罗斯财政赤字增加额达到该年 GDP 的 1.4%。若世界石油价格下跌至国家财政预算的预估值以下，俄罗斯将难以保证国家财政预算计划的实施。具体而言，就是俄罗斯的政府工作人员将领不到属于自己的工资，俄罗斯国内一些需要获得补贴的地区和企业也将得不到政府的财政拨款，政府的转移支付计划也将搁浅。

一般来说，国际原油价格的下跌对俄罗斯经济和汇率的影响可以从以下三个方面来进行具体分析。

(1) 外贸收入大幅减少。国际油价的降低对俄罗斯石油出口企业并不是一个好消息，因为较低的油价使得这些企业在出口同等规模的石油时，收益大幅下降，对外贸易收入大幅减少，俄罗斯石油出口企业结汇时所需要的本币减少，因此外汇市场的卢布需求减少，这是卢布贬值的主要原因之一。

(2) 外国投资者资金外逃。根据以往的经验，当外国投资者对市场失去信心时，外资便会撤离。当石油价格下跌时，出于避险的目的，部分外国投资者会撤出投入俄罗斯的资本，即将其所持有的有关项目股份、债券以及机器设备等变现，置换成外汇资产，流出俄罗斯。这些海外资金的撤离无疑会导致市场对外汇需求的急剧增加以及对卢布需求的急剧减少。

(3) 政府财政状况恶化。在俄罗斯的石油行业中，国营资本占据了相当比例的股权。同时，俄罗斯政府财政收入极大地依赖石油的开采与出口。通过对原油的开采征收特别收益金以及对原油的出口征收一定比例的出口税，俄罗斯政府实现了巨额的财政收入来支撑政府的财政支出计划。油价下跌导致俄罗斯政府财政收入减少，俄央行不得不利用所持有的外汇储备购买更多计划外的政府债券以帮助俄罗斯政府渡过财政危机，但同时也消耗了俄罗斯央行的外汇储备。

总之，石油价格的大跌对俄罗斯经济产生了巨大的冲击。毫不夸张地说，石油在这场卢布危机大戏中扮演了最为重要的角色。俄罗斯极度单一的经济结构与脆弱金融体系、能源工业所占的比例过高再加之石油价格大幅降低的冲击，使得整个俄罗斯经济与金融体系摇摇欲坠。而雪上加霜的是，俄罗斯政府对这场即将到来的，长时间、大规模的世界原油价格降低并没有做出应有的准备。在 2014 年全球性石油价格冲击中，国际原油价格从每桶 108 美元一路下跌至每桶不足 60 美元，同期，俄罗斯卢布兑换美元的汇率下跌幅度超过 40%。俄罗斯经济发展部在 2013 年的《俄罗斯至 2030 年的长远发展预测》报告中,预测 2014 年的石油价格为每桶 101 美元,而预测 2015 年和 2016 年的石油价格均为每桶 100 美元。可以说,俄罗斯政府这一与现实情况差距极大的预期,使得俄罗斯在该次世界性原油价格下降的冲击中处于十分被动的地位。

5 来自欧美的经济制裁

5.1 克里米亚公投事件成为导火索

2014 年 3 月 16 日,位于俄乌交界的克里米亚地区通过公投的方式正式加入俄罗斯,这一事件极大地震动了西方国家。17 日欧美等西方国家便开始对俄罗斯实施第一轮制裁。在这一轮的经济制裁中,欧盟冻结了 21 名俄罗斯和乌克兰官员的个人资产,并禁止外交部向其发放旅游签证。美国冻结了 11 名克里米亚亲俄领导人及俄罗斯和乌克兰官员的财产,并禁止其入境。

2014 年 3 月 21 日,美国率先发起了对俄罗斯的第二轮经济制裁。另外 7 位俄罗斯官员及 17 家与俄总统有关的俄罗斯公司被加入制裁名单。同时,美国总统奥巴马签署命令,授予美国政府对俄罗斯冶金、矿业和军工等主要经济部门实施制裁的权利。

> 制裁的目标不是针对普京个人,而是要让他明白,俄罗斯目前在乌克兰的行动将会对俄罗斯经济造成长期的负面影响,从而促使他拿出实际行动来。
>
> ——美国总统 巴拉克·奥巴马

5.2 欧美加大经济制裁力度

7 月 16 日,美国宣布对俄罗斯实施进一步的经济制裁。根据白宫所公布的制裁方案,美方将限制俄罗斯最大独立天然气制造商诺瓦泰克公司以及俄罗斯最大油企和第三大天然气制造商俄罗斯石油公司获得来自美方的长期贷款。同时,俄罗斯外经银行和俄罗斯天然气工业股份公司下属的俄罗斯天然气工业银行还将被限制进入美国资本市场。美国财政部在一份声明中表示,制裁黑名单上的两家银行和能源企业从美方获得长期融资的通道将会被此次的制裁措施“有效关闭”。

> 这些制裁措施重大,同时目标明确,意在对俄方产生最大化影响,同时减少任何对美国企业或者我方盟友企业造成的溢出效应。
>
> ——巴拉克·奥巴马

7 月 16 日,欧洲领导人宣布将制裁“破坏或威胁乌克兰主权领土完整和独立的行为提供物质和金融支持”的俄罗斯企业。且欧盟成员国外交部部长拟于 7 月底制定出一份符合该制裁标准的个人和公司名单。

7 月 29 日,欧盟将其对俄罗斯经济制裁细节公布如下:①5 家俄罗斯国有银行被欧盟纳入其制裁名单，并规定自8月1日起，禁止来自欧盟的投资者购买上述银行的股票及其发行的期限为90天以上的债券，选择性关闭其融资通道；②禁止相关产品和设备的出口，其中包括具有军事用途的军民两用产品和非常规石油开采设备；③欧盟与俄罗斯之间将实行完全武器禁运。

5.3 欧美对俄罗斯制裁进一步升级

9月12日，美国财政部正式发表声明，美国将俄罗斯储蓄银行（俄罗斯最大银行）列入其制裁名单，同时对俄罗斯其他银行及金融机构的制裁范围也将扩大。具体制裁措施包括：美国投资者禁止购买俄罗斯储蓄银行、莫斯科银行以及俄罗斯农业银行等共计6家银行发行的期限超过30天的债券。

同日，欧盟也公布了对俄罗斯的进一步的制裁方案，主要包括：

(1) 欧盟资本市场准入限制升级。5家俄罗斯主要国有银行将不能获得欧盟公民和公司所提供的贷款；这5家俄罗斯银行发行的期限超过30天的债券、股权等类似金融工具被禁止进入欧盟区；欧盟公民和公司禁止对3家俄能源公司和3家俄防务公司提供债务融资，同时禁止交易以上6家公司发行的期限超过30天的债券和股权；禁止对上述金融工具的发行提供相关服务。

(2) 限制相关服务和产品出口。欧盟在北极石油勘探、俄罗斯页岩油项目以及深水石油开发上，不再提供有关试井、钻探、测井等服务。同时，禁止对俄出口军民两用产品和军事用途技术。

(3) 限制人员进入。新一轮的制裁方案中，新增24名俄罗斯人员在欧盟的资产被冻结并禁止其入境欧盟。至此，受限制的总人数已达119人。

5.4 经济制裁对卢布的影响

欧美的经济制裁措施使原本疲弱的俄罗斯经济雪上加霜，而在欧美对俄罗斯所采取的一系列制裁中，对卢布影响最大的便是7月及9月对金融机构的制裁。由于欧美对俄罗斯多家主要银行采取了限制性措施，阻断了这些银行中长期的资金融通渠道，美元流入俄罗斯资本市场上的途径严重缺乏，从而导致俄罗斯国内主要行业的美元资金告急，融资成本急剧上升。

除了对金融机构施加限制的影响之外，经济制裁也带来了其他的副作用。本次经济制裁向俄罗斯资本市场释放了消极的经济与政治信号，致使相当一部分谨慎的外国投资者的资金外逃。同时，准备进入俄罗斯资本市场的资本也大幅减少。总之，经济制裁使得俄罗斯外汇市场对美元的需求进一步上升，卢布贬值。

由于地缘政治制裁我们每年损失约400亿美元。

——俄罗斯财政部部长 安东·西卢阿诺夫

6 美国退出量化宽松的影响

6.1 量化宽松(QE)政策

量化宽松(QE)又称大规模资产购买,是一种非常规的货币政策形式,指央行通过购买预定数量的政府债券或其他金融资产,直接向经济注入流动性的货币政策。具体操作方法是中央银行通过公开市场操作从商业银行等金融机构购买中长期国债、抵押贷款支持证券等资产,使得商业银行的准备金增加,为商业银行提供了新的流动性,并鼓励商业银行增加投资及向企业提供更多的贷款,以缓解市场的资金压力。“量化宽松”中的“量化”指的是将会创造指定金额的货币,而“宽松”则是指宽松的货币政策,给商业银行注入更多的流动性。

6.2 美国的量化宽松历程

6.2.1 第一轮量化宽松(QE1)——2008年11月至2010年4月

2008年11月25日,美联储决定购买房地美、房利美以及联邦住房贷款银行与房地产有关的直接债务,并收购房利美、房地美、美国国际集团公司(AIG)等金融机构担保的抵押贷款支持证券。

2009年3月18日,美联储对房地美、房利美等机构抵押贷款支持证券的采购额上限增加到1.25万亿美元,机构债券的采购额上限则增加到2000亿美元。11月4日,美联储宣布将购买房利美、房地美发行的最多1.25万亿美元的抵押贷款支持证券以及约1750亿美元的机构债券。

首轮量化宽松政策为美国金融系统及市场释放了总共1.725万亿美元的流动性,其中包括抵押贷款支持证券1.25万亿美元、长期国债3000亿美元和机构债券1750亿美元。

6.2.2 第二轮量化宽松(QE2)——2010年11月至2011年6月

2010年11月2日至3日,美联储货币政策决策机构联邦公开市场委员会召开了货币政策决策例会。会议声明了美联储将在此后的各月中逐步实施该量化宽松计划,即每月预计购买美国长期国债750亿美元;与此同时美联储会延续将到期的债券本金用于再投资和购买国债的现行政策;同时宣布将联邦基金利率维持在0～0.25%的水平不变。

6.2.3 第三轮量化宽松(QE3)——2012年9月至2014年10月29日

2012年9月14日,在结束了为期两天的9月利率会议后,美联储宣布:将维持超低利率(0～0.25%)的期限延长至2015年,同时,美联储于9月14日推出进一步的量化宽松政策(QE3),预计未来将按每月400亿美元的额度收购机构抵押贷款支持债券(MBS),对于现有的扭曲操作等政策则维持不变。

6.3 美国正式宣布退出QE

在经历三轮的量化宽松政策之后，美国联邦储备局决策机构联邦公开市场委员会公开宣布，自2014年11月1日起，将不再购买抵押贷款支持证券(MBS)和长期国债，但保持前声明中继续维持“相当长时期”超低利率的承诺。美国宣布退出货币量化宽松，是基于美国央行进行了三轮QE之后对美国经济预期良好。

在2014年10月美联储联邦市场公开委员会发表的公开声明中，委员会做出了如下表述：

> 联邦公开市场委员会自2014年9月例会以来获得的信息显示，经济活动正在以温和的速度扩张。劳动力市场状况在某种程度上进一步改善，就业稳定增长，失业率降至较低水平。总体上来看，一系列劳动力市场指标显示，劳动力资源利用不足的状况正在逐渐改进。家庭开支也在温和增长，企业固定投资稳步推进，但房地产市场复苏进程依然缓慢。
>
> ——联邦公开市场委员会

6.4 美国退出QE对世界及俄罗斯的影响

美国三轮量化宽松政策的实施，导致热钱在全球范围内大规模转移，使一些新兴市场经济国家普遍存在通货膨胀及本币升值的压力。同时，在美国的三次量化宽松政策期间，国际大宗商品市场及汇率市场产生的大规模波动，对澳大利亚、巴西等资源输出国，印度等资源进口国的对外贸易也带来较大冲击。而美国逐步退出QE3对世界大宗商品价格带来了巨大的影响，原油、铂、铝、铜和黄金的价格分别从2011年的高点下降了19%、31%、36%、33%和36%，结束了2000年以来国际大宗商品价格高涨的时代。

在美国宣布退出QE后，全球流动性迅速从过剩转向不足。由于美国利率预期上升，资本从国际市场大量流回美国，全球各主要货币对美元的汇率均呈现贬值的趋势。早在2013年6月美联储前主席伯南克透露美国将退出QE后，国际外汇市场就呈现出美元升值的趋势，特别是新兴市场国家的表现更加明显。自6月19日起，新兴市场国家本币兑美元普遍贬值，仅不到一周的时间，印度卢比贬值1.7%，俄罗斯卢布贬值1.8%，巴西雷亚尔和墨西哥比索贬值4.7%。如图11-3所示，在美国量化宽松期间，卢布走势相对平稳，自2013年6月美国透露出退出QE的意图后，卢布也开始显现出疲软态势，特别是美国于2014年10月正式退出QE之后，卢布迅速暴跌。

对于美国退出QE，俄罗斯财政部长Anton Siluanow在接受路透社采访时表示，“我想，所有人都反对突然改变货币政策”。他说，“收紧货币政策应该是渐进的而且可预见的，我们G20成员国不应诱发任何经济动荡”。然而，国际上的声音并没有对美国退出QE的决定产生任何实质性的影响。美国退出QE之后，世界主要货币兑美元汇率都呈现不同程度的下降，汇率变化趋势如图11-4～图11-7所示。

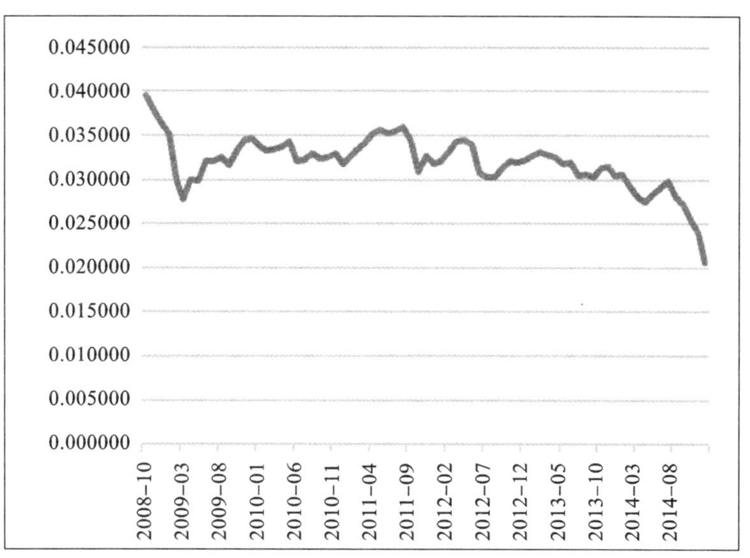

图 11-3　卢布兑美元汇率走势图

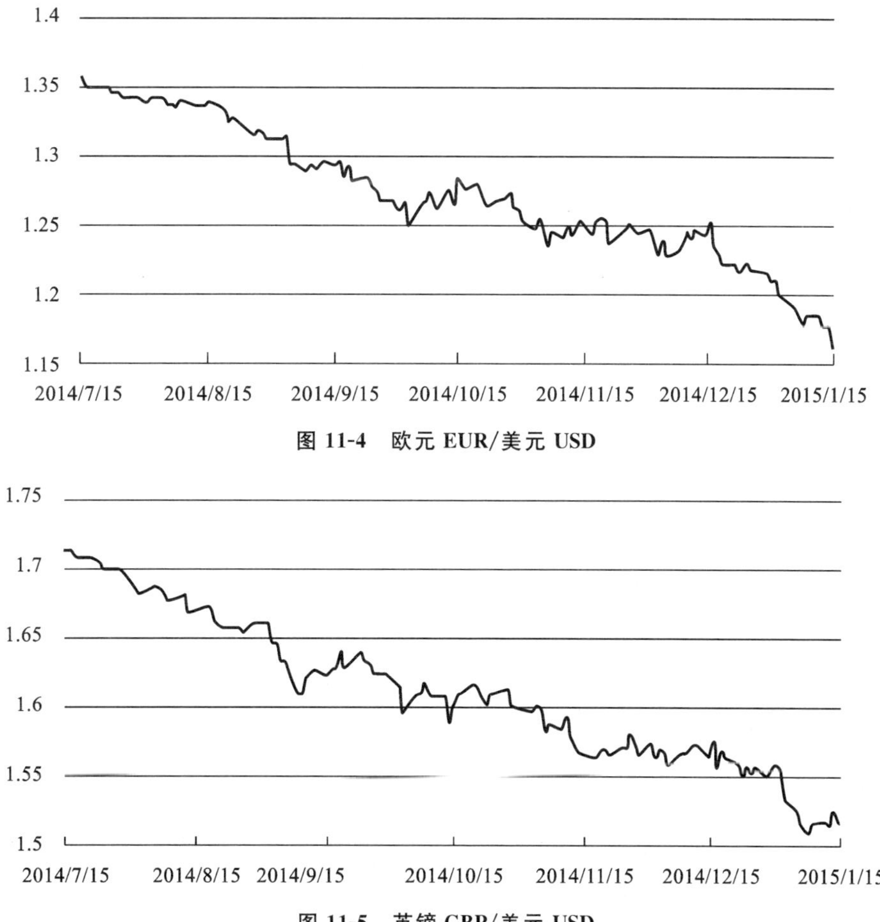

图 11-4　欧元 EUR/美元 USD

图 11-5　英镑 GBP/美元 USD

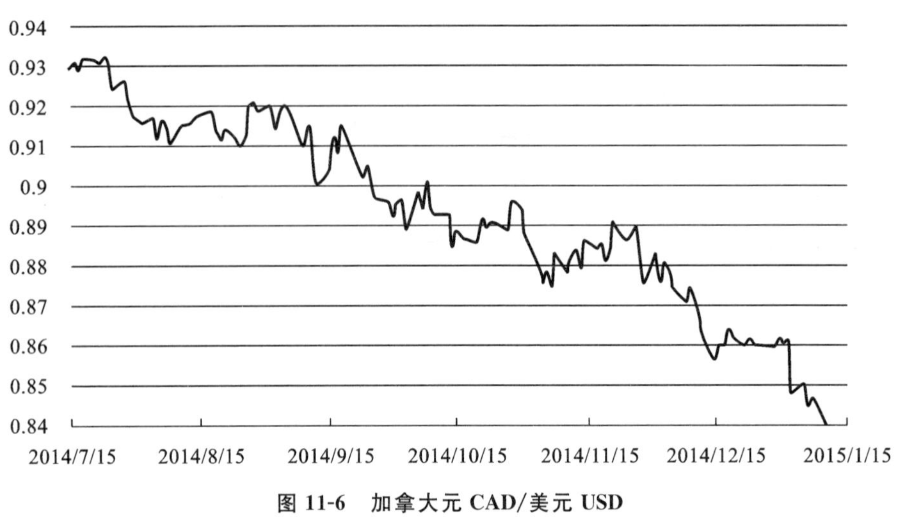

图 11-6　加拿大元 CAD/美元 USD

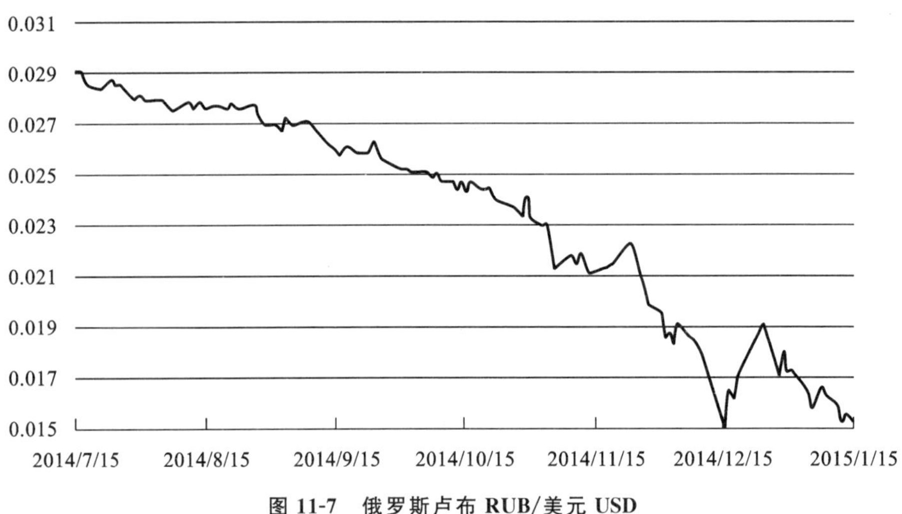

图 11-7　俄罗斯卢布 RUB/美元 USD

7　俄罗斯采取的策略

面对国际石油价格下跌、欧美经济制裁、卢布大幅贬值等问题，俄罗斯政府并没有坐以待毙，而是为应对卢布贬值采取了积极的应对措施。

7.1　大幅提高利率

为了阻止卢布的进一步下跌，俄央行于 2014 年连续 6 次加息，银行间拆借利率从 2014 年年初的 5.5%提高到 2014 年年末的 17%。

7.2 运用外汇储备干预外汇市场

为了稳定卢布汇率水平,增加市场上的外币供给,俄央行于 2014 年后半年开始大量卖出外汇,买入卢布。图 11-8 为 2014 年 1 月 1 日至 2015 年 12 月 31 日俄央行持有的外汇储备量变化图,由图可知,在 2014 年下半年,俄央行持有的外汇储备量大幅下降。2014 年 6 月 30 日,俄央行持有的外汇储备为 4319.58 亿美元,而 2014 年 12 月 31 日,该数值仅为 3393.71 亿美元,在短短半年的时间里俄央行出售了 925.87 亿美元的外汇储备。

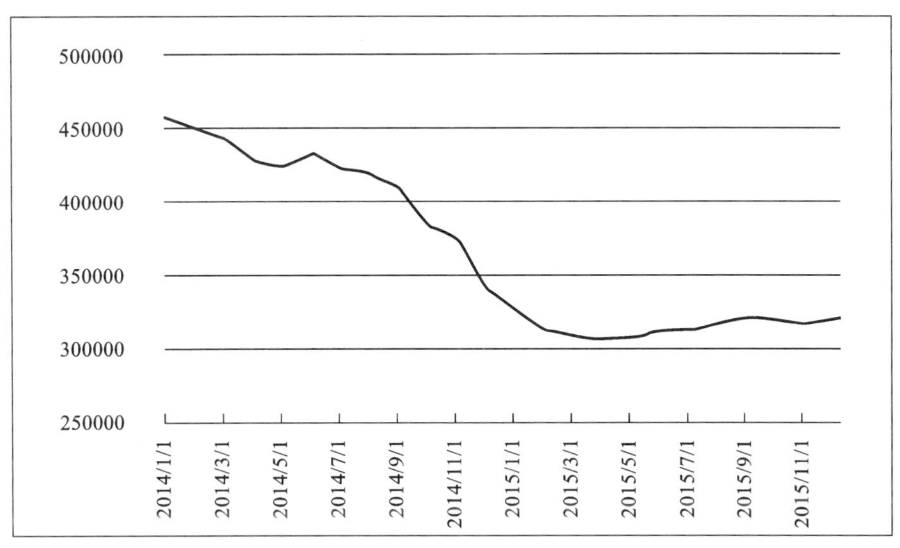

图 11-8 俄央行外汇储备量(百万美元)

7.3 加强对被制裁银行以及石油企业的资金支持

由于欧美经济制裁、卢布贬值以及国际石油价格大幅下降的影响,俄罗斯国有银行以及各大油企均存在营运资金不足、融资困难、外债成本上升等问题。为了帮助相关企业渡过难关,俄央行决定向商业银行提供以俄罗斯石油公司债券作为抵押的贷款。2014 年 12 月 12 日,俄罗斯石油公司发行了价值 6250 亿卢布的新债券,商业银行购买债券后,再把债券作为抵押存入央行以换取贷款,这相当于俄央行向石油企业提供了 6250 亿卢布的贷款。2014 年 12 月 19 日,俄罗斯下议院通过一项草案,批准俄政府向银行业提供 1 万亿卢布的资金支持。2015 年 1 月,俄政府发布反危机策略,俄罗斯的 199 个企业将获得至少 23.4 亿卢布的资金支持。

7.4 运用行政手段干预外汇市场

2014 年 12 月 16 日,卢布跌至谷底,突破了 1 美元兑换 64.4459 卢布的汇率风险管理通道上限,俄罗斯政府开始运用行政手段来干预外汇市场。莫斯科外汇交易中心宣布,即期汇率超过汇率风险管理通道上限的报价全部作废。同时,俄罗斯政府对以出口为主的企业施加压力,要求他们将外汇收入换成卢布,以缓解卢布压力。

虽然由于基本面的影响，卢布并没有恢复到之前的水平，但俄罗斯在本次卢布危机中所实施的政策在一定程度上阻止了卢布的进一步下跌，卢布暴跌的势头得到了一定程度的遏制。当时，瑞穗银行首席经济学家 Riccardo Barbieri Hermitte 预计卢布兑美元将稳定在 1 美元兑 55 卢布附近。

案例使用说明

一、关键点

本案例基于实际数据，根据经济学原理从俄罗斯经济结构、石油价格、经济制裁、国际经济环境及俄罗斯国内政策等多个角度分析了卢布大幅度贬值的原因以及俄罗斯政府为应对本次卢布大跌所采取的措施。本案例的主要关键要点如下：

(1) 俄罗斯的经济状况和经济结构特点；

(2) 国际石油价格下跌对俄罗斯经济的冲击；

(3) 欧美经济制裁的施行过程及其对卢布的影响；

(4) 美国量化宽松政策的具体内容以及美国退出 QE 造成的国际影响；

(5) 俄罗斯国内财政负担；

(6) 卢布贬值的原因；

(7) 为应对卢布贬值，俄罗斯政府采取的主要措施。

二、知识点

1. 量化宽松

量化宽松(QE)又称大规模资产购买，是一种非常规的货币政策形式，指央行通过购买预定数量的政府债券或其他金融资产，直接向经济注入流动性的货币政策。政策中的“量化”是指创造指定金额的货币，而“宽松”则是指宽松的货币政策，给商业银行注入更多的流动性。

2. 经济制裁

经济制裁是指一国或多个国家对某一国家在经济上采取的惩罚性措施，以削弱该国在政治、经济和军事中的力量。

三、启发思考题

(1) 结合宏观经济学和货币银行学的相关知识，试述俄罗斯卢布大幅贬值的最主要原因。

(2) 为什么石油价格的大跌会重挫卢布？

(3) 如何评价俄罗斯针对卢布贬值而采取的应对措施？谈谈你的观点。

(4) 结合上述案例，俄罗斯卢布的贬值对中国有什么借鉴意义？

参考文献

[1] 崔成，牛建国. 日本学者对美国退出 QE3 的认识[J]. 中国经贸导刊，2013 (8)：32-34.

[2] 樊志刚，王婕. 美国退出 QE 对全球经济的冲击点在哪里[N]. 上海证券报，2013-8-16(8).

[3] 弗拉基米尔·布林科夫. 论石油资源在俄罗斯经济发展中的作用[EB/OL]. (2014-6-4) [2020-09-25]. http://world. people. com. cn/n/2014/0604/c1002-25102291. html.

[4] 高峰. 俄经济危机的来龙去脉[N]. 企业家日报，2015-1-5(14).

[5] 韩哲，赵一博，杨溪. 卢布危机的历史之鉴[N]. 北京商报，2014-12-18(8).

[6] 侯铁建. 俄罗斯经济追赶与制度变迁的历史轨迹[J]. 俄罗斯研究，2007(4)：33-38.

[7] 胡月晓. 卢布危机对中国五大启示审慎对待资本项目开放[EB/OL]. (2015-1-14) [2020-09-25]. http://caijing. chinadaily. com. cn/2015-01/14/content_19313487. htm.

[8] 贾靖峰. 卢布贬值连创历史新低俄央行超预期大幅加息[EB/OL]. (2014-10-31) [2020-09-25]. http://www. Chinanews. com/gj/2014/10-31/6739435. shtml.

[9] 李广和，白庆泰. 俄罗斯经济[M]. 哈尔滨：黑龙江教育出版社，1995.

[10] 林跃勤. 俄罗斯经济数字地图 2011[M]. 北京：科学出版社，2012.

[11] 陆京泽. 欧美经济制裁对俄罗斯石油和天然气公司的影响[J]. 国际化经营，2014(10)：33-111.

[12] 陆南泉. 对俄罗斯经济安全构成威胁的主要因素分析[J]. 社会科学，2014(3)：4-14.

[13] 童伟，庄岩. 俄罗斯医疗保障制度的启示与借鉴[J]. 中央财经大学学报，2014(10)：18-25.

[14] 王武声. 卢布贬值与俄罗斯应对政策的启示[N]. 金融时报，2015-03-16(12).

[15] 网易环球眼. 俄罗斯卢布暴跌[EB/OL]. (2014-12-17) [2019-12-23]. http://news. 163. com/special/lububaodie2014/.

[16] 许益翔，李金叶. 俄罗斯卢布贬值的原因、应对及启示[J]. 南方金融，2015(7)：52-57.

[17] 易宪容. 千万别低估美国退出 QE 对我国经济的冲击力[N]. 上海证券报，2013-9-17(2).

[18] 岳品瑜，杨溪. 卢布保卫战迎来关键一役[N]. 北京商报，2014-12-17(8).

案例 12 量子基金与泰国和中国香港的两次“对垒”

摘要:量子基金由索罗斯和罗杰斯于 20 世纪 60 年代末创建,是对冲基金的典型代表。本案例首先介绍了对冲基金的共同特点及量子基金的创立与发展历程;其次,梳理了量子基金做空泰铢与港币的过程;在此基础上总结了量子基金做空泰铢成功与做空港币失败的原因;最后,对比分析了量子基金两次做空的异同及对我国经济发展的启示。

关键词:对冲基金;资本自由流动;固定汇率制度;外汇储备

1 量子基金的创建与发展

1.1 对冲基金的概念及其特征

量子基金是索罗斯和罗杰斯创立的一种高风险基金,该基金通过在全球市场建立投资组合对冲风险,并对投资目标进行杠杆交易以获取高额收益。从本质上看,量子基金是一种典型的对冲基金。对冲基金募集资信较高的个人投资者或机构投资者的资金组成资金池,运用卖空、互换、杠杆等策略构建结构复杂的投资组合以获取收益,如在各国将不同标的、不同期限的各种金融工具进行组合,并运用复杂的风险管理技术以控制投资组合的风险,近几年,也引入大数据等新型金融技术。

通常对冲基金由专业的投资管理公司进行管理。最初,公司通过做多被市场低估的金融产品并做空被市场高估的产品来获得收益。随着时间的推移,投资管理公司开始在全球配置资产,并不断在投资组合中配置多样化的金融衍生产品。

相对于传统的共同基金来说,监管部门对对冲基金的杠杆交易限制较少;而与私募股权基金不同的是大多数对冲基金常投资于流动性较强的资产。对冲基金主要有以下特征。

1.1.1 融资杠杆高

为了实现利益最大化,对冲基金在投资时会通过杠杆来扩大收益。在配置资产时,对冲基金通常选择期权、期货等金融衍生品，这类产品实行保证金制度，即以小博大，以少量资金就能进行成倍的投资，从而使收益通过杠杆效应大幅度增加。但如果对市场走势判断错误，其遭受损失也更大。

1.1.2 交易策略灵活

对冲基金根据世界各国宏观经济状况、金融市场波动等因素设计投资策略，在全球股票市场、债券市场、外汇市场和衍生品市场配置资产。对冲基金主要有宏观对冲基金和相对价值基金两种类型。前者追求多元化投资策略，利用一些国家宏观经济不稳定而导致的资产价格波动获取收益；后者利用密切相关证券（如国库券和债券）的相对价差进行套利。由于这两种对冲基金在资金募集方式、信息披露要求和受监管程度等方面都有很大的灵活性，因此，这两种对冲基金可利用各种金融工具和组合以赚取超额回报。

1.1.3 基金收费模式特殊

与普通基金相比，对冲基金的收费一般包括管理费和绩效费，管理费率范围从1%到4%不等，而绩效费通常以盈利为基础。对冲基金一般采用业内默认的"2/20"的收费结构，即基金不仅每年收取管理费（基金所管理资产净值的2%），还要收取绩效费（约定投资期限内基金盈利的20%）。这种费用结构设计使基金管理者和投资者激励相容。

总之，由于对冲基金具有杠杆融资及交易方式灵活等特点，对冲基金在现代国际金融市场的投机活动中扮演了重要的角色。

1.2 量子基金的创建

量子基金是由索罗斯基金管理公司成立的私人对冲基金，在纽约、伦敦及开曼群岛等地设立分支机构。1969年，索罗斯和吉姆·罗杰斯创建了双鹰基金，初始注册资本为400万美元。为了规避美国证券交易委员会的监管，其出资人皆为非美国国籍的境外投资者。1973年，双鹰基金改名为索罗斯基金，资本总额增长至1200万美元。1979年，出于对量子力学创始人海森堡提出的"测不准原理"的喜爱，索罗斯将公司更名为量子公司。

1.3 量子基金的发展

索罗斯以其敏锐的市场分析能力和对国际金融环境透彻的理解，将资金投资于商品、外汇、股票、债券和金融衍生品等资产，在此过程中，量子基金不断发展壮大，在基金业享有盛名。值得一提的是在20世纪90年代索罗斯领导的量子基金发动了几次大规模货币狙击战，获取了巨额收益。尤其是在1992年量子基金狙击英镑的"战役"中，索罗斯运用多样化的做空手段，使英国被迫放弃英镑兑德国马克的固定汇率制度，他也因此被称为"击败英格兰银行的人"，成为国际金融界的风云人物。

20世纪90年代初期，英国国内经济低迷，政府增加货币供给以刺激经济，英镑有贬值的压力。而此时的德国经济发展迅速，政府实施高利率政策以抑制通胀，马克有升值的压力。为了符合欧洲货币体系的汇率规定，英国被迫抬高利率以维持英镑兑马克的固定汇率，英镑币值被严重高估。索罗斯瞄准机会，在现货、期货和远期市场上大量做空英镑。英国政府为了维持固定汇率不得不在外汇市场大量购买英镑，但这种操作使英国本不景气的经济雪上加霜，同时消耗了大量的外汇储备，英国最终被迫宣布放弃固定汇率制，实行浮动汇率制，随之英镑大幅度贬值，量子基金因此获得了巨额暴利。此后，量子基金使用类似的手段做空其他实行固定汇率制并且允许资本自由流动国家的货币，如墨西哥比索、泰国泰铢等。虽然量子基金在上述的投机中获得了大量的收益，然而，在1998年做空港币和俄罗斯卢布的过程中遭受了巨大损失。

2 三元悖论分析

美国经济学家保罗·克鲁格曼基于开放经济条件下政策选择问题提出了三元悖论，如图12-1所示。三元悖论是指一国只能实现资本自由流动、固定汇率、独立自主的货币政策三个目标中的两个。

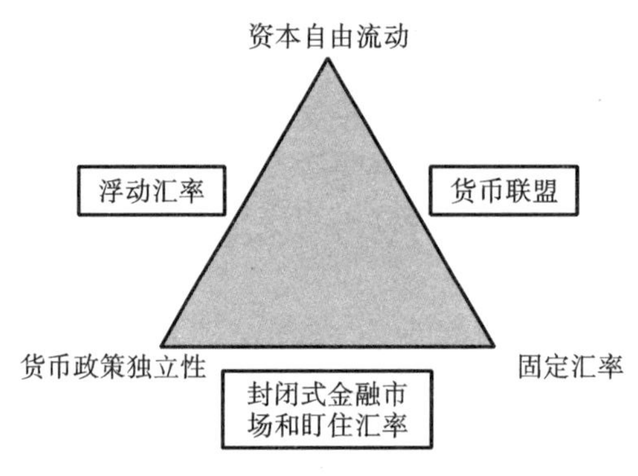

图12-1 三元悖论

一国如果选择实现资本自由流动和固定汇率这两个目标，那么该国将丧失货币政策的独立性。例如，当一国资本可以自由流动，同时通货膨胀严重时，央行应实施紧缩的货币政策来降低物价。若此时本国货币有升值的压力，那么，为了维持固定汇率制，央行将在外汇市场买入外币，抛售本币，导致国内通货膨胀率进一步上升，最终失去了用货币政策控制物价的能力。

我们可以运用上述的三元悖论来分析英国与量子基金的对垒。当时英国实施盯住特定货币的固定汇率制度，并且允许国际资本自由流动。因此，当英国经济萧条，英镑面临贬值的压力时，英格兰银行本应实施宽松的货币政策来刺激经济，但当量子基金大量做空英镑时，英格兰银行为了维持固定汇率制在外汇市场买入英镑，导致英国国内经济进一步紧缩，使英国政府失去了独立运用货币政策干预经济的能力。

量子基金与泰国和中国香港的对垒与对垒英国的情况类似，下面梳理了量子基金做空泰铢与港币的过程。

3 泰铢狙击战

3.1 泰铢狙击战的过程

1985 年美日签署"广场协议"，日元大幅升值，日本出口企业成本上升，一些日企开始迁入泰国等东南亚国家。80 年代，泰国大力发展出口业，经济发展迅速，但由于泰国进口的增长速度快于出口，其经常项目常年保持逆差。同时，自 1984 年开始，泰国实行盯住美元的固定汇率制，将泰铢兑美元的汇率维持在一定区间内。1993 年，美国经济走强，美元开始升值，泰铢也随之升值，泰国出口逆差进一步恶化。为了缓解逆差，泰国政府不断开放资本市场并提高利率以吸引国际资本，导致大量的短期国际游资涌入房地产和金融市场，形成了严重的泡沫。

在泡沫接近顶峰时，国际短期资本开始撤离。1997 年初，泰国房地产和金融市场价格大幅下跌，房地产泡沫破裂，大量房地产企业因无力偿还欠款而濒临倒闭，导致国内金融机构形成大量坏账。与此同时，泰国的经常账户逆差扩大，泰铢面临巨大的贬值压力。量子基金等国际投机资本开始做空泰铢，即以资产为抵押向泰国央行签订远期外汇合约并分阶段卖出，同时大量借入泰铢在即期外汇市场上抛售，使泰铢兑美元的汇率不断下跌。为了阻止泰铢进一步下跌，泰国央行一方面动用外汇储备在市场上大量购入泰铢；另一方面提高短期利率，使得国际投机者做空的资金成本上升。泰国央行双管齐下的政策暂时稳定了汇率，但泰国也为此付出了沉重的代价。首先，为了对抗此次国际投机资本对泰铢的狙击，泰国央行消耗了大量的外汇储备；其次，短期利率的提高加重了泰国的债务危机。

以量子基金为主的国际投机者在这一轮试探中暂时受挫，但也预期泰国央行的外汇储备不足以应对泰铢进一步贬值，并且泰国国内的债务危机也使央行提息的空间有限。

同年 5 月初，国际投资者开始加大做空泰铢的力度。一方面，在股票市场上，量子基金从泰国股票托管机构大量借入股票并抛售。在远期外汇市场上，国际游资与泰国国内银行签订大量的远期泰铢合约进行做空（见图 12-2）。另一方面，索罗斯通过媒体散布泰铢贬值的负面新闻，使泰国国内的金融机构与民众也开始跟风抛售手中的泰铢。5 月底，泰国央行着手进行反击，在远期市场大量卖出美元；同时联合新加坡、中国香港和马来西亚货币当局干预即期市场，严禁国内银行拆借泰铢给国际炒家，减少投机者的泰铢来源并大幅提高隔夜拆借利率，从而提高国际游资的做空成本。

但政府的反击并没有消除市场的消极情绪，国际游资继续做空泰铢，泰国的企业、外资机构和国际投资者纷纷效仿抛售泰铢资产，导致大量资本外逃，进一步加速了外汇储备的消耗，使泰国的固定汇率制岌岌可危。从图 12-3 可以看出，泰国外汇储备规模呈现断崖式下降，央行逐渐失去干预市场的能力。1997 年 7 月 2 日，当局被迫宣布放弃联系汇率。

此次国际游资的攻击使泰国的 SET 指数从 1 月 31 日的近 800 点跌至 6 月 19 日的 464.77 点（见图 12-4）；7 月 31 日，美元兑泰铢汇率涨至 31.85（见图 12-5）。

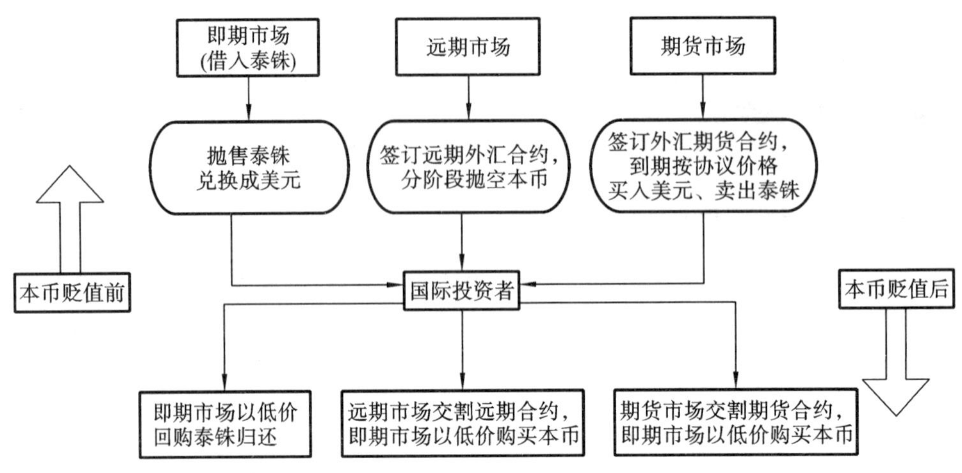

图 12-2　量子基金在外汇市场做空泰铢示意图

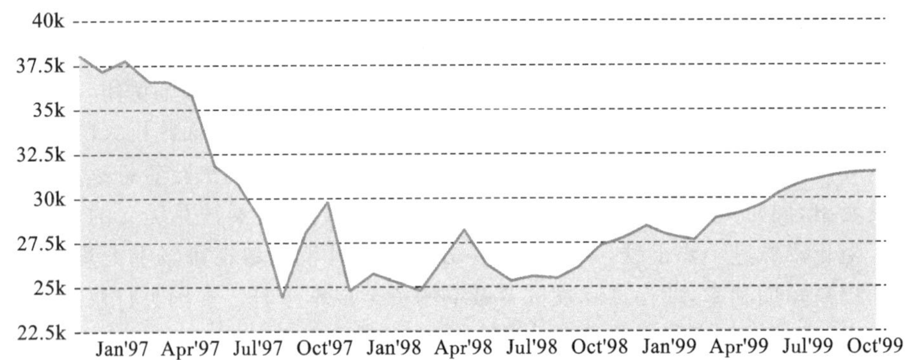

图 12-3　泰国 1997—1999 年外汇储备(单位:百万美元)

资料来源:www.ceicdata.com。

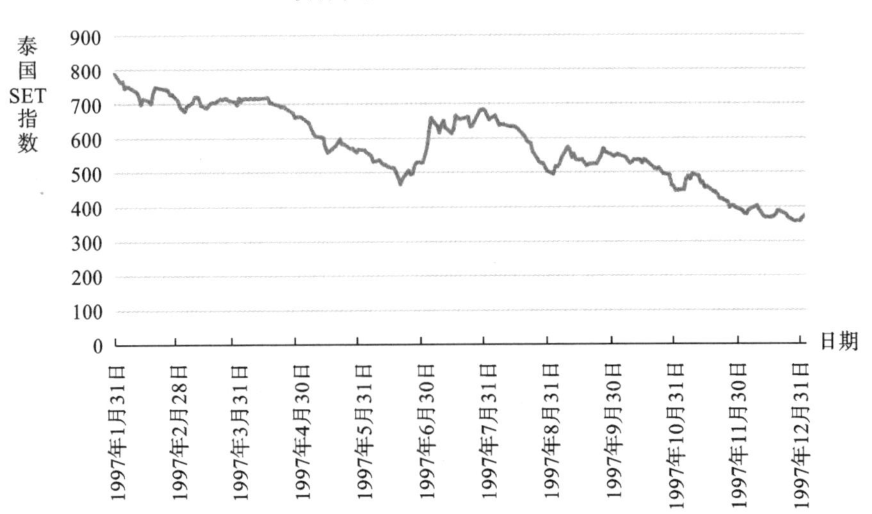

图 12-4　1997 年泰国 SET 指数波动图

资料来源:Choice 数据库。

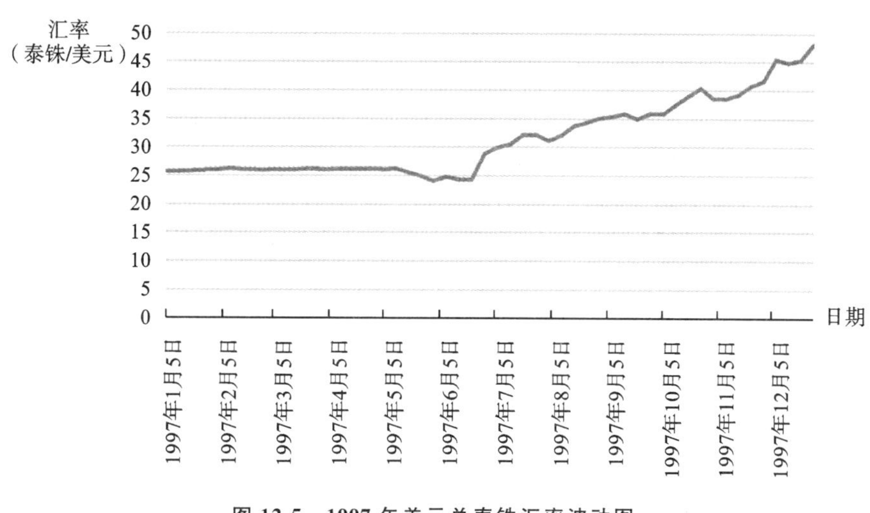

图 12-5 1997 年美元兑泰铢汇率波动图

资料来源:Choice 数据库。

3.2 量子基金做空泰铢的原因

3.2.1 经常项目逆差迅速扩大

1990 年泰国出口增长率大幅下降,经常项目逆差迅速扩大,经常项目差额/名义 GDP 比重达到了 8%,超过 5%的国际警戒线(见图 12-6),泰国的出口导向型政策对经济增长的拉动作用减弱,其发展优势逐渐丧失。为了扭转逆差,泰国本应通过调整国内产业结构来改善出口状况,但是,泰国教育水平较低,科技实力薄弱,企业在研究和开发方面过分依赖国外技术,产业转型升级受阻。同时,由于当时泰国实行的是固定汇率制,无法通过本币贬值调节逆差,在此情况下,泰国通过开放资本账户,提高利率的方式吸引外资,以弥补经常项目赤字。

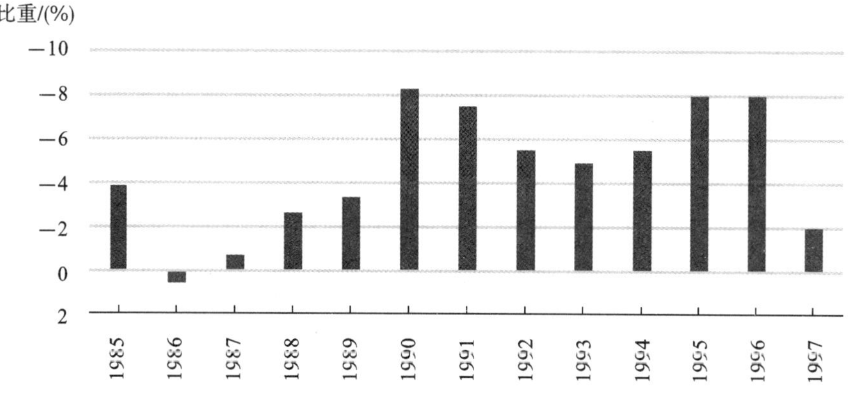

图 12-6 1985—1997 年泰国经常项目差额/名义 GDP

资料来源:EIU 数据库。

3.2.2 房地产业和金融业泡沫破裂

1990年以后，泰国为了弥补经常项目逆差，开始放开资本市场，由于其他产业发展较慢，国外资金主要涌向房地产和金融市场，本国银行等金融机构的资金也不断投入其中，大幅推高了房价和股价。资金的持续流入，使房地产业存在过热的风险，在1996年末，泰国开始出现大量空置房。1997年2月，泰国一家房地产公司——Somprasong Land公司宣布无法偿还贷款，随后房地产公司相继违约，贷款给这些公司的金融机构也陷入危机。同年泰国金融机构巨头——Finance One面临债务危机，银行与外来短期资本也开始对房地产投资失去信心，资金开始流出股市和房地产市场，甚至从泰国撤资，泰铢面临巨大贬值压力。

3.2.3 资本账户开放速度过快

泰国自1990年开始逐步放开资本管制，至1994年已基本实现资本账户自由化。在此背景下，泰国政府允许国内企业自由对外直接投资或举借外债，并批准国外投资者直接参与国内金融市场，不再限制其对国内企业的持股比例，泰国资本账户开放速度过快为泰铢的大幅贬值埋下了隐患。一方面，如前文所述，房地产市场泡沫破裂后，泰国爆发债务危机。在资本市场完全开放的条件下，国内企业和商业银行大规模举借以美元标价的短期外债，而政府为了维持固定汇率制所实施的高利率政策进一步恶化了债务危机。另一方面，外资可自由流入流出泰国为国际投机者攻击泰铢提供了便利。

3.2.4 外汇储备不足

索罗斯在做空泰铢之前，已经在欧洲和美洲发动过数次大规模的货币狙击战，如在欧洲市场上狙击意大利里拉和英镑，在墨西哥做空比索。量子基金因此赚取了巨额收益，加之对冲基金的高杠杆性，为索罗斯之后做空泰铢积累了雄厚的资本。而泰国政府只有300多亿美元的外汇储备，面对量子基金等国际游资的对垒，相对短缺的外汇储备使泰国政府无法维持固定汇率制度。

4 香港与索罗斯的对垒

4.1 事件过程

一直以来香港作为国际金融中心，具有金融市场全面开放、资金进出自由的特点。1984年《中英联合声明》签订后，随着香港与内地往来的加深，内地经济的快速增长带动了香港经济的高速发展，吸引了大量的外资涌入。由于香港有限的土地面积限制了工业产业的发展，外资大部分流入房地产行业和金融市场，大幅推高了房地产行业和金融市场的价格。20世纪90年代后，香港的资产市场逐渐形成了较大的资产泡沫，外资投资风险上升。同时，美国进入新经济时期，美元不断走强，由于香港实施的是对美元的联系汇率制度，港元汇率需稳定在7.75港元至7.85港元兑1美元的区间内，港币被严重高估，有较大的贬值压力，外资开始逐渐从香港市场撤出。在此背景下，量子基金等国际投机资本认为香港金融管理局①难以维持联系汇率，开始做空香港外汇等多个市场。

1997 年 7 月，国际游资开始借入大量港币并抛出，香港金管局及时提高银行同业拆借利率并动用外汇储备在外汇市场进行干预。受此影响，香港金融市场剧烈波动，恒生指数暴跌，香港最大投行百富勤倒闭。但香港金管局成功地稳定了港币兑美元的汇率。随后，量子基金等国际游资又在 1997 年 10 月、1998 年 1 月和 1998 年 8 月三次做空香港的外汇市场、股票市场和期货市场，香港金管局再次通过增加国际投机资本的借贷成本并在外汇市场大量购买港币等方式进行反击，最终成功抵挡了量子基金对港币的多次冲击（见图 12-7）。

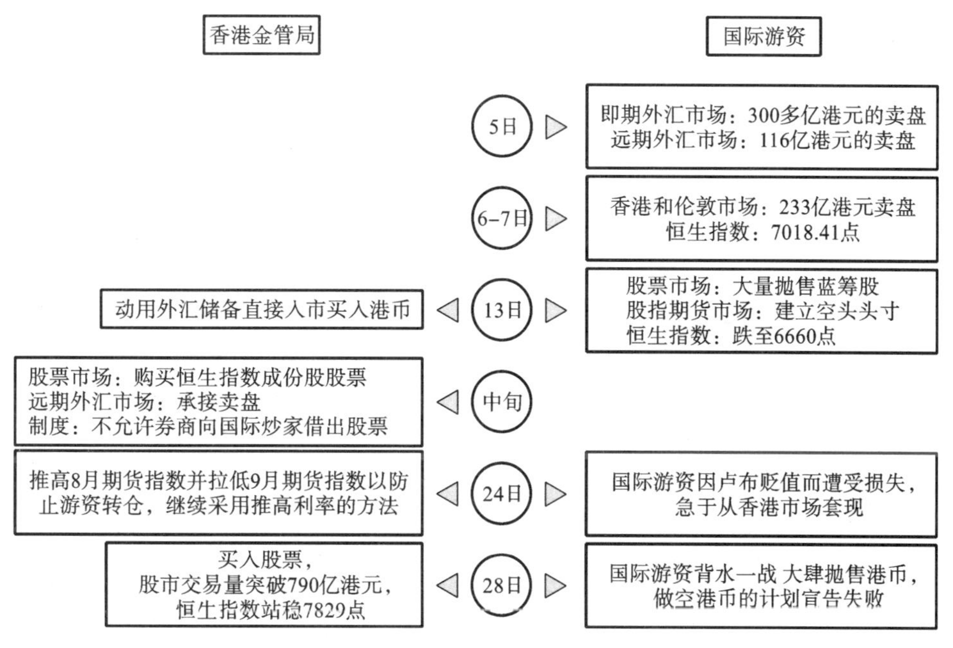

图 12-7　1998 年 8 月香港金管局与国际游资博弈示意图

4.2　香港反击量子基金成功的原因

4.2.1　外汇储备充足

1998 年，我国外汇储备规模为 1449.59 亿美元，位居世界第二；我国香港的外汇储备规模达 900 多亿美元，位居世界第三。我国充足的外汇储备给香港特区政府带来了极大的信心，为香港金融管理局在外汇市场、期货市场与量子基金等国际炒家的对垒，维持港元汇率和金融市场的稳定奠定了坚实的基础。事实证明，香港金管局凭借雄厚的资金实力以及灵活的策略成功抵御了国际投机者的冲击。

① 香港金融管理局是中华人民共和国香港特别行政区政府辖下的独立部门，担当类似中央银行的角色，直接向财政司司长负责。其主要职能为：在联系汇率制度的架构内维持货币稳定；促进金融体系，包括银行体系的稳定与健全；协助巩固香港的国际金融中心地位，包括维持与发展香港的金融基建以及管理外汇基金。

4.2.2 金融管理局应对策略合理

面对量子基金对港币的多次冲击，香港金融管理局采取了合理的应对策略。如提高银行同业拆借利率，增加国际投资者的借入成本；制定政策不允许券商向国际投机者借出股票，减少国际游资做空股市的来源；严格限制外汇票据的使用。同时，在金融市场上，香港金管局动用外汇储备购买国际炒家抛售的港币，并在远期、期货和股票市场上与量子基金等国际游资对垒。这些策略有效地遏制住了港元贬值的趋势。

5 总结与启示

由于中国香港和泰国的经济基本面、金融体系以及政府采取的应对策略存在差异，两次对垒的结果也不尽相同。泰国在与国际游资的博弈中不得不放弃固定汇率，使泰铢大幅贬值，对自身经济造成了巨大的负面影响。而凭借良好的基本面和及时有效的应对策略，香港成功地维持了港币兑美元联系汇率的稳定。分析两次对垒的过程与结果，得出以下几点启示。

5.1 严控资产市场泡沫

在20世纪80年代到90年代，泰国和中国香港都吸引了大量资金流入房地产和金融市场。但持续的资金流入，使中国香港和泰国的资产市场泡沫严重。1997年5月1日恒生地产分类指数高达26173.62点，同年8月29日，恒生指数达到14135.25点的历史高点，而在香港和索罗斯对垒后，这两个指数在1998年9月1日分别跌至8536.27点和7062.47点。与此类似，泰国SET指数在1994年11月1日达到1536.48点的高点，1998年1月12日跌至339.17点，下跌幅度超过70%。

以上事实表明，资产市场泡沫化对经济有着巨大的负面影响，为了避免资金盲目流向房地产和金融市场，一国或地区要逐渐调整产业结构，适时引导资金流入高新技术等国民经济支柱产业，促进经济高质量发展。

5.2 健全金融监管体系

中国香港和泰国金融监管的差别也影响了两次对垒的结果。1993年，香港设立了金融管理局，并且逐步建立了以金管局为核心的金融管理体系，维持汇率稳定和银行体系稳健运行。与中国香港相比，泰国在资本账户完全开放后，没有及时完善监管体制，产生了如下几个问题：第一，企业外债规模迅速增加；第二，银行与非银行金融机构均参与投机；第三，没有及时有效地监测到外资的异常流动。因此，我们应吸取泰国和中国香港的经验教训，建立健全监管体系和风险预警机制，以及时甄别异常的资金流动，防范化解重大金融风险。

5.3 稳步开放金融市场

泰国盲目快速地推进资本账户全面开放，虽然吸引了大量的外资，但也使国内企业过度依赖外债。当资产泡沫破裂时，过多的外债加重了企业和金融机构的债务危机。同时，资本账户完全开放，外资自由流动给国际投机者攻击泰铢创造了条件。因此，在实现资本账户自由化的过程中，要循序渐进，金融市场开放的进程要与本国的经济状况和金融市场发展程度相适应。

5.4 保持合理的外汇储备规模

中国香港和泰国在国际收支状况和外汇储备方面存在较大差异。香港的国际收支状况良好，外汇储备充足。但泰国的经常项目长年逆差，外汇储备不足。因此，在与量子基金的对垒中，消耗了大量的外汇储备，最终无力维持固定汇率。反思两次对垒的经验教训，一国或地区应保持合理的外汇储备规模以应对大规模资本流出或汇率剧烈波动。

案例使用说明

一、关键点

本案例分析了泰国和中国香港在20世纪90年代亚洲金融危机爆发前的宏观经济背景以及量子基金与泰国、中国香港对垒的全过程，总结了量子基金做空泰铢成功与做空港币失败的原因。教学中的关键要点包括：

(1) 对冲基金与传统的共同基金、私募股权基金相比有何不同；

(2) 在20世纪90年代亚洲金融危机爆发前，泰国和中国香港宏观经济的基本情况；

(3) 量子基金做空泰国和中国香港货币的手段和步骤；

(4) 量子基金与泰国、中国香港对垒为何会有不同的结局，这背后的经济原因。

二、知识点

1. 对冲基金

对冲基金是以投资者盈利最大化为目的，由专业的投资管理公司管理的避险基金或套利基金。对冲基金向资信较高的个人投资者或机构投资者募集资金组成资金池，通过衍生品投资和杠杆交易获取高额收益，并运用复杂的风险管理技术控制投资组合的风险。

2. 量子基金

量子基金是由索罗斯基金管理公司成立的宏观对冲基金，在纽约、伦敦及开曼群岛等地设立分支机构。量子基金在世界范围内利用多元化投资战略，从各国宏观经济不稳定、资产价格与利润剧烈波动中获取收益，同时，为了规避美国证券交易委员会的监管，其出资人大多为非美国国籍的境外投资者。

3. 联系汇率制度

联系汇率制度是一种固定汇率制，即将本币与某特定外币挂钩，将两者的汇率固定下来，并严格按照既定兑换比例，使货币发行量随外汇存储量联动的货币制度。

4. 做空机制

做空机制是与做空紧密相连的一种运作机制，是指投资者应对整体股票市场或者某些个股的未来走向(包括短期和中长期)看跌所采取的保护自身利益和借机获利的操作方法以及与此有关的制度总和。

5. 利率平价条件

利率平价的两个假设是资本流动和国内外资产的完全可替代性。在外汇市场均衡的情况下，利率平价条件意味着国内资产的预期回报将等于汇率调整后外币资产的预期收益。也就是说投资者不能通过在利率较低的本国借款、兑换外币，然后在利率较高的外国进行投资来赚取套利利润，原因是这些在国外的投资到期兑换回本国货币时，由于外汇汇率变动会带来收益或损失。

三、启发思考题

在思考问题前，学生应认真学习教材和本案例中的汇率决定理论以及对冲基金、股票市场、外汇市场和期货市场等相关知识。

(1) 为什么量子基金在1997年选择做空泰国货币?

(2) 请说说量子基金做空泰铢的具体操作手段和过程。

(3) 在与量子基金进行对垒的过程中，香港金管局使用了哪些货币政策工具? 效果如何?

(4) 通过案例的学习，你认为哪些因素决定了一国联系汇率制度的稳定?

参考文献

[1] 陈招顺.索罗斯退出江湖——玩弄国际金融风云于股掌间的大炒家可能要变大输家[J].国际展望，2000(21):20-22.

[2] 鄂志寰.资本流动与金融稳定相关关系研究[J].金融研究，2000(07):80-87.

[3] 葛顺奇，杨锐.东南亚金融危机原因、影响及中国的对策[J].经济经纬，1998(03):69-74.

[4] 管涛，谢峰.重温亚洲金融危机期间的泰铢狙击战和港币保卫战:从技术角度的梳理[J].国际金融，2015(11):3-10.

[5] 韩立岩，谢飞.国际金融系统风险的放大与传导:对冲基金在金融风暴中的作用[J].国际金融研究，2009(06):16-24.

[6] 黄隽.信贷激增与经济金融风险——基于新兴市场国家的视角[J].中国人民大学学报，2010,24(06):40-48.

[7] 马勇，杨栋，陈雨露.信贷扩张、监管错配与金融危机:跨国实证[J].经济研究，2009,44(12):93-105.

[8] 谭雅玲.墨西哥金融危机的前因后果及其启示[J].国际金融研究，1995(03):13-16.

[9] 王晖.泰国和香港金融动荡成因之比较及其启示[J].外国经济与管理，1998(02):

23-26.

[10] 吴元作.金融深化过度——泰国金融危机成因探析[J].国际金融研究,1998(02):26-29.

[11] 项卫星,李宏瑾,白大范.银行信贷扩张与房地产泡沫:美国、日本及东亚各国和地区的教训[J].国际金融研究,2007(03):54-60.

[12] 徐炜,黄钰平.泰国金融危机:原因、影响及其启示[J].国外社会科学情况,1997(05):7-10.

[13] 许少强.析泰国金融开放与泰铢危机的关系[J].国际金融研究,1998(03):14-18.

[14] 易纲,赵晓,江慧琴.对冲基金、金融风险与监管[J].经济研究参考,1999(54):16-28.

案例 13
瑞士“黑天鹅”事件

摘要:2011 年 9 月,瑞士央行执行对欧元的联系汇率制,将汇率的下限维持在 1 欧元兑 1.2 瑞郎的水平,旨在打压瑞郎持续升值的势头。但在 2015 年 1 月 15 日,瑞士央行又宣布取消欧元兑瑞郎汇率的下限,不再遏制欧元兑瑞郎的比价下降。本案例介绍了当时的国际宏观经济形势,回顾了此次“瑞郎取限”事件的背景、经过及其对瑞士国内、国际金融市场的影响。在此基础上,结合三元悖论理论进一步分析了瑞郎取消联系汇率制的深层次原因。

关键词:瑞郎升值;联系汇率制度;三元悖论

1 引言

2015 年 1 月 15 日,瑞士央行突然宣布取消欧元兑瑞郎 1.20 的汇率下限,同时,将 3 个月期银行拆借利率设定的区间范围从 −0.75% 至 +0.25% 下调为 −1.25% 至 −0.25%,活期存款账户中超过免征负利率标准以外的存款利率从 −0.25% 降至 −0.75%。此外还宣布如果有必要,将干预汇市。

理论上,瑞郎在全球 6.1 万亿美元的外汇储备中仅占 0.3%,所以瑞士货币政策变化本不应对国际金融市场产生如此剧烈的冲击。然而事实却恰恰相反,该政策出台当天,欧元兑瑞郎的汇率由 1.2006 跌至 0.9991,欧元跌幅高达 16.78%,期间最大跌幅达 28%。受欧元兑瑞郎暴跌的影响,美元兑瑞郎汇率由 1.0186 大幅贬值至 0.8598,美元跌幅高达 15.59%。

由于该事件极其罕见,出乎人们意料,因此又被称为“黑天鹅事件”,这一事件的背后原因、发展过程、后续影响值得我们深入研究与借鉴。

2 宏观背景介绍

2008年的金融危机使英国、法国和德国等欧元区核心国家经济遭到重创，2011年，希腊爆发债务危机，2012年标普下调欧元区9个国家的主权信用评级，欧债危机扩散，欧元区国家整体经济进一步下滑，欧元开始贬值。而此时，拥有发达的金融系统以及特殊的银行保密机制的瑞士经济基本面表现良好，政局长期稳定，因此被视为欧元区国家的避险天堂。在外汇市场上，瑞郎的需求不断增加，瑞郎持续升值，从而严重影响了瑞士的出口，为了缓解瑞郎上涨的压力，2011年瑞士央行宣布将欧元兑瑞郎的汇率维持在1∶1.2的水平。然而，国际金融市场对欧元贬值的预期并未减弱，瑞士央行需要不断买入欧元以维持汇率稳定，使得瑞士的外汇储备持续增长。截至2014年12月，外汇储备占本国GDP的比重高达70%左右，而此数据在2011年12月还不足40%，瑞士央行已不堪重负。同时，境外资本持续流入，瑞士国内的房地产市场泡沫严重。在复杂的国际和国内形势下，欧元兑瑞郎1.20的汇率必将难以维持。

3 事件回顾

2015年年初，瑞士央行行长称瑞郎与欧元的联系汇率制"绝对重要"，这一措施保护了瑞士经济免受严重损害，缓解了瑞郎过度升值的压力，使瑞士经济能适应新的形势。2015年1月12日，瑞士央行仍对外宣称继续执行这一政策，坚持将欧元兑瑞郎汇率维持在1.2以上的水平，并在外汇市场上大量买入欧元。令人出乎意料的是，仅3天后，瑞士央行的汇率干预政策就发生惊人逆转。

2015年1月15日，瑞士国家银行(SNB)突然宣布不再实行瑞郎对欧元的联系汇率制，放弃已维持3年的欧元兑瑞郎1∶1.2的联系汇率下限。这一意外的政策变化对金融市场产生了巨大冲击。1月15日当天，瑞郎对欧元升值幅度最高达到37%，欧元兑瑞郎汇率跌至0.76，瑞士股指SMI跌幅接近10%，瑞士信贷银行和瑞士银行股价均暴跌近11%。欧洲股市也大跌，而伦敦市场现货黄金价格达到1262.47美元，上升了约33美元。

有分析人士认为，在很长一段时间内，瑞郎对欧元联系汇率制确实对稳定瑞郎币值起到了作用。但为了应对低迷的欧洲经济，人们预测欧洲央行将通过大规模购买国债为欧洲市场投放资金，这使得欧元有继续贬值的压力，因此，瑞士央行被迫大量抛售瑞郎以维持与欧元的联系汇率制。面对这一困境，就不难理解瑞士央行放弃联系汇率的决定。

4 事件发生的原因

多年来，瑞士政局稳定，经济基本面表现良好，金融体系发达，并拥有特殊的银行保密机制，是国际资金的避险天堂。在欧洲经济受金融危机的影响严重下滑并且复苏缓慢时，大量避险资金不断流入瑞士，导致瑞郎升值压力增大。瑞郎升值对瑞士的出口业和旅游业造成极大的负面影响，若瑞郎继续升值，瑞士经济将面临下行的风险。因此，2011年9月，瑞士央行宣布将欧元兑瑞郎的最低比价维持在1∶1.2，一旦该比价跌破1.2下限，瑞士央行将购入外币或抛售本币以维持1∶1.2的最低比价。

2011—2013年，相比于欧元区疲软的经济，瑞士经济发展较稳定，三年GDP增速分别为1.69%、1.01%及1.85%。但由于大量热钱涌入，瑞士经济也产生了泡沫，其中房地产市场尤其严重。根据瑞士国家银行(SNB)统计数据，如图13-1所示，瑞士房价指数自2000年后不断上涨，2010年1月—2015年1月，瑞士房价指数从133.4上涨至157.03，涨幅达17.7%，截至2015年7月该指数已高达159.36点。

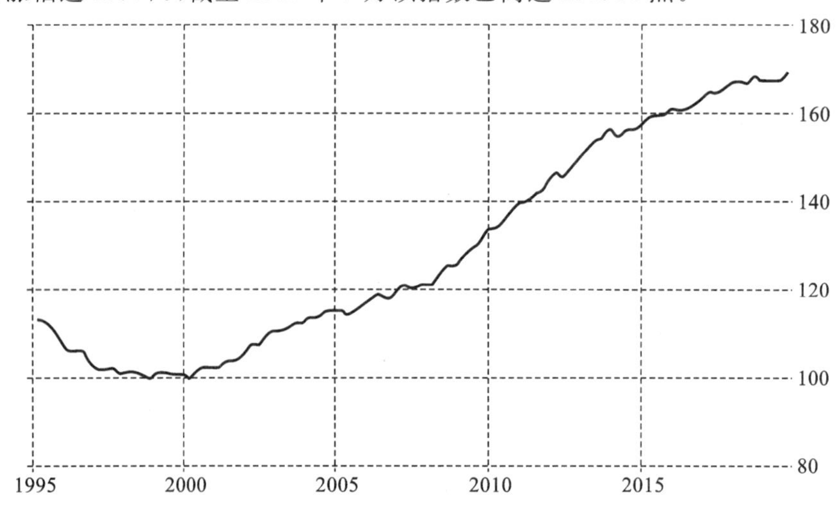

图13-1 瑞士房价指数

资料来源：瑞士国家银行(SNB)。

与此同时，欧央行持续推行量化宽松政策，使欧元贬值的预期不断增强，瑞士央行为了维持汇率下限而不断在市场上购买欧元，瑞士央行的外汇储备占GDP的比重从2011年的不足40%上升到2015年的80%以上，从图13-2可知，2010—2019年瑞士外汇储备占名义GDP比重呈持续上升的态势。由于瑞郎升值的预期，投资者增大对瑞郎的资金配置，迫使瑞士央行进一步增加欧元储备。

除了上述因素以外，瑞士公民在国外的资产回流也导致资本净流入大幅增加。根据德意志银行的报告，自2012年后，"外国投资"流入瑞士的累计流量，以及外国人在瑞士银行持有的信托存款(fiduciary deposits)均有所下降(如图13-3所示)。但自2008年以来，瑞士居民对外国债券和股票的购买不断减少甚至出售外国证券，将资金转回瑞士，从而使瑞士的资本净流入有所增加。

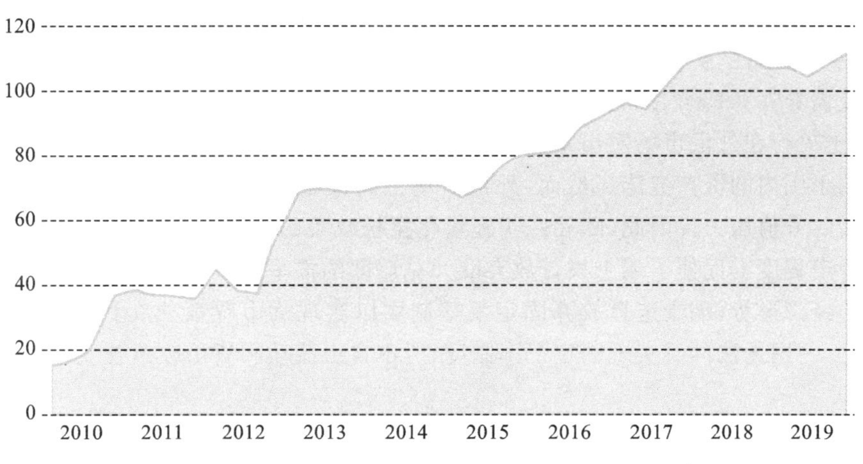

图 13-2 瑞士国家银行外汇储备占名义 GDP 比重(%)

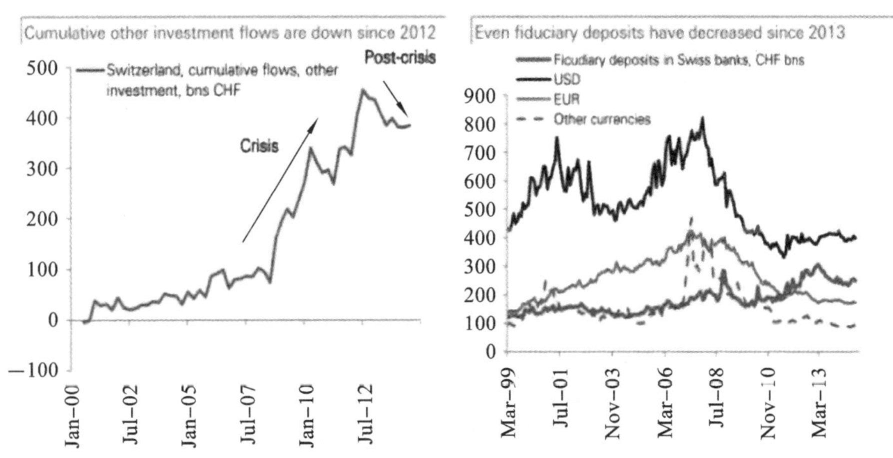

图 13-3 外国投资者对瑞士的累计投资流入及在瑞士银行的信托存款(单位:10 亿瑞郎)

2013—2014 年,欧洲央行实施宽松的货币政策,分别于 2013 年 5 月和 11 月、2014 年 6 月和 9 月先后 4 次降息,特别是在欧元区经济缓慢复苏的背景下,加之欧洲难民危机等事件均增加了欧元区经济复苏的不确定性,人们对欧元贬值的预期不断增强,这进一步增加了瑞郎升值的压力,最终导致瑞士央行不得不放弃联系汇率制。

5 三元悖论分析

美国经济学家保罗·克鲁格曼基于开放经济条件下政策选择问题提出了三元悖论,其核心思想是:汇率的稳定性、资本的完全流动、货币政策的独立性三者不能同时实现,如果实现了其中两个,就必须要放弃另一个。

2011 年,瑞士央行为了遏制瑞郎升值,宣布瑞郎与欧元实行联系汇率制。在实行瑞郎与欧元联系汇率制度期间，瑞士央行不得不干预外汇市场以维持汇率稳定，虽然实现了固定汇率制度和资本自由流动，但难以保持其货币政策的独立性。2014 年年初，为了给市场注入流动性、扩大信贷规模并刺激欧元区经济增长，欧洲央行开始大量购买欧元区投资级债券。2015 年欧洲央行正式实施量化宽松政策，欧元随之贬值。为了维持本币稳定，瑞士央行在外汇市场卖出本国货币，买入外币资产，导致外汇储备不断增加，同时加重了瑞士国内的资产泡沫。然而，外汇市场上的大量投资者仍然不断买入瑞郎，瑞郎面临巨大的升值压力。因此，欧元区实施量化宽松政策的预期以及瑞士国内经济过热的状况在一定程度上促使了瑞士央行放弃欧元兑瑞郎的汇率下限。2015 年，迫于国际国内两方面的经济形势，瑞士选择放弃固定汇率制度以实现货币政策独立和资本自由流动。由此可见，一国无法同时实现固定汇率制度、资本自由流动和货币政策独立性三个目标。

6 事件的影响

金融市场在第一时间对央行的政策变动做出反应。此次瑞士央行放弃瑞郎对欧元的联系汇率制引发瑞郎汇率暴涨，对瑞士国内经济、国际黄金市场、美元和人民币都产生了巨大影响。

6.1 对瑞士的影响

6.1.1 瑞士股市大幅波动

根据新浪财经国际版块 2015 年 10 月 29 日的有关报道，2015 年 1 月 15 日，瑞士央行宣布降息并放弃欧元兑瑞郎 1.20 的底线，随后股市大幅波动。瑞士股市 SMI 指数大跌 8.83%，最大跌幅达 14.63%（见图 13-4）。其中，全球最大的水泥生产商霍尔希姆公司（Holcim）股价下跌 10.96%，手表制造商历峰集团（Richemont）股价下跌 15.5%，斯沃琪集团（Swatch）股价下跌 16.35%。

6.1.2 瑞士出口行业遭受重击

瑞士的出口行业在其总产值中占据了重要的地位（出口业占 GDP 比重超过 50%），瑞郎升值抬高了出口商品的价格，大大削弱了瑞士出口产品在世界市场的竞争力；加之，瑞士的劳动力成本较高，使得出口行业遭受了重大打击。同时，大部分瑞士的出口公司都相信央行会继续实行盯住欧元的联系汇率制，因此未采取措施以规避瑞郎大幅升值的风险。当央行宣布与欧元脱钩后，瑞郎的大幅升值导致大量瑞士公司遭受了巨大损失。以 2014 年出口额占瑞士出口总额 4.96%的钟表业为例，2015 年 1 月 15 日事件爆发时，许多钟表业公司的股价大跌，其中，历峰集团（Richemont）股价下跌 15.5%，斯沃琪集团（Swatch）股价下跌 16.35%。随着这些公司股价的下跌，其经营受到了冲击，员工的工资和就业率也呈现下降趋势。其他行业出口公司的情况也不容乐观，瑞士最大的制药公司诺华制药（Novartis AG）和罗氏制药（Roche Holding AG）的股价分别下跌 8.6%和 8.68%。特别是，瑞士第三大制药公司瑞士生物科技集团 Actelion 的股价下跌了

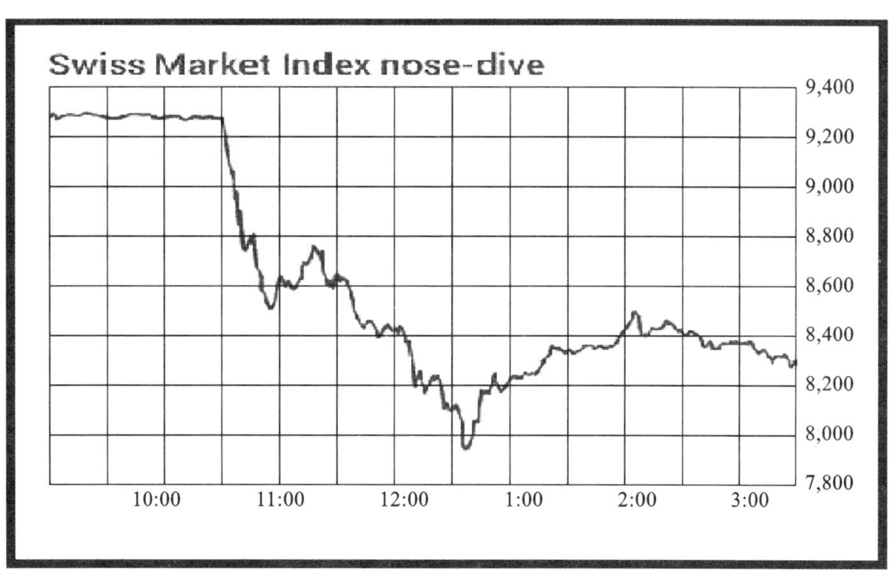

图 13-4 2015 年 1 月 15 日瑞士股指 SMI 变化图

资料来源:瑞士央行。

13.7%,其发言人向彭博新闻社表示,"我们是一个出口型的公司,有很大一部分收入来自美国和欧洲。此次事件爆发后,我们面临着收入下降的压力"。全球第一大高档巧克力制造商瑞士莲公司(Lindt & Spruengli AG)发言人也表示,"瑞士的出口受到了汇率因素带来的负面影响。我们正试图通过提高效率,增加产量来应对挑战"。此外,旅游业是瑞士经济收入的主要来源之一,瑞士央行此举导致游客到瑞士度假的成本上涨,赴瑞士旅游的游客人数会减少。

6.2 对国际市场的影响

6.2.1 金融市场价格大幅波动

在瑞士央行公布放弃瑞郎与欧元联系汇率的决定后,欧元兑瑞郎汇率直线下跌,如图 13-5 所示。欧元兑瑞郎最低跌至 0.8597,跌幅高达 16.78%;美元兑瑞郎最低跌至 0.7407,跌幅达 15.59%。

瑞士央行这一预期外的决策也使众多金融机构遭受了猛烈冲击,瑞郎短期内的急剧升值给金融市场带来了极大的不确定性。据外媒报道,在事件爆发当天,瑞士两大银行——瑞士银行、瑞士信贷的股票市值分别下跌 11.7%、10.97%。此次事件的不良影响也波及伦敦证券交易所、美国最大外汇经纪商福汇(FXCM)及德银的 Autobahn 平台。同时,瑞郎急剧升值也使多家外汇券商公司损失惨重。据彭博报道,经历五次新兴市场债务危机依然屹立不倒的对冲基金巨头米特里杰维奇(Marko Dimitrijevic)也未能幸免于难,其旗下基金也遭受了巨大损失。

6.2.2 现货黄金价格上升

瑞士央行宣布瑞郎兑欧元联系汇率的结束,使国际金融市场陷入极大的不确定性,

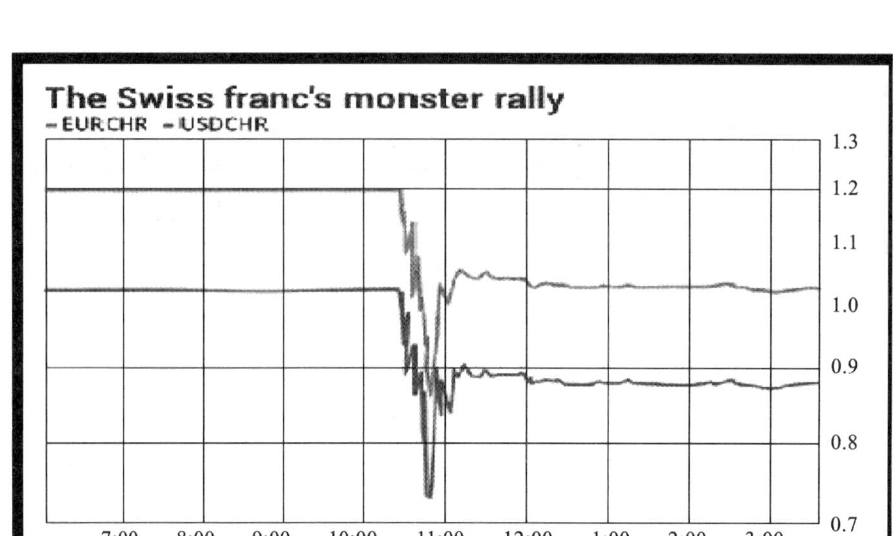

图 13-5　2015 年 1 月 15 日欧元兑瑞郎及美元兑瑞郎汇率变化图

资料来源：瑞士央行数据。

黄金作为长期性避险和相对稳定的投资产品，在这样突发性的冲击中，被风险厌恶者所青睐，各国金融机构在资产组合中增加黄金的份额，推动了国际金市中黄金价格的上涨。图 13-6 和图 13-7 分别显示了政策公布后纽约和伦敦金市黄金价格的波动情况，从图中可以看出，1 月 15 日当天，纽约黄金每盎司最高达到 1267.20 美元，伦敦黄金每盎司最高达 1267.17 美元。虽然风险偏好型资金追逐瑞郎大幅升值带来的短期收益，但保守型的金融机构则会在全球配置资产时增加黄金的权重，使得瑞郎上涨的同时伦敦和纽约黄金市场的金价也大幅上涨。

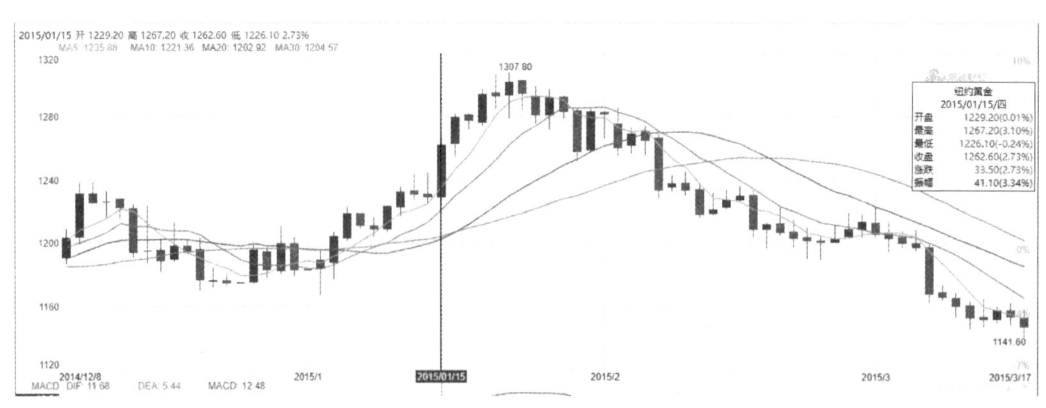

图 13-6　纽约黄金价格 K 线图(单位：美元/盎司)

资料来源：新浪财经。

6.2.3　美元资产吸引力增加

由于欧元区经济复苏迟缓，德国等欧元区核心国家对欧洲央行的影响力下降，加之

图 13-7　伦敦黄金价格 K 线图(单位:美元/盎司)

资料来源:新浪财经。

瑞士政策的突然转变,进一步加大了欧元区的离心力,恶化了欧元所面临的局面。欧元贬值的压力增大,不确定性程度加深,投资者会选择更安全的资产投资。与此同时,美国在实行三轮量化宽松后,经济基本面相较于次贷危机时有所好转。美元作为世界货币,在安全性和流动性方面更具优势,人们对美元资产的偏好程度上升,资金逐渐流向美元资产。总之,在当时复杂的国际金融环境下,瑞士央行放弃瑞郎与欧元的联系汇率制加剧了市场的不确定性,从而增加了人们对美元资产的配置。在事件爆发当天,虽然美元兑瑞郎的汇率跌至 0.8598,但综合反映美元强弱指标的美元指数(DXY)上涨至 93.00。

6.2.4　人民币汇率大幅波动

瑞士央行的政策变动除了引起黄金等避险产品的价格上涨外,还影响人民币汇率的波动。2015 年 1 月 15 日,瑞郎兑人民币汇率出现大幅波动,人民币相对瑞郎贬值高达 15.62%。由于中国实行盯住一篮子货币的有管理的浮动汇率制,其中美元在一篮子货币中所占权重最大,因此,美元的变动也增加了人民币波动的幅度。

7　对我国的启示

目前,我国金融业对外开放全面扩大,特别是近几年,中国加快了对外开放的步伐,与世界经济的联系日益紧密。在此背景下,研究瑞士"黑天鹅"等不确定性事件对我国金融体系和外汇市场的影响具有重要的意义。与瑞士类似,中国货物出口额占国内生产总值的比重较大,汇率波动对我国国内经济具有显著影响。因此,在当今国际金融市场充满不确定性的环境下,我国在推进金融市场开放时,要循序渐进,充分考虑国内外各种因素,将人民币汇率维持在一个合理的水平上。在加快金融体系改革步伐的同时,确保金融市场和外汇市场的稳定,防止价格的大幅波动,并建立金融风险预警机制,防范化解重大金融风险。

案例使用说明

一、关键点

本案例的关键点在于理解外汇市场以及汇率波动的原因与影响。随着社会发展，世界不确定性事件频发，这种不确定性通过外汇市场对各国经济造成了极大的冲击。通过学习该案例，学生可以更深入地了解相关汇率制度的安排以及其对一国经济的影响。其中，教学的关键要点包括：

(1) 瑞士联系汇率制形成的原因；

(2) 瑞士央行宣布取消欧元兑瑞郎汇率下限的原因；

(3) 瑞郎“黑天鹅”事件对国际金融市场的影响；

(4) 瑞郎“黑天鹅”事件对我国的启示。

二、知识点

1. 外汇市场

外汇是指以外币表示的可以用作国际清偿的支付手段和资产。而外汇市场则是指在国际间从事外汇买卖、调剂外汇供求的交易场所。外汇市场上交易的商品是各国的货币，成交价格即为汇率。

2. 汇率制度

汇率制度是指各国或国际社会对于确定、维持、调整与管理汇率的原则、方法、方式和机构等所做出的系统规定。传统上，汇率制度包括固定汇率制和浮动汇率制两大类，两者间划分的依据是汇率变动的幅度大小。

3. 固定汇率制

固定汇率制是指由政府规定该国货币同其他国家货币的比价，两国货币汇率波动被限制在一定幅度以内。

4. 浮动汇率制

浮动汇率制是相对于固定汇率制而言，主要是指一国货币对另一国货币的兑换比率是由外汇市场上的供求关系自行决定的，货币当局不承担维持汇率波动区间的义务。

5. 三元悖论

在开放经济条件下，一国资本的自由流动(capital mobility)，固定汇率(exchange rate)，货币政策的独立性(monetary policy)，三个目标不能同时实现，最多只能同时满足两个目标，而放弃另外一个目标来实现调控的目的。

三、启发思考题

学生在思考下列问题前，应认真复习教材中与外汇市场有关的章节，包括利率平价理论、汇率的决定理论以及汇率制度等相关内容。本案例的启发思考题如下：

（1）瑞士央行取消欧元兑瑞郎汇率下限的宏观背景和原因是什么？

（2）该"黑天鹅"事件对国际金融市场及我国汇率有何影响？

（3）该"黑天鹅"事件对我国有何启示？

参考文献

[1] Bloomberg. Everest Said to Shut Most Funds as Clients Flee Over Losses[EB/OL].(2015-03-13)[2019-12-20]. https://www. bloomberg. com/news/articles/2015-03-12/everest-shutting-most-funds-after-swiss-trade-spurs-redemptions.

[2] 包明友.瑞士货币政策的变化[J].中国金融，2015(06):66-67.

[3] 贺力平.瑞士央行负利率政策的来龙去脉[J].国际金融，2015(04):3-7.

[4] 刘明彦，宋时颖.瑞郎汇率暴涨的"黑天鹅"事件[J].银行家，2015(02):103-104.

[5] 刘之意.瑞郎"黑天鹅"事件的警示[J].金融博览(财富)，2015(03):22-23.

[6] 沈建光.瑞郎脱钩欧元"任性"还是"迫不得已"[J].新金融，2015(02):26-27.

[7] 谢亚轩，刘亚欣.瑞郎脱钩欧元的用意[J].中国金融，2015(03):60.

[8] 钟越.汇市突变:瑞郎异动[J].中国外汇，2015(03):76-77.

[9] 周宏达.瑞士法郎变脸外汇市场受伤[J].中国金融家，2015(02):100-101.

案例 14 比索贬值引发的阿根廷债务危机

摘要:上世纪之交,全球一些国家在经济全球化浪潮中迅速发展,阿根廷却经历了由繁荣富庶到连年衰退的巨大转变,陷入了沉重的债务危机。本案例从阿根廷汇率制度和货币政策的角度,详细分析了阿根廷债务危机产生的原因、发展过程及政府为使国家走出危机所进行的汇率制度改革,为其他国家制定汇率制度及防范外来资本冲击提供了借鉴。

关键词:可兑换制度;三元悖论;债务危机

1 阿根廷的可兑换制度

作为拉美主要矿业国之一的阿根廷拥有得天独厚的自然条件,农业和畜牧业是其经济发展的重要动力。20 世纪初,凭借对粮食和牛肉的大量出口,阿根廷被誉为“世界的粮仓和肉库”,其富裕程度甚至可以与法国、德国和日本等发达国家相提并论。然而,1930 年发生的军事政变结束了阿根廷长久以来的政治稳定局面,此后政府政权频繁更迭,国内经济生产遭到严重破坏。到了 20 世纪 80 年代,由于战争失利、国家内部政局矛盾激化等多方面原因,阿根廷的经济状况不断恶化,经济连年衰退,货币大幅贬值,通货膨胀率高企,1989 年的通货膨胀率甚至高达 4924%。

1989 年,经济全球化的浪潮方兴未艾,新上任的阿根廷总统梅内姆推行对外开放及以市场自由化和私有化为核心政策的经济改革计划,其主要内容是:①降低进口关税,实现贸易自由化;②最大限度地放松金融管制,实现资本的自由流动;③大规模地推行公共财产私有化等。1991 年,时任经济部长卡瓦略认为,解决阿根廷通胀问题的首要任务是限制政府大量印钞以弥补财政赤字的行为。由此,卡瓦略制定了著名的“可兑换制度”(convertibility system),即将阿根廷的货币发行额与外汇储备额挂钩,中央银行每发行 1 万奥斯特拉尔,就要有 1 美元的外汇储备作为基础(1992 年,奥斯特拉尔被比索取代,汇率固定为 1 比索=1 美元)。同时,为了维持固定汇率的稳定,中央银行必须无条件地接受市场对美元的买卖。在该制度下,货币政策不再为弥补政府财政赤字服务,阿根廷央行只能根据美元外汇储备的持有规模被动地扩张或收缩本国货币供给，并不能自主选择货币投放量，因此中央银行实际上丧失了主动扩张国内信贷及保持货币政策独立性的能力。

事实证明，“可兑换制度”有效地降低了阿根廷的通货膨胀水平。由于阿根廷国内长期以来的经济衰退和高通胀率，人们预期货币将快速贬值，因此愿意持有更多的实物资产以应对物价上涨，这导致商品需求大幅增加，从而推动通货膨胀水平进一步上升。在1991年实行货币制度改革之后，为了增强公众对本国货币的信心，使人们愿意接受并持有本国货币，阿根廷在《自由兑换法》中将本国货币与美元的兑换比率以法律的形式固定下来，随后，通货膨胀迅速得到控制（1992年阿根廷的通货膨胀率仅为17.5%）。通胀率的稳定和宏观经济状况的好转增强了国外投资者对阿根廷的信心，外资开始流入阿根廷，阿根廷经济进入繁荣发展期。除1995年因墨西哥金融危机导致的经济负增长外，1991—1998年这7年间，阿根廷的平均经济增长率高于同期拉美国家的平均水平。

2 阿根廷的内忧外患

20世纪90年代初期，阿根廷政府的改革虽然在降低通货膨胀率、吸引外资和刺激经济增长等方面效果显著，但固定汇率政策的弊端及90年代中后期新兴市场的动荡为后来的阿根廷债务危机埋下了隐患。

2.1 内部隐患

货币供给量的规模应与一国经济的增长速度相适应。但阿根廷政府实行固定汇率政策之后，为了维持比索与美元之间的固定汇率水平，将阿根廷比索流通量的增减与美元外汇储备的增减紧密挂钩，因此阿根廷需要积极吸引外国资本以扩张国内发展所需的信用。资本总是逐利的，在开放经济下，阿根廷的国内利率必须高于国际利率水平才能有效地吸引外资，这意味着国内企业将面临更高的融资成本，长此以往将不利于阿根廷的经济发展。

此外，阿根廷的公务员规模十分庞大，政府财政支出中有相当大一部分用于支付公务员高额的工资福利。并且，中央政府和地方政府的财政支出规模庞大，大量资金用于公共部门的非生产性活动而非生产部门，造成政府资金使用效率低下。在20世纪90年代之前，政府主要通过自主发行货币来弥补财政收支的缺口，导致阿根廷国内通货膨胀率居高不下。但在1989年之后，盯住美元的固定汇率政策使中央银行货币政策丧失了独立性，政府不能继续通过印钞来弥补财政赤字。虽然此时国有企业私有化改革激发了企业的经济活力，为政府提供了可观的财政收入，缓解了财政赤字的困境，然而私有化的国有企业数量毕竟有限，自1996年起财政收入便显著减少，可政府的开支仍在不断增加。据统计，90年代阿根廷政府支出的增长速度大大超过了经济的增长速度。1998年阿根廷政府的财政赤字为38亿比索，仅一年后，政府财政赤字便增加至72亿比索，政府支出与税收之间的缺口不断增大，政府赤字规模迅猛增加。政府不得不通过发行政府债券来缓解财政赤字，但由于阿根廷政府财政失衡状况严重，致使政府债券的销售变得十分困难。政府只得强迫银行吸收大量的政府债务，导致商业银行贷款减少，经济活动收缩。

巨额的财政赤字增加了阿根廷的投资风险，抬高了资本的风险溢价，增加了阿根廷的资金使用成本。为了偿还扩张性财政政策带来的债务，政府不得不以更高的成本发行新债，债务缺口不断扩大，政府的融资日益艰难。这种"拆东墙补西墙"的状况愈演愈烈，引发了投资者对阿根廷政府偿债能力的怀疑，而这种怀疑又进一步抬升资本的风险溢价，提高了阿根廷政府筹资的难度。这两种效应相互作用，导致阿根廷国内利率水平不断抬高，投资者逐渐失去对阿根廷政府偿还债务能力的信心。

2.2 外部冲击

政府债台高筑对经济的不利影响不容忽视，而 20 世纪 90 年代中后期国际金融形势的动荡对阿根廷来说无疑是雪上加霜。首先，90 年代中期以来，美国为了应对不断扩大的财政赤字、通货膨胀等问题，开始推行"强势美元"政策。由于阿根廷奉行盯住美元的汇率政策，强势美元政策的实行不可避免地使比索币值虚高，抑制了阿根廷的出口。由于对外贸易在阿根廷的国民经济中占有重要地位，比索的高估削弱了阿根廷出口产品的国际竞争力。其次，1994 年的墨西哥债务危机、1997 年的亚洲金融危机和 1998 年的俄罗斯金融危机使投资者充分地认识到新兴市场潜在的投资风险。因此，国际资本减少了对新兴市场的投资，转而流向美国、欧洲等发达经济体以寻求"安全港"，这无疑对阿根廷经济造成不利影响。最后，1999 年，随着新兴市场金融冲击带来的贬值压力不断增大，为增强出口竞争力以缓解贸易逆差，巴西（毗邻阿根廷，是其最重要的贸易伙伴之一）宣布将其货币——雷亚尔（Brazil Real）贬值 40%。巴西的这一举措，使得阿根廷比索相对升值，抑制了阿根廷对巴西的贸易出口。据统计，1991 年以来，阿根廷的商品出口规模不断增加，1998 年达到 264 亿美元。而 1999 年阿根廷的商品出口规模却一反常态，下降至 233 亿美元，失业率也随之上升至 14%左右。

3 阿根廷债务危机的发展过程

在这一系列事件的作用下，作为新兴经济体之一的阿根廷终难独善其身，从 1998 年下半年起阿根廷经济陷入困境。1999 年，阿根廷商品出口规模减少 31 亿美元，外国投资净流入显著减少。截至 2000 年，阿根廷政府的外债规模已高达 1462 亿美元。更为不利的是，在此期间，阿根廷的政权频繁更迭，这极大地削减了投资者对阿根廷政府的信心，投资者愈发担忧阿根廷将公开宣布无力偿还巨额债务或放弃固定汇率制度。在这关键时刻，国际货币基金组织（IMF）为阿根廷政府提供了经济援助，在一定程度上缓解了阿根廷的债务危机并避免了银行业恐慌。

然而，阿根廷的经济状况仍未彻底得到改善。2001 年，为刺激经济，阿根廷政府出台了一系列政策，包括鼓励企业提高效益以增强国际竞争力，通过振兴传统产业以扩大出口，减少公共支出和增加税收收入以缓解财政赤字等，并于 7 月正式推出“零财政赤字计划”以期消除财政赤字。然而经济政策并不能带来立竿见影的效果。

8 月 21 日，为救助阿根廷，IMF 又发放了 80 亿美元的贷款援助，但直至 2001 年 11 月，阿根廷政府仍未将财政赤字降至目标水平以下，因此 IMF 拒绝继续向阿根廷提供经济援助。毫无疑问，IMF 的这一决定进一步打击了投资者对阿根廷顺利渡过危机的信心，储户们纷纷到银行取款以避免自己的资产因银行破产而受损。据统计，仅在 11 月 30 日这一天，人们从银行中提出的存款总额便高达 13 亿美元，流往境外的资本也高达 7 亿美元。为减少资本外逃，商业银行纷纷抬高拆借利率水平，有的银行拆借利率甚至高达 250%至 300%。中央银行同步实施紧缩的货币政策稳定汇率，因此，无法通过扩大货币供应量来刺激经济活动。更糟糕的是，随着经济持续下滑，美元的流入速度减慢，进一步限制了该国的货币供应(按“可兑换制度”规则)。特别是在 20 世纪 90 年代后期，美元相对其他货币升值，这意味着比索也相应升值，世界对阿根廷出口的需求进一步减少。此时，债台高筑的政府已无力挽救市场，只能实施一系列金融管制的措施，包括限制出国人员携带的外汇数量、规定阿根廷居民一周之内取走银行存款的上限等。与此同时，阿根廷政府仍不断寻求 IMF 的帮助。然而，时任阿根廷经济部长卡瓦诺的努力未能改变 IMF 的决定，阿根廷政府也未能继续获得国际援助。12 月 23 日，在巨额债务压力和萧条的经济形势下，政府不得已宣布暂时停止偿付所有主权债务的利息和本金，创纪录的 950 亿美元主权债务违约额使得阿根廷成为当时最大的债务违约国。

4 阿根廷应对债务危机的政策措施

考虑到比索贬值的巨大压力以及固定汇率制度的不灵活性，阿根廷于 2002 年初正式宣布放弃货币局汇率制度，实施浮动汇率制，使政府能够独立实施货币政策，调节国际货币收支。在国际货币基金组织的督导下，阿根廷确定了将货币发行量的增幅控制在 30%以内以及通货膨胀的涨幅控制在 5%以内的货币政策目标。据统计，在放开外汇市场之后，2002 年上半年比索贬值的幅度高达 70%，美元兑比索的汇率更是跌至 1∶4 的最低水平。面对比索币值的持续走低，阿根廷政府及中央银行采取了规定商业银行美元持有量的上限、强制商业银行以较低价格出售美元以及冻结储户本外币银行存款等管制措施，逐步控制比索的下跌趋势。此外，为了避免挤兑风波，银行强制性地将储户所拥有的外汇存款，以低于市场的汇率水平兑换成比索。2002 年，管制措施逐渐解冻，为补偿储户们因银行存款冻结而造成的损失，政府归还部分冻结的存款，其余部分储户可选择转换为政府发行的 10 年期“博登 2012”债券。2012 年 8 月 3 日，阿根廷政府偿还了连本带息共计 21.97 亿美元的美元公债。

长期以来，“拆东墙补西墙”的偿债方式让政府充分认识到，偿还债务的根本途径是发展经济。阿根廷政府开始致力于增强国民对政府、银行体系的信心，号召国民增加储蓄。2002 年 7 月全国储蓄总额为 5480 万比索，2003 年 6 月全国储蓄增加了 992 万比索达到 6472 万比索。此外，为了尽快解决财政失衡的问题，阿根廷政府采取一系列措施压缩公共开支、增加财政收入，包括削减国家公务员工资和退休金、增加对出口企业课税等。同时，政府不断强化财政监督管理，强调预算的编制公开透明；预算必须按照规定的程序，通过经济部、首席部长部、总统府及议会等层层审核；预算执行也受到即时监控。这些措施有效地控制了往日不加节制的政府支出行为，为阿根廷成功渡过债务危机打下了良好的制度基础。

同时，为了减轻偿债压力，早日走出债务危机，阿根廷政府不遗余力地与国际金融机构开展债务重组的相关工作。经过艰苦谈判，阿根廷政府最终与国际金融机构达成协议，并于2004年底公布了债务重组方案，即以相当于总负债的25%～35%的面值发行新债来偿还旧债。2005年3月3日，债务重组的成功宣告阿根廷债务危机的正式结束。

案例使用说明

一、关键点

本案例详细介绍了阿根廷从采取货币局汇率制度，到迫于国内外经济形势压力不得不放弃固定汇率制，并转而实行浮动汇率制度的事件始末，剖析了一国货币政策、汇率制度以及资本的自由流动之间的关系。阿根廷政府的汇率制度变革及其为走出此次危机所做出的努力，为新兴市场国家制定汇率制度和货币政策、防范外来资本对本国金融市场造成冲击提供了一定的经验借鉴。案例中的关键要点如下：

(1) 可兑换制度的特点及其利弊；

(2) 阿根廷债务危机爆发的原因；

(3) 阿根廷政府应对债务危机所采取的措施。

二、知识点

1. “可兑换制度”

“可兑换制度”是指将阿根廷的货币发行额与外汇储备额挂钩，中央银行每发行1万奥斯特拉尔，就要有1美元的外汇储备作为基础(1992年，奥斯特拉尔被比索取代，汇率固定为1比索=1美元)。

2. 主权债务

主权债务是指中央政府的债务，是指一国中央政府通过发行政府债券和证券等方式借入的资金，用于该国的经济增长和发展。投资者可以通过主权信用评级来权衡主权债务投资时的风险。

三、启发思考题

(1) 阿根廷主权债务危机给我们带来了什么教训与启示？

(2) 我国推动人民币国际化的深层原因是什么？

(3) IMF在缓解阿根廷主权债务危机中发挥了什么作用？

参考文献

[1] 中新网,白云怡.阿根廷"十年欠债"终偿还,未来两年债务压力大减[EB/OL].(2012-08-03)[2020-09-25]. http://www. chinanews. com/gj/2012/08-03/4082344. shtml

[2] 崔惠民,王书越,马涛.财政赤字、通货膨胀与非李嘉图制度[J].当代经济科学,2014,36(03):19-25,124.

[3] 曹莉,吴珊珊.主权债务危机解决方案的国际机制[J].中国金融,2011(17):46-48.

[4] 东方财富网.阿根廷如何走到违约这一步[EB/OL].(2014-07-31)[2020-09-25]. https://guba. eastmoney. com/news,cjpl,117039930. html.

[5] 陈西果,陈建宇.阿根廷走出债务危机的经验与启示[J].青海金融,2012(10):52-55.

[6] 陈西果,陈建宇.阿根廷处置债务危机的经验与启示[J].中国货币市场,2013(3):55-54.

[7] 邓敏,蓝发钦.金融开放背景下国际资本流动的审慎管理——新兴市场经济体的经验[J].金融理论与实践,2012(02):20-25.

[8] 人民网,范剑青.阿根廷,如何再创辉煌?[EB/OL].(2014-10-29)[2020-09-25]. http://zj. people. com. cn/n/2014/1029/c186982-22749286. html.

[9] 侯祖戎,陈全功.阿根廷经济危机的路径依赖[J].理论月刊,2004(01):106-107.

[10] 江时学.阿根廷危机的由来及其教训——兼论20世纪阿根廷经济的兴衰[J].拉丁美洲研究,2002(02):2-12,52,64.

[11] 林华.阿根廷的经济改革及其启示[J].当代世界,2013(08):43-46.

[12] 谭杨.制度设计缺陷与制度内各次级制度的冲突——以阿根廷"梅内姆经济改革"为案例[J].未来与发展,2013,36(11):25-30.

[13] 王盼盼.浅析中国现行汇率制度对货币政策独立性的影响[J].经济研究导刊,2013(34):110-111.

[14] 吴婧.阿根廷宏观经济问题及其根源(2011—2013年)[J].拉丁美洲研究,2014,36(02):42-47.

[15] 吴志华.阿根廷为什么会发生危机[J].人民论坛,2002(03):45-50.

[16] 央视国际网络,张丽.阿根廷局势失控的罪魁:经济衰退与动荡的金融市场[EB/OL].(2018-12-21)[2020-09-25]. http://www. cctv. com/special/334/4/29983. html.

案例 15 全球股市"黑色星期二"与日元套利交易

摘要:发生于 2007 年的"黑色星期二",引发全球股市震荡,将世界经济带入了一片泥泞,由此导致的恐慌情绪更是长久地笼罩在投资者的心头,而围绕着为什么会发生这一事件的探讨至今还在继续。本案例介绍了"黑色星期二"事件的始末,分析了日本货币政策、英美等国家央行的政策选择等诸多因素在引发此次股市下跌中的作用,并且从宏观调控的角度,提出了防范此类风险再次发生的政策建议。

关键词:零利率政策;日元套利交易;日元升值;股市下跌

1 全球股市"黑色星期二"的开端

1929 年 10 月 29 日,美国经历了历史上最严重的股市动荡,并迅速蔓延至全球,造成了严重的衰退,被后人称作"黑色星期二"。然而,在近 80 年后,一场席卷全球的"黑色星期二"再次重演,我国股市首当其冲。2007 年 2 月 27 日,中国沪深股市上万亿元的市值在一天之间蒸发,上证综指从 3049 点跌至 2772 点,深证成指从 8620 点跌至 7790 点,沪深两市跌幅均接近 9%。此次股市震荡中,有近千支股票跌停,沪深股市单日下跌幅度更是双双创下 10 年以来的最高纪录。同日,美国纽约股票市场出现了自"9.11"事件以来的单日最大跌幅,道琼斯 30 种工业股票平均价格指数收盘价为 12216.24 点,下跌了 416.02 点,跌幅为 3.29%;标准普尔 500 股票指数下跌了 50.33 点,跌幅为 3.47%;纳斯达克综合指数下跌了 96.65 点,跌幅为 3.86%。除此之外,亚太股市、欧洲股市、俄罗斯股市、拉美股市及南非股市等无一例外地都与中国股市同步下跌。

面对此次全球股市的剧烈震荡,美国的《时代》杂志曾在其网站上刊载了题为《中国股市下跌的背后》的报道,认为由于中国在国际投资者心中的地位愈加重要,中国 A 股市场的暴跌引发了其他国家股市的下跌。然而,后续的研究发现,日元的套利交易才是此次全球股市暴跌的主要原因。

2 日元套利交易的政策背景

套利交易是一种利用不同货币地区利率差异获利的交易策略，是指投资者以低利率借入货币，投资于利率较高的货币或可提供较高回报率的资产如股票、债券等以期获得回报，赚取利差。当低利息货币的预期升值幅度小于两种货币间的利率差异之时，这种套利交易时常发生。在交易过程中，一些投资者还会卖出高息货币兑低息货币的远期或者期货合约以期在未来买入低息货币偿还借款时，回避汇率风险，而投机者则更可能进行非抛补套利，用低息货币直接买入高息货币以赚取利差，甚至进行杠杆交易。日元套利交易(Yen Carry Trade)多为投资者运用杠杆交易进行的非抛补套利，具体操作流程是，投资者将自己所持有或者借入的低利率日元出售，买入高利率货币资产，如美元、英镑、欧元等。根据利率平价(interest parity)理论，套利均衡时应满足以下利率平价条件(interest parity condition)：

$$i^{\mathrm{D}} = i^{\mathrm{F}} - \frac{E_{t+1}^{e} - E_t}{E_t} \tag{15-1}$$

以上公式中的汇率为间接标价法下的汇率，其中：E_t 为即期汇率；E_{t+1}^{e} 为下一期的预期汇率；i^{D} 为本国利率；i^{F} 为国外利率。如果不满足利率平价条件，就存在套利机会。接下来详细分析引发日元套利的政策背景。

2.1 日本的货币政策

自 1945 年到 1973 年约 30 年的时间里，日本经济高速增长，实现了所谓的"战后经济奇迹"，但这种经济增长并未能一直延续。1973 年，日本的实际 GDP 年度增长率从 8.03%骤降至−1.23%，并在此之后一直处于低位徘徊，直到 1986 年才因"泡沫经济"回升至 4.0%的水平。但是"泡沫经济"所带来的"繁荣"非常短暂，在日本房地产和股市的泡沫相继破灭之后，日本经济便一蹶不振，失业率高企，通货紧缩愈发严重，陷入了长达 10 年的低迷，被称作"失去的十年"(the lost decade)。1997 年日本又经历了东南亚金融危机，实体经济遭到了更严重的打击。1998、1999 年日本国内生产总值甚至分别出现−1.13%、−0.25%的同比负增长。为了摆脱经济窘境，早日实现经济复苏，日本银行于 1999 年 2 月宣布将银行同业间无担保隔夜拆借利率下调至 0.15%，3 月份，此利率进一步被降至 0.04%。至此，在扣除中间费用之后，日本国内的名义利率水平已降为零，正式进入"零利率时代"，这在其金融史上前所未有。随后，在 2001 年到 2006 年 7 月的 5 年间，日本中央银行也一直将短期利率维持在零附近。即使央行曾于 2006 年 7 月加息，但利率的最高水平也仅为 0.25%。在此背景下，日本国内的大量闲置资金难以在本国金融市场上获得足够的利润，从而流向国际金融市场，为日后日元套利交易的产生创造了条件。

2.2 美国和欧洲央行的货币政策

在日本实行零利率政策的同时，外国央行却在实行紧缩的货币政策。出于对房地产市场过热和通胀过高的忧虑，2004 年 6 月，美联储开始渐进加息(当时联邦基金利率水平为 1%)，以“逢例会就加息，每次 25 个基点”的操作方式，连续 17 次提高本国利率，到 2006 年 6 月 29 日，联邦基金利率(federal funds rate)已升至 5.25%，这也是迄今为止美国最长的加息周期。该轮加息使美国短期借贷利率不断攀升，导致美国一些实施短借长贷经营策略的金融机构的风险持续增加，从而不愿在本国金融市场借入高成本的短期资金。此时，近乎零利率的日元资金就成为这些金融机构借入短期资金的最佳选择，因此，除了日本的投资者拆借日元外，美国等其他国家的金融机构同样会大量拆借低廉的日元资金，套利资金不断流入这些国家的资本市场以获取高额收益，其中相当大部分流入了股票市场。同一时期的欧洲央行也频繁实施紧缩货币政策，其连续 8 次升息的行为给日元套利交易创造了条件。

3 股市大幅下跌的原因

大规模的日元套利交易让众多投资者获得大量收益，然而，历史证明套利交易过热的背后往往暗藏危机。日元套利交易的风险就是当日元套利交易平仓时，如果日元大幅升值，那么升值所带来的损失可能会抵消货币之间的利差收益。当日元有升值趋势时，投资者通常会尽快卖出持有的外币资产，换回日元以偿还所借入的日元，避免亏损。在“黑色星期二”前夕，市场普遍存在日元升值的预期，全球套利交易者开始撤离套利资金投资的金融市场，引发这些市场特别是全球股市的大幅下跌。

3.1 日本加息和日元升值

日本自实行零利率以来，实体经济缓慢复苏，国内生产总值、企业设备投资、居民消费等指标均表现出上升态势，2005 年 10 月，核心消费价格指数(CPI)转为正值。至此，零利率政策作为一种非常规货币政策手段，在经济复苏进程中发挥了重要的作用。在实施零利率政策期间，日元汇率一直维持在较低水平，然而随着日本经济的恢复，市场开始预测日本央行可能会结束零利率政策，以防止超宽松政策引发经济过热，市场逐渐形成了日元升值的预期。随后，加息及升值预期得到了证实，2007 年 2 月 18 日至 2 月 24 日期间，日本央行一连两日举行议息会议，宣布加息 0.25%，隔夜拆借利率(政策目标利率)由 0.25%提高到 0.5%，利率水平上升到自零利率以来的最高点；贴现率上升 0.35%，达到 0.75%。该轮加息使日元大幅升值，美元兑日元从 2 月 23 日的 1 美元兑 121.06 日元降至 2 月 27 日 1 美元兑 117.95 日元，跌幅达 2.26%，欧元兑日元下跌了 1.88%。日元的快速升值引发了全球范围内进行日元套利交易投资者的恐慌，大量投资者迅速从股市等市场撤离资本，使全球股市相继暴跌。

3.2 日元升值与股市下跌的恶性循环

日本长期以来实行的零利率政策，吸引投资者借入大量廉价日元进行套利交易。据国际货币基金组织估计,2006 年日元套利资金的规模约为 1000 亿美元。如此巨大的套利资金广泛分布于世界股市、汇市和商品市场,极大影响全球金融市场的行情,特别是进入 2007 年的前两个月,全球股市连创新高,这其中一个重要原因就是日元套利资金为各国资本市场提供了巨大的流动性。同时,广泛的日元套利交易也使这些套利资金流入的股市与汇市的联动性加强,一旦日元产生升值预期,大量非抛补套利资金头寸将遭受损失,套利交易者会卖出持有的外币资产换回日元以偿还借款,导致世界股市产生大量抛盘,股价下跌,进而加剧市场恐慌。同时,大量套利资金的回流也将进一步推动了日元的升值,这又引发套利交易者继续卖出股票,由此产生恶性循环,最终导致了"黑色星期二"事件。

4 启示与建议

著名的撒切尔法则告诉我们"意想不到的事情总会发生,你最好有所准备"。经历"黑色星期二"之后,各国金融监管机构应以此为鉴,完善金融监管体系,以防范套利交易带来的风险。

4.1 严格监督热钱流入

日元套利交易加剧了全球金融市场的波动,对全球股市造成了巨大的影响。除了日元套利资金,其他国际投机资本的大量涌入也容易引发本国资本市场的动荡,因此监管当局应对热钱的流入严格监督和把控,特别是新兴市场国家,本国的资本市场规模不够大,制度也不够健全,应谨慎开放资本市场,避免大规模套利以及投机交易的发生,从而维持本国金融市场的稳定。另外,考虑到政策执行的时滞,监管机构应建立起完善的外汇管理体系,防患于未然,否则当发现热钱大量流出本国资本市场时,金融风险可能已经难以控制。

4.2 实时合理地调整政策

日元套利交易盛行的根本成因是日本央行实行的零利率政策与美国、欧洲央行实施的加息政策不一致,产生了利差。日本央行实行零利率政策主要是希望推动国内经济复苏,美国与欧洲央行加息则是为了抑制经济过热,这些国家的政策选择主要考虑了本国的利益,然而却引发了大量的日元套利交易,并在预期日元升值时,导致了"黑色星期二"的发生。因此,在各国经济相互依赖、金融一体化不断增强的背景下,一国在选择货币政策时不仅要考虑国内经济状况,还要根据国际外汇市场和他国货币政策的变化,实时合理地调整本国货币及汇率政策,承担起维护国际金融市场稳定的责任。

案例使用说明

一、关键点

本案例运用利率平价、套利交易等知识，对2007年2月27日全球股市下跌的原因——日元套利交易进行了深入探讨，分析了日元套利交易盛行的原因以及日元套利交易引发此次股市暴跌的机制。在此基础上，为防范此类事件的再次发生，提出了合理建议。案例中涉及的关键点有：

(1) 日本央行的零利率政策及其原因；

(2) 了解利率平价理论的主要内容，并在此基础上掌握套利交易存在的条件及原理；

(3)“黑色星期二”股市下跌的政策背景及原因。

二、知识点

1. 利率平价理论

利率平价的两个主要假设是资本自由流动和国内外资产可完美替代。在外汇市场均衡的情况下，利率平价条件意味着国内资产的预期收益将等于汇率调整后的外汇资产的预期收益，在此条件下，投资者难以获取套利收益，用公式表示为：

$$i^{D} = i^{F} - \frac{E_{t+1}^{e} - E_t}{E_t}$$

2. 套利交易

套利交易是一种利用不同货币地区利率差异获利的交易策略，是指投资者以低利率借入货币，投资于利率较高的货币或可提供较高回报率的资产如股票、债券等以期获得回报，赚取利差。当低利息货币的预期升值幅度小于两种货币间的利率差异之时，这种套利交易时常发生。在交易过程中，一些投资者还会卖出高息货币兑低息货币的远期或者期货合约以期在未来买入低息货币偿还借款时，回避汇率风险，而投机者则更可能进行非抛补套利，用低息货币直接买入高息货币以赚取利差，甚至进行杠杆交易。

三、启发思考题

(1) 分析全球一些主要国家的汇率和利率数据，运用利率平价理论判断是否存在套利交易机会。

(2) 请解释“黑色星期二”股市下跌的主要原因。

(3) 为了防范控制套利交易带来的风险，我国应该采取哪些措施？

参考文献

[1] 葛婷婷. 浅探中国股市三次跳水的真正原因[J]. 商业文化(学术版)，2007(08)：19.

[2] 刘瑞. 日本利率政策现状及其分析[J]. 日本研究,2007(04):31-35.
[3] 史文胜. 日元套利交易的形成机制及其波及效应[J]. 中国货币市场,2007(05):13-15.
[4] 宋晓璞. 解密黑色星期二[J]. 经营者,2007(05):72.
[5] 王涛. 套利交易对国际金融市场及日元汇率的影响[J]. 中国货币市场,2007(03):22-23.
[6] 岳生. 谁是主导股灾的元凶? 政策不会发布"两会行情"[J]. 董事会,2007(04):24-25.
[7] 张骞. 日元套利交易:国际金融市场中的暗流[J]. 今日财富(金融版),2008(01):63-66.
[8] 朱昱. 日本:结束零利率跻身加息潮[J]. 中国金融家,2006(08):88-89.
[9] 邹新,马素红,宋玮. 日元套利交易泛滥美国金融监管成效显著[J]. 中国城市金融,2007(06):54-55.

ZHONGYANGYINHANGJIQI
HUOBIZHENGCE

本篇概述：中央银行是负责一国货币政策的主体机构，其主要职责是控制该国的货币供给，维持其货币稳定，因此，在整个金融体系中占据着重要地位。本篇案例的学习有助于读者了解和掌握中央银行货币政策的原理和传导机制及其对经济的影响。

本篇贫穷的亿万富翁案例以1997年津巴布韦发起的土地改革方案以及面临的高额财政赤字为起点，梳理了其国内发生恶性通货膨胀及政府应对通胀政策失误的全过程，并分析了其恶性通货膨胀发生的原因及后果。1997年东南亚爆发了严重的金融危机，东南亚金融危机案例梳理了东南亚金融危机爆发的过程及原因，分析了金融危机对我国的影响及我国央行采取的降息政策，这一系列的政策显著降低了东南亚金融危机对我国经济运行的不利影响。时隔十年，美国于2007年经历了严重的金融危机，为刺激经济增长，美联储于2009年至2014年实施了三轮量化宽松政策，这三轮量化宽松推动了美国经济的复苏，也对国际贸易、国际资本流动和其他国家的货币政策产生了影响。学习美国量化宽松货币政策案例有助于读者了解量化宽松货币政策的原理、实施过程以及政策效果。由于次贷危机的影响，欧洲也爆发了欧债危机，欧洲央行为应对危机采取了一系列货币政策来调控经济，对欧元区及国际金融市场产生了巨大影响，欧债危机与欧洲中央银行的货币政策案例深入分析了欧洲央行的常规货币政策以及非常规货币政策的工具及传导机制，并比较分析了危机期间欧洲央行货币政策与美国的“量化宽松”政策的区别和联系以及两者的实施效果。2008年金融危机及随后爆发的欧债危机等事件都对欧洲整体经济造成极大冲击，为防止国际投机资本大规模流入瑞士，缓解本币升值压力，瑞士央行出台并实施了名义负利率政策，该政策在一定程度上缓解了瑞郎升值的压力。最后，“广场协议”及日本失去的十年案例分析了“广场协议”签订的背景及日本经济由于日本央行货币政策失误而衰落的过程。通过对本篇案例的学习，读者将深刻了解世界主要国家中央银行实施货币政策的经验教训，为我国政府实施有效的货币政策提供参考。

案例 16
贫穷的亿万富翁

摘要:21 世纪初,津巴布韦经历了一次恶性通货膨胀,通胀率最高时达到 $5\times10^{11}\%$,经济状况急剧恶化,最终导致该国货币体系崩溃,官方宣布货币美元化。本案例以 1997 年津巴布韦发起的土地改革方案以及面临的高额财政赤字为起点,梳理了本次危机的全过程及政府采取的应对措施,并分析了通货膨胀发生的原因及后果。在此基础上,提出了政府应对财政赤字的合理方案。

关键词:财政赤字;通货膨胀;土地改革;经济危机;货币美元化

1 引言

津巴布韦位于非洲南部,境内风景秀丽,著名的维多利亚瀑布就坐落在这里。该国拥有肥沃的土壤及发达的农业,不仅为周边国家供给了充足的农产品,而且在世界粮食市场中占有重要地位。然而,20 世纪末,该国政府的军事冒险和不计后果的支出造成了高额的预算赤字,强制没收商业农场导致农业几乎停产。在经济崩溃的最后几年,该国发生了恶性通货膨胀,这最终促成了 2009 年津巴布韦官方宣布货币美元化。

这场危机发生在一个以土地改革为主要形式的重大政治行动时期,政府几乎征用了原属于白人商业农民的所有商业耕地,并将其分配给无地的黑人。由于黑人农民大多缺乏耕种经验,使得农业产量下降,同时随着津巴布韦政府的财政与货币政策不断扩张,该国的通货膨胀率逐步提高。

我们不禁要问,津巴布韦的恶性通货膨胀事件是一个全新的经济现象,还是现代社会在经济和政治方面困扰政府的不明智决策的重复?本文研究的目的是介绍这场危机的经济背景,分析危机发生的原因和后果,并据此提出政策建议。

2 津巴布韦的经济危机

2.1 危机的开端(1997—2000)

在独立后的第二个十年,津巴布韦政府发起了一项经济改革方案,这项方案对实现经济自由化和解决增长的结构性障碍至关重要。此外,该国还遭受了两次严重干旱(1992 年和 1995 年),致使其主要经济产业——农业受到重创。自津巴布韦独立以来,土地改革一直饱受争议,因为主要农业用地由大约 4000 名白人商业农民所拥有。与此同时,当地土著居民主要从事自给自足的农业生产。

在津巴布韦独立后的前五年,政府利用以市场价格优先购买的权利重新安置土地,总安置面积约 300 万公顷。随后,1992 年的《土地征用法》规定,政府可以强制购买符合特定条件的土地。同时,该法案还要求公平补偿(fair compensation),并赋予了农场主上诉权。

1997 年下半年,在越来越大的政治压力下,津巴布韦非洲民族联盟-爱国阵线政府(ZANU-PF)宣布了一项为独立战争退伍军人提供抚恤和养老金的新计划。这笔款项适用于大约 60000 名退伍军人,他们每人将得到 5000 津巴布韦币的直接补贴(当时约合 3000 美元)以及相当于每月 125 美元的抚恤金。一揽子计划的支出总额约占津巴布韦 1997 年 GDP 的 3%,但这一支出没有列入 1997 年的财政预算,这些款项的直接效果是使预算比前一年增加了 55%。随后,津巴布韦在世界银行的固定信用额度被暂停,直到政府出面承诺:在截止到 1998 年 12 月的 18 个月里,津巴布韦的财政赤字不会超过预算赤字 8.9%的水平。

在新的养老金方案出台后,退伍军人对先前土地改革计划表示不满,并开始对改革计划的进一步实施表示抗议。1997 年 11 月,穆加贝总统对来自民众的压力做出回应,宣布了强制收购白人所拥有的商业农场的计划。在此计划下,当地主要的 1471 个商业农场在宪报上被强制购买。

由于养老金支付方案和土地收购过程都缺乏预算资金,投资者开始对津巴布韦政府未来的财政状况感到恐慌。由此引起的外资外逃导致津巴布韦货币和资本市场相继崩盘,耗尽了津巴布韦储备银行(RBZ)的外汇储备。1997 年 11 月 14 日,津巴布韦币对美元贬值 75%,这一天被当地人形象地称为"黑色星期五"。

为了应对这一困境,津巴布韦政府打算在 1998 年预算中增加税收为该计划募集资金,但 1998 年 1 月由津巴布韦工会(ZCTU)组织的大规模抗议导致政府被迫将债务货币化(通过发行货币为财政赤字融资)。由此引起的"玉米饭"成本大幅上升导致国内发生了粮食暴乱(riots),国家因此瘫痪了两天。为应对公众压力,政府随后实行了价格管制,并指责津巴布韦的工业企业"牟取暴利"。1998 年 9 月,在经济状况继续恶化的情况下,津巴布韦总统还是向刚果民主共和国派遣了 11000 名士兵，支持当时的刚果领导人劳伦特·卡比拉(Laurent Kabila)，但这一军事行动的花费并没有列入预算。

同时，政府继续推进土地改革。1998 年 11 月，津巴布韦政府向 841 名曾在 1997 年对强制收购提出异议的农民发出收购令。为了应对影响力日益增长的工会，国家于 1998 年颁布了《总统权力(临时措施)劳工条例》，对煽动或协助罢工、旷工和其他非法集体行动的工会和雇主处以重罚。

1999 年初，由于政府所采取的措施引起了越来越大的争议，外国捐助者开始减少援助，世界银行和国际货币基金组织都暂停了对该国的援助。随着津巴布韦的外汇储备降至危险的极低水平，津巴布韦币面临的贬值压力继续增大。RBZ 重新实行大范围的进口管制，并禁用外币账户(FCAs)，避免本币的进一步贬值。针对 FCAs 的禁令实际上也就意味着 RBZ 可以凭借官方和平行市场的汇率差来保留所有出口收益。

为了应对经济压力，政府与国际货币基金组织达成协议，在 1998 年备用安排(stand-By arrangement)的支持下启动经济复苏计划。该计划的目标是到 1999 年底将通货膨胀率从 1998 年的 47%下降到 30%，实际 GDP 增长 1.2%，官方国际储备净额增加 1.6 亿美元。为了达到上述目标，政府需要运用紧缩的货币政策和采取重建信心的措施。重建信心的具体措施包括使土地改革符合 1998 年国际会议期间商定的战略、披露津巴布韦卷入刚果民主共和国冲突的代价、取消资本管制以及促进国有上市公司的私有化。

然而，该计划的实施效果不尽人意，1999 年 10 月份通货膨胀率继续上升，达到 70%的峰值。1999 年底回落到 57%，实际 GDP 也下降了 0.2%，制造业产出下降 7%，抵消了农业和旅游业的增长。

到世纪之交，津巴布韦的经济形势变得岌岌可危，该国失去了获得国际援助的机会。此外，由于投资者信心下降和固定汇率制度，津巴布韦央行试图动用外汇储备来支持本国货币，导致外汇储备消耗殆尽。在这种情况下，津巴布韦的央行和财政部开始开动印钞机为赤字融资，由此引发了恶性通货膨胀。

2.2 土地再分配(2000—2003 年)

2000 年 2 月 12 日至 13 日，由非洲民族联盟-爱国阵线提议的立宪公民投票在当地举行。由于商业农民极力反对，宪法草案在一周内就被否决。仅仅几天之后，退伍军人对“白人定居者”进行报复，开始了一系列暴力入侵农场的行动，约 1600 个农场被侵占。4 月，议会批准了一项宪法修正案，允许强制购置土地。随后一个月，修正案被正式纳入《土地征用法》。

2000 年 6 月，政府宣布了一项快速安置计划——2000 年要实现安置面积为 500 万公顷、安置家庭 15 万户的目标。相比之下，独立以来的安置面积仅为 330 万公顷，安置家庭 7.3 万户。在这一计划的实施过程中，国家列出了将要收购的 2455 个农场。政府将为土地的基本建设提供补偿，但不会为土地提供补偿。

与此同时，为了维持本国的外汇储备，RBZ 开始对出口商实施外汇管制。从 2000 年 5 月起，强制大多数出口商将 25%的外汇收入出售给 RBZ 专门用于进口燃料、电力和其他优先供应的能源。而烟草出口商被要求出售75%的外汇收入为国有石油、电力公司和烟草种植者协会(ZTA)进口原材料以及为RBZ偿还债务提供资金 。

8月份，RBZ放宽了货币政策，将银行基准利率限制在高出最近12个月的消费物价指数2～2.5个百分点的范围内(国库券收益率比银行基准利率低1个百分点)，并允许银行将其法定准备金的一半用于“出口信贷补贴”(subsidized export credits)，为企业的出口活动提供资金。通过这项补贴计划，大约30%的储备金以30%的利率释放到货币市场(相比之下，银行利率为56%，同比通胀率为54%)。这一措施使得广义货币(M3)的增速从1999年的30%上升到2000年的60%。同样在8月初，RBZ宣布津巴布韦币贬值24%，实行钉住汇率制。尽管RBZ随后进行了调整，但到年底时津巴布韦币仍被严重高估，市场贬值幅度比官方汇率高出约25%。

在2000年，津巴布韦的燃料、电力和其他基本进口产品严重短缺，私人服务汇款也大量积压。截至9月底，津巴布韦拖欠的外债总额已达5亿美元(包括拖欠世界银行、非洲开发银行和欧洲投资银行的款项，欠款导致这些银行对津巴布韦方面暂停贷款)，公共部门拖欠的款项约占这些欠款的四分之三。

11月中旬，津巴布韦可用的外汇储备仍然很低，仅1230万美元，到年底这一数字才回升到2200万美元。尽管最高法院于11月10日做出裁决，下令驱逐擅自占地者，但侵占农场的行为仍在继续。2000年12月，最高法院发布命令，禁止进一步征用土地，并且宣布政府的快速土地改革方案侵犯了商业农民的宪法权利。

2001年后半年，通货膨胀进一步加速(见图16-1)。政府从RBZ的借款数额接近法定上限(前一年财政收入的20%)。与此同时，津巴布韦的GDP也一直呈现负增长的状态(见表16-1)。出于筹资需要，政府推出一项强制机构投资者的投资组合中必须包含45%的低收益率长期政府债券的规定，这一规定进一步恶化了保险公司、养老基金和银行的财务状况。

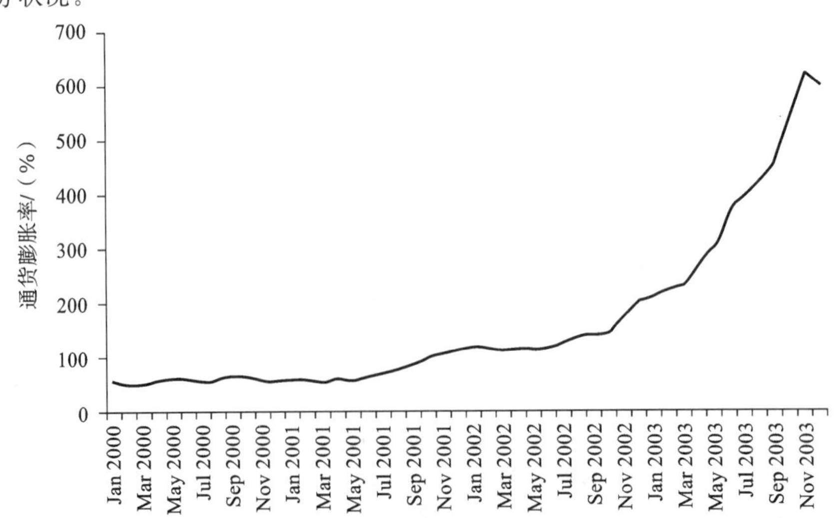

图16-1　2000—2003年间津巴布韦逐月通货膨胀率

资料来源：Zimbabwe Data Portal；Zimbabwe Statistics 2010。

表 16-1　津巴布韦的 GDP 相关量变化

指标	1999	2000	2001	2002	2003
GDP/(百万美元)	10513.78	10136.58	9999.08	9563.14	8475.15
实际 GDP 增长率/(%)	−2.1	−6.1	−3.6	−11.3	−8.6
GDP 年增长率/(%)	−8.2	−0.2	−5	−7.5	−3.6
预算赤字率/(%)	8	24	8	4	0.3

资料来源：International Financial Statistics(IFS)；Zimbabwe Data Portal；Gallery Ministry of Finance and Reserve Bank of Zimbabwe database。

另一方面，津巴布韦国内的企业固定投资和建设已经基本停止，因此，国际货币基金组织的特派团(IMF mission)认为津巴布韦政府所采取的政策并不成功。相反，负实际利率降低了货币市场的活跃度，资金转向资本市场和房地产市场，由此带来了"股票和住宅房地产价格泡沫"。随着越来越多的投机者以负的实际利率获得银行贷款，资产价格泡沫进一步膨胀。特别是 RBZ 的出口信贷补贴计划增加了金融体系的流动性，低成本的贷款部分被出口商用于购买津巴布韦股票交易所的股份或者不动产，这进一步助长了资产价格泡沫，加大了通货膨胀的压力。

2001 年 6 月，为了抑制平行市场(parallel market)的交易活动，当局继续采取新的外汇措施，要求所有出口商(烟草出口商除外)出售的外汇收入份额从原先的 25%增加到 40%。国际货币基金组织指出，鉴于官方汇率和黑市汇率之间的巨大差距，40%这一比例是有效的。

尽管最高法院禁止进一步征用土地，但政府继续实行快速土地改革方案。2001 年 7 月，政府将重新安置的土地面积从 500 万公顷增加到 830 万公顷，几乎占大规模商业耕地的 70%。

由于通货膨胀继续呈螺旋式上升，政府方面认为是企业的逐利行为推高了价格，而非 RBZ 过度宽松的货币政策造成。随后，政府实行价格管制来遏制通货膨胀，主要粮食作物是价格管制的重点对象。6 月，政府重新成立了粮食销售委员会，实行垄断经营，以控制玉米和小麦的价格。10 月 10 日起，基本商品和食品的批发和零售价格全部由政府直接控制，导致这些商品在短时间内出现短缺。

从 10 月中旬起，津巴布韦实际上恢复了固定汇率制度，津巴布韦币在平行市场上继续迅速贬值，10 月底达到"官方汇率的 6 倍左右"。

2001 年 11 月初，一项修订《土地征用法》的总统令进一步加快了土地改革的进程。2001 年 12 月 4 日，重新组建的最高法院推翻了其先前的裁决，认定政府对土地的征用是合法的。

议会于 2002 年 5 月 8 日批准了穆加贝总统 2001 年 11 月对土地征用法的修正案，农场的工作被下令立即暂停，并发出了驱逐令，要求农场主在 3 个月内搬离农场，并规定 2002 年 8 月 8 日为强制收购的最后期限。8 月，由于政府没有通知持有抵押所有权(mortgage titles，这里指土地所有权)的银行，高等法院裁定驱逐令无效。作为回应，政府再次对《土地征用法》进行了修订，并于 9 月获得议会批准，驱逐令再次生效，同时加大了对抵抗行为的处罚力度。

由于名义利率继续被人为地维持在低水平，因此，随着通胀的上升，实际利率越来越低。同时，法定准备金的降低导致商业银行对私营部门的信贷迅速扩大，广义货币增速从 2001 年的 103%上升到 2002 年的 165%，这些优惠贷款在 7 月份达到 420 亿津巴布韦币的高峰。然而，与政府的预期相反，宽松的货币政策未能带来生产部门的扩张。相反，价格迅速上涨，黑市的汇率继续贬值，金融储蓄的吸引力越来越小，而更为迅速的资产替代效应继续推高房地产、股票和耐用消费品的价格。

2002 年 11 月中旬，政府进一步扩大了针对特定食品的价格管制范围，该管制从 2001 年 10 月开始实施，同时将价格锁定期延长到 6 个月。这一举措导致消费者价格指数(CPI)中所含商品的近 70%都受到价格管制的约束，使得官方通胀数据的可靠度下降。由于价格限制，不少产品的价格低于生产的成本价，导致许多企业倒闭，造成正规部门(formal sector)的就业人数下降。正如货币基金组织代表团所观察到的，管制措施的主要影响是推高了非正规部门(informal sector)的价格。

与此同时，政府试图压制平行市场的汇率，该汇率的溢价在 2002 年曾高达 2900%。为了加强外汇管制，外汇管理局关闭，银行成为唯一授权的外汇交易商。出口商出售的外汇收入份额进一步提高到 50%，同时，出口商保留的余额必须存入 RBZ，其使用"限于优先清单，并须经 RBZ 批准"。这一措施的结果是，大多数交易转移到平行市场，RBZ 的外汇流入放缓；同时，大部分出口收入在平行市场上销售，平行市场略有升值。

2002 年底，农业部长约瑟夫宣布"土地掠夺"运动结束，声称政府从白人农民手中夺取了 3500 万英亩土地，几乎所有白人拥有的农场都被指定由国家收购。到 2003 年初，大多数农民按照驱逐令离开了自己的农场。农业生产的下降开始对以农产品原料为主的制造业产生负面影响。图 16-2 反映了 1999—2003 年期间津巴布韦谷物生产量的变化。

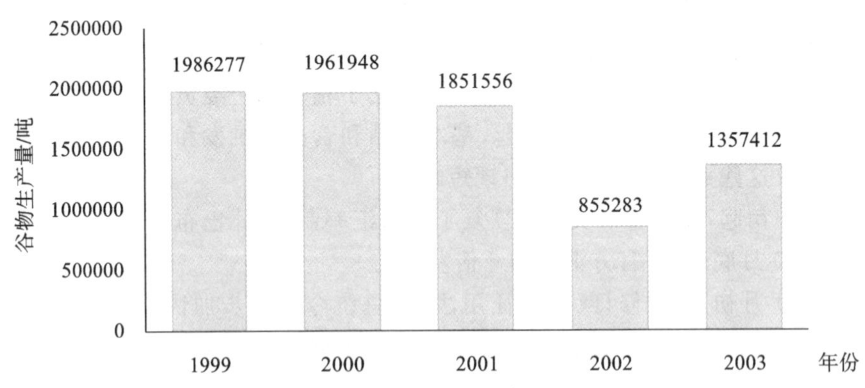

图 16-2　1999—2003 年津巴布韦的谷物生产量

资料来源：FAOSTAT(联合国粮食及农业组织数据库)。

2003 年 1 月，津巴布韦当局修订了价格控制办法，发布了《价格和收入稳定议定书》。协议涵盖的商品包括玉米粉、食用油、盐、牛奶、糖、面包、面粉、牛肉、石蜡、卫生垫、水费、租金以及交通费等最基本的商品和服务。同时，这些商品的价格被锁定在商定的水平，并维持到 2003 年 6 月 30 日。

在实施这一政策之后，RBZ 开始提高利率，但实际利率仍为负值。2003 年 3 月，RBZ 开始以高于回购利率 20％的幅度向银行提供隔夜贷款，并要求银行提供证券作为抵押。4 月，回购利率上升到 56％。

2003 年 5 月 6 日，当局宣布实行进一步的价格调整措施，包括放松价格管制，继续控制补贴商品的价格，监测基本商品的价格，生产商需要向工业和国际贸易部（MIIT）提出涨价的理由，且利润率不得超过 20％。所有其他价格均已放开，但须接受工业和国际贸易部的监督，并遵守未具体说明的"防止企业牟取暴利的纠正措施"。7 月底，RBZ 行长 Tsumba 任期届满退休，Tsumba 留下了创造货币的遗产。到 2003 年底，津巴布韦广义货币（M3）从 1998 年底的 566 亿美元增加到 32403 亿美元。

在这一阶段，津巴布韦完全失去了外国援助，出口及外汇储备也大幅度下降（见图 16-3），外汇短缺的影响在 2003 年达到顶点。2003 年的前 9 个月，由于津巴布韦不再拥有进口印刷钞票的纸张和油墨所需的外汇，当地钞票出现短缺。8 月，全国范围内出现了银行挤兑，公共秩序混乱，防暴警察被派往银行，以平息公众无法提取存款的愤怒情绪。

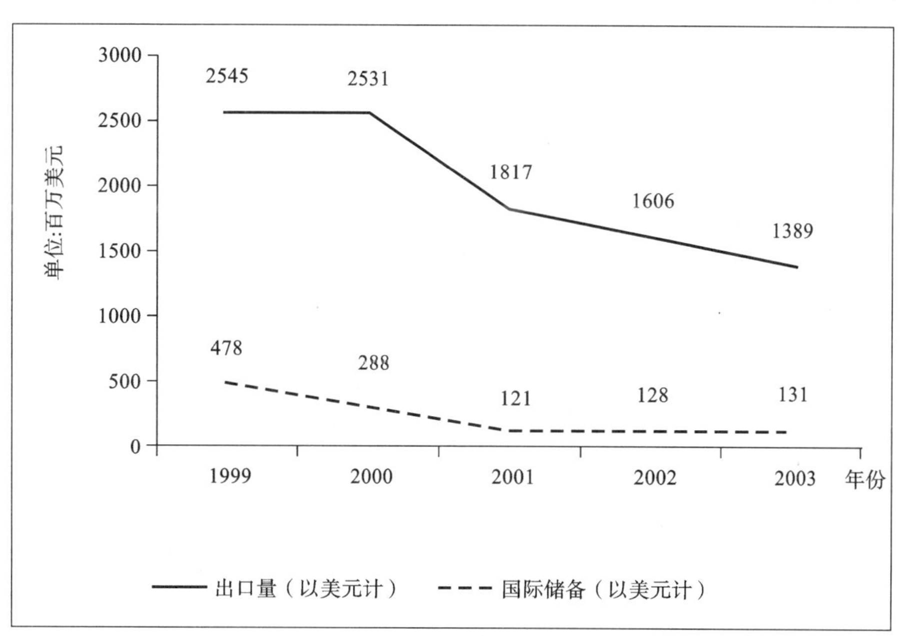

图 16-3 1999—2000 年津巴布韦的出口量以及国际储备

资料来源：Ministry of Finance and Reserve Bank of Zimbabwe database。

2003 年，政府继续实行信贷补贴计划，推动广义货币加速增长。廉价信贷的可获得性，以及消费者对冲通胀的努力，使得股票和房地产的价格泡沫长期存在。低利率和不断上升的通货膨胀，侵蚀了津巴布韦银行的资本基础。2003 年，津巴布韦银行系统的资产价值实际下降了 40％。

2003 年 12 月 1 日，吉迪恩·戈诺接任 RBZ 行长。他立即宣布了收紧货币政策的措施，这一消息推高了银行间拆借利率，并导致股票和房地产价格暴跌。RBZ 在 2004 年第一季度继续大幅提高利率，使利率在 2004 年 3 月达到 5242%的最高水平。由于货币紧缩，通货膨胀在 2004 年 1 月上升到 623%的高峰后，于 2004 年底急剧下降到 130%左右。

然而，2002 以来 RBZ 实施的准财政活动破坏了此前在降低通货膨胀方面取得的所有成果，使国家走上恶性通货膨胀的道路。2004 年底，利率大幅下调，同时，RBZ 开始在每天收盘时将货币市场上的所有盈余强制转换为实际利率严重为负的“公开市场”长期国库券(名义有效利率为 70%～100%)。此外，RBZ 将商业银行和贷款机构的法定存款准备金率提高到 60%。

2.3　恶性通货膨胀之路(2005—2007)

2005 年前 5 个月，经济恶化的速度再次加快。2005 年初，年度通货膨胀率稳定在 135%左右，6 月份再次上升到 164%。有人认为，当时的消费物价指数不可靠，可能低估了通货膨胀的程度(部分原因是公共管理的价格被人为地保持在低水平)，但实际上，通货膨胀的确切程度难以量化。

2004 年初收窄的平行市场溢价从 2005 年 1 月的 45%扩大到 7 月初的约 100%。这是由于 2005 年初实施了宽松的货币政策以及拍卖系统中外汇供应量的减少。Coltart 认为执政政权的成员及其同伙以官方汇率购买外汇，然后按黑市价格出售，赚取差价。

到 2005 年，在非正规部的雇员已占津巴布韦总劳动力的 40%左右。2005 年 5 月，政府发起了“穆伦巴茨瓦行动”(Murambatsvina)——该行动的目标是城市地区的非正规经济部门。根据联合国的报告，在开展穆伦巴茨瓦行动时，非正规经济已成为大多数津巴布韦人的主要收入来源。在两个月的时间里，警察和军队铲平了棚户区，摧毁了整个城镇和非正规经济市场区域。

2006 年初，津巴布韦的实际利率仍为负值，对美元的平行汇率为 1 美元兑 135000 津巴布韦币。2 月份，RBZ 提高了货币市场回报率，使得 3 个月期国库券的实际利率为正。RBZ 还推出了一种与通货膨胀指数挂钩的单一收益国库券。这是一个重要的进展，因为在此之前，津巴布韦货币市场的主要特点之一是缺乏可变利率工具，这一工具让投资者可以在货币市场上对冲通货膨胀。

随着通货膨胀率逐渐接近每月 50%的恶性通货膨胀水平，通货膨胀税的税基(实际货币余额)不可避免地受到侵蚀，情况进一步恶化。此时，养老基金的资产也或多或少缩水，因此，政府转向银行系统寻求资金。从 2006 年 5 月左右开始，考虑到官方估计的年通货膨胀率约为 1200%，银行每天结束时持有的任何盈余都将招致巨额经济惩罚，即使是稍微不精确的流动性管理也会带来严重的后果。

5 月份，年通货膨胀率首次超过 1000%。即使是进行简单的交易，人们也必须携带大量的货币。2006 年 7 月，在 RBZ 的货币政策声明(MPS)中宣布了被称为“日出项目”的货币改革，即自 2006 年 8 月 1 日起，新的津巴布韦币以 1∶1000 的比例取代旧的津巴布韦币。然而，新的津巴布韦币对美元仍然贬值。

2006 年 12 月公布的最终货币供应增长数据显示，津巴布韦的货币年增长率已经上升到 1416.5%。2007 年 2 月初，RBZ 宣布通货膨胀是“非法的”，宣布任何在 3 月 1 日至

6 月 30 日期间提高物价或工资的人将被逮捕并“受到惩罚”。RBZ 行长戈诺表示，只有“坚定的社会契约”才能结束恶性通货膨胀。然而，尽管 RBZ 采取了这一措施，2007 年 3 月津巴布韦仍然发生了恶性通货膨胀。

在此状况下，津巴布韦政府继续猛烈抨击商界，并于 6 月下旬公布了本土化和经济赋权法案(Indigenisation and Economic Empowerment Bill)，要求每家企业至少有 51% 的股份由当地人持有。政府宣布进一步实行价格控制，将所有价格减半，这一价格控制导致商店挤兑。在 2007 年后半年，制造业产出下降了 50%以上。

2007 年 9 月，由于实行了价格管制，津巴布韦的黑市又一次繁荣起来。据媒体报道，“以前每月只有 11 美元(200 万津巴布韦元)的人，现在仅通过黑市交易套利就能赚到多达 166 美元(3000 万津巴布韦元)”。恶性通货膨胀的最后一轮开始了。

2.4 货币美元化(2008—2009)

随着津巴布韦恢复了总统、参议院和议会共同选举的制度，2008 年 3 月，津巴布韦的通货膨胀率达到了 417823%。执政党津巴布韦非洲民族联盟-爱国阵线在三次选举中全部失利，首次失去了在立法机构中的多数席位。总统选举需要在穆加贝(43.2%的原始选票)和茨万吉拉伊(47.9%的原始选票)之间进行决选。因为两人都没有获得绝对多数票，茨万吉拉伊退出选举，理由是其支持者有严重的暴力行为，这不利于自由和公正的选举。穆加贝宣誓就职，开始了他的第六个任期。

2008 年 7 月，由于支票结算的时间延迟，商店对支票交易收取的价格为现金交易的两倍。与此同时，银行提款被限制在 1000 亿津巴布韦币。随后，RBZ 推出了 1000 亿津巴布韦元钞票，试图减轻印钞的压力。

RBZ 的准财政活动导致货币供给迅速扩张，从而加速了恶性通货膨胀。因此，本地货币的 M3(包括流通中以当地货币计值的现金和银行系统的存款)迅速增加。然而，实物钞票的印制速度无法赶上当地货币 M3 的增长速度。2008 年第三季度，加速的通货膨胀导致实际货币需求和平行市场汇率崩溃。结果到年底的时候，储备货币降至约 700 万美元(按联合国汇率 3.5×10^{16}津巴布韦币兑 1 美元计算)。

事实上，2008 年底，随着经济美元化，极度恶性通货膨胀实际上已经使当地货币失去了存在的意义。据估计，通货膨胀在 2008 年 9 月达到顶峰，约为 5×10^{11}%。从那时起，商品和服务的定价转向外币单位(主要是美元和南非兰特)。当地货币几乎从流通中消失。截至 2009 年 1 月，以支票和直接转账形式进行的津巴布韦币交易实际上已经停止。

12 月，津巴布韦货币区授权约 1000 家商店以外币出售商品，声称这将“帮助长期缺乏外币的企业进口商品和零部件”。这是津巴布韦当局首次承认其非官方的美元化。

2009 年 1 月，财政部部长授予南非兰特和美元法定货币地位，完成津巴布韦的官方美元化进程。2009 年 2 月，最新编制的美元消费物价指数环比下降了 3%。美元化有助于稳定价格，提高国民收入，也有助于规范财政政策。

3 津巴布韦恶行通货膨胀的原因

3.1 总供给和总需求失衡

一方面，津巴布韦采取了不当的货币政策，导致国内货币供给大幅增加，这也带动了总需求的增加，总需求曲线右移；另一方面，由于实行了错误的土地改革政策，以农业为主的经济产业产出下降，加上严重的经济危机，总供给曲线左移。需求拉动和供给推动的共同作用最终导致商品市场的均衡点上移，推动价格螺旋式上升（详见图 16-4）。

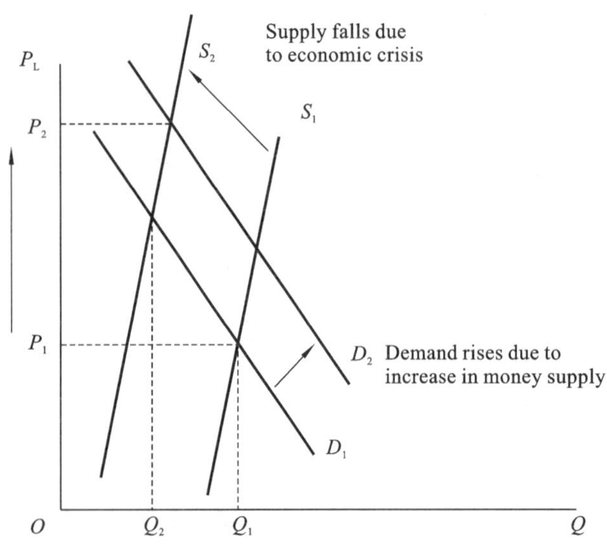

图 16-4 总供给与总需求的均衡分析

3.2 政府的经济政策严重失误

3.2.1 土地改革政策导致粮食产量下降

在 20 世纪 90 年代后期，津巴布韦政府施行了一系列土地改革政策。主要内容是国家强制征收原本属于白人的土地，通过再分配赠与黑人农民和退休老兵。但是由于退休老兵们没有相关种植经验，导致粮食产量非常低。因此，津巴布韦的总产出（包括农业和手工业在内）大幅下降，经济状况严重恶化。

3.2.2 错误的货币政策导致货币供给大幅增长

政府在 2000 年和 2002 年推行的出口信贷补贴计划，要求商业银行将部分存款准备金以极低的利率为出口企业提供信贷，这使得信贷迅速扩张，货币市场上增加的资金大多流入到股票市场和房地产领域，推动了资产价格泡沫。RBZ 采取的这些准财政活动使得货币迅速扩张，进一步加速了通货膨胀率的上升。

3.2.3 **价格控制政策导致商品短缺**

为了阻止通货膨胀的进一步恶化，津巴布韦政府采取了一系列的价格控制措施。但是，因为生产成本比商品价格增加得更快，生产者无法盈利，失去了生产商品的动力，导致商品严重短缺，总供给减少推动了通货膨胀的进一步上升。

3.3 恶性通货膨胀的代价

3.3.1 **货币购买力急剧下降**

由于通货膨胀上升的速度远超人们的工资和收入的增长水平，使得民众持有的货币购买力迅速下降，但是实际工资水平却没有提高，普通民众甚至无法承担最基本的商品和服务，成为"贫穷的亿万富翁"。恶性的通货膨胀也使人们的存款大幅缩水，之前的存款顷刻间变成了白纸。

3.3.2 **信用体系崩溃**

由于恶性通货膨胀，实际利率长期为负，有资金盈余的个人和企业惜存，使得银行的资金来源受限；同时，银行惜贷，企业和个人很难获得维持正常生产和经营活动的贷款。伴随着不断恶化的经济形势，企业不愿意将资金投入生产，正常的商业活动受到影响，银行的坏账率进一步上升，整个金融体系遭到破坏。

3.3.3 **菜单成本**

由于每天通货膨胀率都有可能急剧上升，人们都愿意持有外币，抛售津巴布韦币。早上乘坐公共汽车是一个价格，回来时是另外一个价格，甚至翻倍。生产商不得不花费时间和金钱调整价格，造成巨大的菜单成本。

3.3.4 **交易转向物物交换**

随着货币的贬值，人们更倾向于选择绕过官方经济，直接采用物物交换的形式进行交易。特别是在2009年，物物交换的形式更加普遍，这种现象一直持续到美元成为津巴布韦官方流通货币。

3.3.5 **商业信心受损**

恶性通货膨胀的持续和产出的下降抑制了正常的商业活动，使津巴布韦的经济状况持续恶化，这在很长一段时间内打击了投资者对津巴布韦的信心。

4 结论

综上所述，津巴布韦的恶性通货膨胀并不是个案，该案例揭示了所有经典恶性通胀的一般特征：

当一个国家的财政赤字不断增长，该国便容易受到内部和外部冲击事件的影响。在本案例中，津巴布韦政府派遣士兵进入刚果民主共和国所带来的预算外支出使得财政当局不得不寻找短期的融资方案。由于失去国外资金援助，在耗尽了外汇储备后，当局转而寻求国内借款，央行也开始印发钞票以满足日益增加的政府支出需求。伴随着通货膨胀加剧，资金会从货币市场进入到以股票和房地产为代表的实物资产领域。政府也开始采取措施稳定税基，这些措施包括实施价格控制和取缔非正规市场。然而，市场的力量(the power of market forces)使这些措施失效，当价格控制措施被解除时，通货膨胀比以前变得更糟糕。只有当公众放弃使用本国货币时，通货膨胀才会结束。

津巴布韦的经济通过用外币代替本币进行交易来实现自我稳定。尽管政府试图让津巴布韦币继续流通，但到2009年1月，津巴布韦币的交易实际上已经停止，最终官方宣布货币美元化。我们认为一个独立的国家使用一种外币是一种短期的应急措施，而不是长期的解决方案。一般情况下，一国政府并不希望本国使用外国货币并依赖另一国政府的经济政策。一个独立的中央银行有权拒绝政府将债务货币化的要求，来防止恶性通货膨胀的发生。对于投资者来说，向津巴布韦提供新资本的唯一理由是投资收益率超过违约风险溢价。当一国发生恶性通货膨胀时，政府可以选择放弃未来收益，并将这些收益支付给投资者或者完全放弃未来增发货币的机会(这一目标很容易通过金本位制来实现)。这样，货币供给就不会大幅增加，政府也不能通过通货膨胀降低货币持有者的购买力来为财政赤字融资。

案例使用说明

一、关键点

学习本案例的关键在于把握1997年以来津巴布韦的政策背景及宏观经济状况，在此基础上对通货膨胀发生的原因及后果进行分析，教学中的关键点包括：

(1) 通货膨胀发生前，津巴布韦政府所实施的土地改革和面临的高额财政赤字状况在通货膨胀中扮演的角色；

(2) 面对高额的财政赤字，政府及RBZ所采取的经济政策及产生的影响；

(3) 学会分析货币市场利率变动产生的资产替代效应；

(4) 了解由官方汇率市场和平行市场的汇率差产生的套利交易，由此理解政府中具有套利动机的经济主体如何影响津巴布韦当局的政策导向。

二、知识点

1. 通货膨胀(inflation)

通货膨胀是对一个经济体中特定的一篮子商品和服务的平均价格水平在一段时间内增长速度的度量，是指一国在一段时间内价格总体水平持续而稳定的上涨，通常用百分比来表示，表明该国货币购买力的下降。(Investopedia)

2. 恶性通货膨胀(hyperinflation)

恶性通货膨胀是一个描述经济中快速、过度和失控的价格上涨的术语，是一种快速上升的通货膨胀。卡甘曾把恶性通货膨胀定义为一般物价水平每月上涨率超过50%的

一种状况，卡甘认为，在恶性通货膨胀中，货币丧失价值贮藏职能，而且部分丧失了交换媒介的职能。(Investopedia)

3. 政府债务货币化(government debt monetization)

财政赤字货币化又称政府债务货币化，是指以增发国债为核心的积极财政政策致使经济体系中货币供量的增加。在财政赤字货币化过程中，中央银行通过发行货币的方式为财政融资，导致货币供给量增加。

4. 价格管制(price controls)

价格管制是政府强制执行的、针对特定商品设定法定价格上限或下限的直接经济干预措施，该措施通常用来管理某些商品可负担性。(Investopedia)

5. 出口信贷(export credit)

出口信贷是一种国际信贷方式，是一国政府为支持和扩大本国大型设备等产品的出口，增强国际竞争力，对出口产品给予利息补贴、提供出口信用保险及信贷担保，鼓励本国的银行或非银行金融机构对本国的出口商或外国的进口商(或其银行)提供利率较低的贷款，以解决本国出口商资金周转的困难，或满足国外进口商对本国出口商支付货款需要的一种国际信贷方式。(MBA 智库)

6. 平行市场(parallel market)

平行市场是与官方的股票、货币市场同时运作的一种市场，该市场的交易活动发生在政府批准的渠道之外。离岸货币市场可以被视为一个平行的货币市场。(Cambridge Dictionary 整理总结)

7. 准财政活动(quasi-fiscal activity)

准财政活动是国有银行或者企业根据政府的指示开展的财政支出活动，企业和商业银行开展这些活动的利润率通常很低。

准财政活动的例子包括中央银行或其他国有银行提供的补贴性银行贷款，以及国有企业提供的非商业公共服务。一个典型例子是国有企业以低于市场价格提供燃料、电力或水，即提供隐性的价格补贴。如果没有明确列入政府当年的财务报告，准财政活动就成为了一种特殊类型的预算外交易。(International Budget Partnership & International Monetary Fund)

三、启发思考题

(1) 结合"不可能三角"理论，分析本案例中津巴布韦在自有资本流动、固定汇率制度和独立货币政策三者之间的选择对国内汇率波动的影响。

(2) 你认为津巴布韦政府在这场经济危机中的最大政策失误是什么？

(3) 如果你是 RBZ 的行长，为了应对通胀、稳定经济应该采取哪些经济政策？

(4) 你认为津巴布韦发生恶性通货膨胀的最大导火索是什么？

(5) 津巴布韦最终实施了货币美元化，但是这并不是长久之计。从长期来看美元化政策有哪些收益和成本？

参考文献

[1] Amani T. A Consolidated Report on the Food Riots[R]. [S. l.]:Zimbabwe Human Rights NGO Forum,1998:19-23.

[2] Andrew G. Oxford Revision Guides AS & A Level Economics[M]. Glasgow: Oxford University Press,2009:83-84.

[3] Coltart D. A Decade of Suffering in Zimbabwe: Economic Collapse and Political Repression under Robert Mugabe[J]. Development Policy Analysis No. 5,2008.

[4] Kairiza T. Unbundling Zimbabwe's Journey to Hyperinflation and Official Dollarization[M]. Tokyo: National Graduate Institute for Policy Studies, 2009: 09-12.

[5] Susan G, Colin B. Cambridge International AS and A Level Economics[M]. Cambridgeshire:Cambridge University Press,2010:224.

[6] 李伟民.金融大辞典[M].哈尔滨:黑龙江人民出版社,2002:11.

案例 17

美国量化宽松货币政策及其影响

摘要:本文以美国 2009 年至 2014 年实施的三轮量化宽松政策为案例,介绍了美国量化宽松政策的具体内容,深入分析了量化宽松政策对美国经济的影响以及对世界经济和我国经济的溢出效应。具体而言,三轮量化宽松维持了美国金融体系的稳定,推动了美国经济复苏,缓解了美国金融危机后的失业问题。同时量化宽松政策也对外汇市场与国际贸易、国际资本流动和其他国家的货币政策产生了影响。学习本案例有助于学生了解量化宽松货币政策的原理、实施过程以及政策效果。

关键词:量化宽松;溢出效应;资本流动

1 量化宽松的定义

量化宽松(QE,quantitative easing),也被称为大规模资产购买(large-scale asset purchases)政策,是指当传统货币政策应对通货紧缩或过低通货膨胀无效时中央银行采取的非传统扩张性货币政策。"量化"是指创造固定数量的基础货币,"宽松"则指宽松的货币政策。其具体措施是央行从商业银行等金融机构购买大量金融资产,增加基础货币供给并降低利率,为市场提供更多的流动性,缓解商业银行等金融机构的资金压力,稳定金融系统,同时促进国内的投资和消费,刺激经济复苏。

量化宽松政策与中央银行采用的传统扩张型货币政策不同。中央银行的货币政策操作目标主要是利率和基础货币,常用的政策工具包括存款准备金率、公开市场操作和贴现政策等。以公开市场操作为例,央行在金融市场上出售或购买政府担保证券(特别是短期国债)来影响货币供给,同时调节利率,以实现货币政策的最终目标。但是当中央银行的传统货币政策已经不能再发挥有效的调控作用时,例如当一国经济处于萧条阶段,央行运用传统扩张性货币政策将短期利率降至很低的水平,无法再降低利率时,为了应对危机和促使经济复苏,央行只能选择非传统的货币政策来刺激经济。比如央行通过购买大量中长期债券如中长期国债降低长期利率、增加基础货币供给量,一方面解决金融机构和市场流动性资金不足的问题，稳定金融体系；另一方面较低的长期利率有利于增加投资和消费，从而缓解通货紧缩和失业问题。与央行常规的公开市场操作相比较，量化宽松政策在实施过程中买卖的政府债券不仅数量和金额更大，而且期限更长。

中央银行为什么要购买这些证券呢？美联储前主席伯南克指出："借鉴经济学家米尔顿·弗里德曼的观点，当中央银行购买国债或政府支持的企业证券（government-sponsored enterprises，简称GSE）并将这些证券纳入资产负债表时，金融市场上这些证券的供给会减少。此时投资者若想要持有这些证券，他们必须支付更高的价格并接受较低的利率。所以，通过购买中长期国债这类资产可以有效降低资产的中长期利率。此外，由于不再持有国债和GSE证券，金融机构为了平衡其资产组合会转而投资其他证券，如公司债券，这也会提升这些证券的价格，降低此类金融资产的利率，从而降低一些项目的融资成本。通常，较低的利率能够支持和刺激经济。"量化宽松将利率长期锁定在较低水平，央行持续向市场注入流动性，以此来鼓励投资和消费，从而有效刺激经济。历史上，日本于2003年至2006年，以及2013年至今两个时期实行了量化宽松政策；美国于2009年至2014年为应对金融危机和经济衰退实行了量化宽松政策；欧洲也于2015年宣布进入全面量化宽松。本文以美国量化宽松为例，详细介绍量化宽松政策的具体内容以及实施效果。

2 美国量化宽松政策的主要内容及短期效果

从2007年8月至2008年12月，美联储连续10次降息，旨在缓解市场流动性不足问题，联邦基金隔夜拆借利率在短时间内由5.25%降至0.25%以下。然而这一系列政策并没有改善当时萧条的市场环境，通货紧缩压力依然存在，以降低利率为目标的货币政策工具宣告失败。20世纪30年代的惨痛教训使美联储明白，如果无法及时扭转金融市场崩溃和通货紧缩恶化的事态，美国经济必将遭受沉重打击。因此从2008年11月开始，美联储在常规货币政策失效且陷入流动性陷阱的背景下，被迫启动量化宽松货币政策，美联储称其为大规模资产购买计划（见表17-1）。

表17-1 金融危机以来美联储历次大规模资产购买计划

政策	启动时间	结束时间	规模
QE1	2008年11月	2010年4月	买入MBS1.25万亿美元、机构债2000亿美元和长期国债3000亿美元
QE2	2010年11月	2011年6月	买入长期国债6000亿美元
QE3	2012年9月	2012年12月	买入MBS400亿美元/月；进行扭转操作，即买入长期国债卖出短期债券450亿美元/月
	2013年1月	2014年10月	买入MBS400亿美元/月；买入长期国债450亿美元/月

资料来源：Federal Reserve。

该政策的实施直接向市场注入了充裕的流动性，也标志着美国持续 6 年的超宽松货币政策的开端。

2.1 第一轮量化宽松

金融危机给美国经济带来了严重衰退，为了稳定金融市场，解决金融体系的流动性紧张及投资者信心缺失问题，美联储从 2008 年末开始持续购买抵押支持债券(MBS)、长期国债及机构债等金融资产，其目的是向金融机构释放流动性，同时缓解市场恐慌心理。本轮大规模资产购买一直到 2010 年 4 月才结束，持续时间长达约 18 个月。

这轮量化宽松政策的实施导致美国的基础货币迅速增长(见图 17-1)，也缓解了金融机构间流动性紧张问题，补充了市场流动性，避免了金融体系的崩溃。但第一轮量化宽松货币政策仅仅只是为市场补充了流动性和缓解了金融机构的不良债务问题，并未改变市场对未来经济持续走低的悲观预期。故大量金融机构“惜贷”，主要表现为持有大量超额准备金，严格审核借款人的资产和信用状况，甚至不向任何寻贷人放款。因此，尽管美联储通过量化宽松投放了大量的基础货币，但由于金融机构收缩信贷规模，最终进入到实体经济的资金有限。此外，这轮量化宽松并没有解决经济危机后失业率高企、通货紧缩以及消费和投资后劲不足等问题。这些问题均严重阻碍了美国经济的发展，因此半年后美联储被迫启动了第二轮量化宽松。

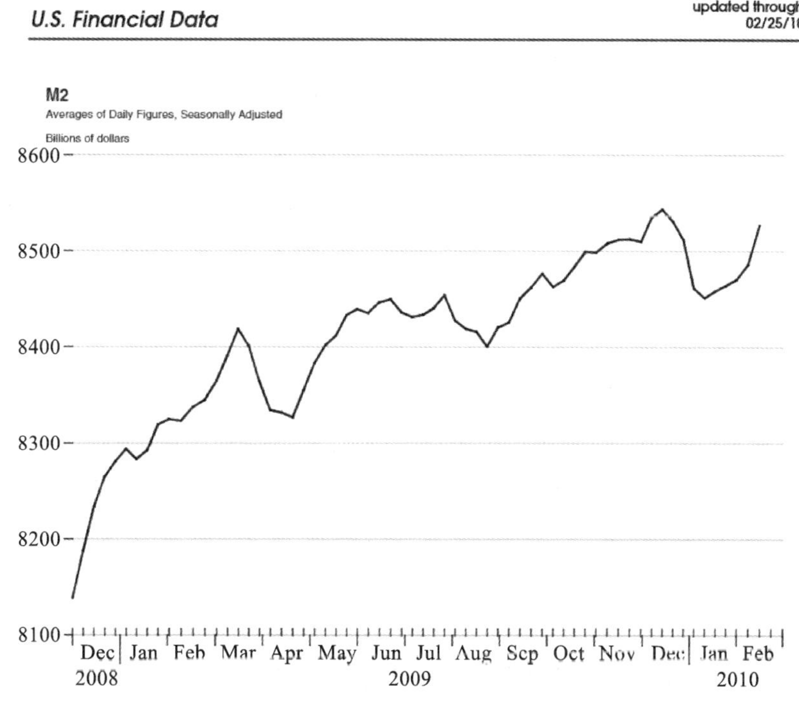

图 17-1 2008 年 12 月至 2010 年 2 月美国 M2 余额变化曲线

资料来源：U. S. Financial Data；February 26，2010。

2.2 第二轮量化宽松

首轮量化宽松使美国金融系统免于崩溃，但此政策对美国经济复苏的刺激作用并不明显，尤其是失业率仍处于9%以上。因此美联储为了刺激经济，于2010年11月正式推出第二轮量化宽松。

这一轮量化宽松计划在8个月内购买总计约6000亿美元的长期国债，以此将中长期利率稳定在较低水平，同时刺激经济增长并降低失业率。第二轮量化宽松结束后，美联储2011年9月21日宣布启动“扭转操作”(operation twist，简称OT)政策，通过卖出短期债券和买进中长期债券继续压低中长期利率，同时稳定基础货币供给，避免美联储资产负债规模过度膨胀。

第二轮量化宽松货币政策主要是通过购买中长期国债降低中长期市场利率。国内中长期利率下降有利于刺激信贷和消费，进而刺激投资和实体经济的复苏。此轮量化宽松货币政策和随后的“扭转操作”达到了使美国长期利率稳定在较低水平的政策目的，但失业等问题仍没有明显改善，未来经济能否走出困境仍具有很大的不确定性。

2.3 第三轮量化宽松

前两轮量化宽松货币政策实施后美国经济并没有出现强劲复苏，失业率仍处在约8%的偏高水平。为了进一步刺激经济并改善就业，2012年9月13日，美联储实施了第三轮量化宽松政策。其核心内容一方面是实施资产购买计划，每月购买400亿美元抵押贷款支持债券，以继续保证市场上宽裕的流动性；另一方面是使用“扭转操作”，在基础货币投放总量不变的前提下，出售短期债券并买入长期债券来压低长期利率，以此鼓励借贷和投资，最终达到促进经济发展的目的。

美联储称，若就业问题得不到有效解决，货币政策将进入“无限量”宽松时代。2012年12月12日，美联储宣布将在2012年底“扭转操作”到期后，扩大现有的资产购买计划，进一步支持经济复苏和改善就业。该操作被解读为美联储开启了第四轮量化宽松，但无论是美联储使用的政策工具，还是最终的政策目标，都与第三轮量化宽松相似，因此也有分析人员认为美联储宣布扩大资产购买计划是第三次量化宽松的延续。

这一轮量化宽松取得了一定的成果，美国GDP恢复稳定增长，失业率也开始缓慢下降。同时，在长时间的宽松货币政策环境下，投资者信心逐渐恢复，投资环境也得以改善。但美联储发布报告称：“本轮量化宽松使国内经济有所恢复，但政策效果并不及预期，并且美联储的政策仅仅是从货币角度对宏观经济进行调控，真正解决美国存在的经济问题还需要各类政策配合。”

3 美国量化宽松政策总体效果

3.1 维护金融体系稳定

在美联储连续大规模购买中长期国债等金融资产后，其资产负债表迅速扩张，资产结构也发生较大变化(见图 17-2),基础货币投放量也成倍增长。美联储不仅通过大规模购买抵押担保债券和中长期国债等金融资产的方式增加货币供给,还允许金融机构以不良资产为抵押来获取美联储和财政部的贷款。在三轮量化宽松政策后,美联储的资产负债规模达到了历史最高纪录,2014 年底已经高达 44977 亿美元,相较危机前整整扩大了 4 倍。量化宽松政策极大地补充了市场流动性,同时美联储通过购买资产的方式挽救了一些陷入危机的金融机构,向市场传递了积极的信号,这既稳定了整个金融体系,又增强了人们对金融系统的信心。

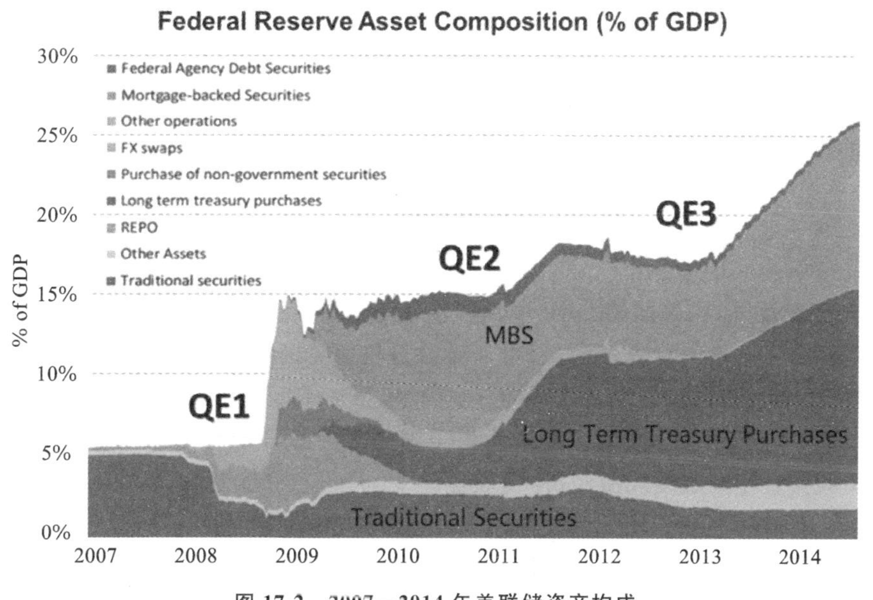

图 17-2 2007—2014 年美联储资产构成

资料来源:Federal Reserve。

3.2 降低失业率水平

降低失业率是量化宽松政策的主要目标之一。为了达到这一目的,美联储购买了大量抵押支持债券和中长期国债以降低长期利率水平,从而大幅降低了企业的融资成本,激发了市场主体的投资热情。企业投资规模的扩大增加了就业岗位数量,改善了就业状况。

据美国劳工统计局(BLS)数据显示,2007—2009 年,美国失业率大幅上升,并于 2009 年 10 月到达 10%的峰值。此后,失业率在量化宽松政策的强力刺激下逐步下降,到 2014 年 10 月,美国失业率降为 5.7%,基本回到了衰退前的水平(见图 17-3)。

3.3 推动 GDP 增长

根据美国国家经济研究局的相关数据,美国经济于 2007 年 12 月之后开始陷入衰退。金融危机后为了使经济恢复,美联储于 2008 年 11 月推出了第一轮量化宽松政策,该政策有效地缓解了金融体系流动性不足的问题,使企业恢复了正常的借贷和生产。从

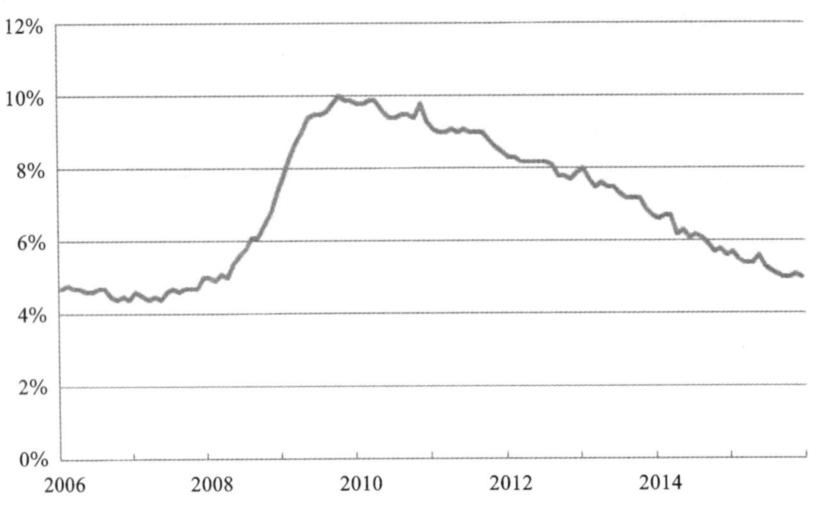

图 17-3　2006 年 1 月至 2015 年 12 月美国失业率变化曲线

资料来源：U. S Bureau of Labor Statistics。

2009 年第三季度开始，美国的 GDP 增长率转变为正数，经济复苏迹象开始显现。

美联储前主席伯南克曾表示，2008 年金融危机使美国经历了自二战后最严重的经济衰退，此次美国经济的恢复会更加艰难。2010 年第三季度第一轮量化宽松结束后，美国的 GDP 增长率又开始下滑，市场普遍认为美国未来的经济走势尚不明朗。为了保持宽松的货币政策环境并继续刺激经济，美联储于 11 月份宣布推出第二轮量化宽松货币政策，该政策使美国的实际 GDP 增长率在 2011 年第二季度达到 2.9%（见图 17-4）。但是 2011 年第四季度后美国 GDP 增长率又出现连续下降，经济复苏速度不及预期，因此美联储 2012 年 9 月再次实行量化宽松货币政策来刺激经济。经过三轮量化宽松政策的刺激，市场信心基本恢复，美国经济的增长恢复了正常水平。

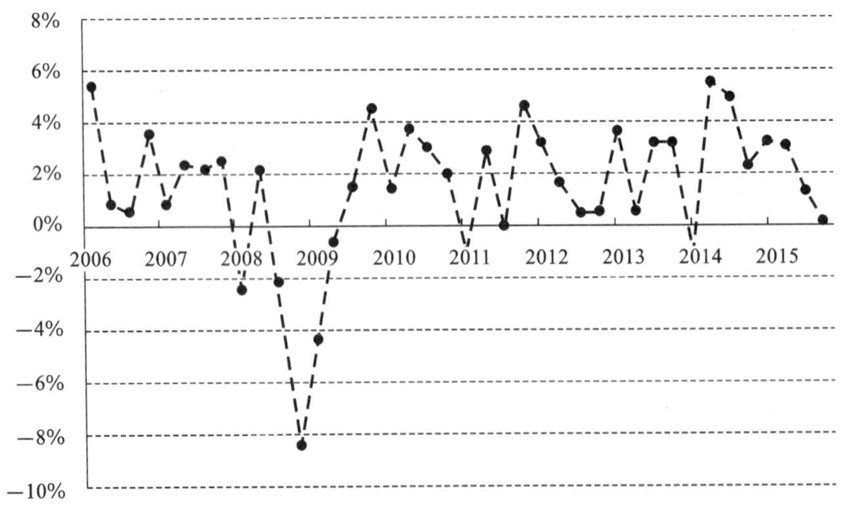

图 17-4　2006 年至 2015 年美国季度 GDP 增长率（季节调整后）曲线

资料来源：Bureau of Economic Analysis。

4 美国量化宽松货币政策对世界及我国的影响

美联储前主席伯南克曾在公共场合明确表示,“量化宽松货币政策不仅有助于推动美国经济复苏,而且通过提振美国需求的增长和民众支出,也有利于全球经济发展”。众多国际国内学者的研究也发现,美国量化宽松政策对世界其他经济体存在明显的溢出效应,一些学者认为量化宽松使世界经济“共同繁荣”,有助于各国经济复苏;而另一些学者认为美国量化宽松政策的实质是“以邻为壑”,美国在量化宽松政策施行后的经济发展有损于其他国家的利益。本文接下来将详细分析美国量化宽松政策对世界及我国的影响,并介绍几种在学术界比较主流的观点。

4.1 量化宽松政策对外汇市场和国际贸易的影响

量化宽松政策增加了美元的货币供给,致使美元贬值。由于美元在国际货币体系中的主导地位,美元的贬值以及过剩的美元进入国际外汇市场都会对其他国家产生影响。第一,美元的贬值会使其他国家的货币面临升值压力,各个国家为应对美元贬值可能会采取不同的外汇政策,这又会对国际外汇市场产生新的冲击,导致国际外汇市场波动加剧。第二,世界上许多资产是以美元计价的,美元贬值导致这类资产的价值降低,例如许多国家会持有美国国债,当美元贬值时这些国家持有的以美元计价的债券贬值。第三,美元的贬值改变了世界贸易格局,一方面美元的贬值增强了美国出口产品的竞争力;另一方面其他货币的升值降低了这些国家出口产品的竞争力,这对以出口为导向的国家产生的影响更为明显。为了维护本国产品在国际贸易中的竞争力,出口导向型国家会使本国货币贬值,这种竞争性的货币贬值可能逐渐演变为贸易壁垒,甚至在将来升级为贸易冲突。

对我国而言,美元贬值对人民币汇率以及出口贸易等方面均产生了明显的影响。首先,自美国实施量化宽松以来,人民币在较长的一段时间内面临着较大的升值压力。量化宽松政策实施前人民币中间价在6.8左右,到2014年初人民币已升值到6.0附近。其次,作为美国最大的债权国之一,我国持有超过一万亿美元规模的美国国债,所以当量化宽松政策使美元贬值后,我国持有的美债实际价值会大幅下降。最后,关于美国量化宽松政策对我国出口贸易的影响,有些学者认为短期内量化宽松政策导致的人民币升值会降低我国产品的出口竞争力,但量化宽松推动了美国经济复苏,也有助于我国出口规模较快增长。另一些学者研究表明,由于量化宽松引起的全球贸易摩擦以及金融危机后全球贸易网络的重构,长期来看也会对我国出口贸易造成不利影响。相关实证研究也发现人民币汇率和我国对外贸易差额与主要国家的货币政策之间有明显的联动关系,美国量化宽松政策确实通过汇率和贸易渠道对我国经济产生了影响。

4.2 量化宽松政策对国际资本流动的影响

作为国际市场中最重要的结算货币,美元在国际市场中有较强的流动性。美国量化宽松为美国国内金融市场提供了充裕的流动性,而且由于量化宽松政策大量购买中长期债券，美国国内的投资回报率处于较低的水平。因此，量化宽松产生的过剩资金会去寻找回报率更高的投资机会。根据某些学者估算，大约有60%的美元会通过国际资本流动流向国外，进而对其他国家的经济产生影响。

第一，量化宽松形成的过剩资金，可能会进入国际大宗商品市场。自2009年美国推出量化宽松政策以来，国际金价、油价及有色金属等大宗商品价格不断上扬。由于黄金等资产具有比较稳定的投资价值，很长一段时间内被投资者们视为优质的"避险资产"，因此在美国量化宽松政策使国内的中长期利率普遍降低后，这些大宗商品就成为美国国内投资良好的替代品。大量过剩资金流入大宗商品市场，一方面会抬高原油、金属等工业原料的价格，从而增加一些工业制造国家的生产成本，造成"输入型通货膨胀"。另一方面，大量资本的进入会加剧大宗商品市场的波动，有学者研究发现美国的量化宽松政策改变了国际大宗商品市场的长期记忆性特征，即新政策的冲击对大宗商品市场波动产生的影响会持续更长的时间，这与国际资本流动的投机性特征增强有关。

第二，量化宽松形成的过剩资金，可能会以直接投资的形式进入其他国家，尤其是新兴经济体。由于量化宽松使美国本土的投资回报率下降，因此一些资本会选择投资于其他国家的资产或金融市场以获取更高的投资回报。新兴市场国家由于市场发展程度较低，某些金融制度还不健全，存在较多的套利机会，因此成为国际资本流入的主要目的地。国际资本投资于新兴市场国家的房地产市场、股票市场等资产市场，推高了这些国家的资产价格，在前期促进了这些国家的经济复苏。但随着时间推移，大量的过度投资和无效投资也使这些国家形成了较大的资产泡沫。当美联储宣布逐渐退出量化宽松时，这些投机资本也随之撤出这些新兴市场国家，从而导致这些国家的资产泡沫破灭，产生新的风险。例如2013年市场开始预期美国将退出量化宽松，一些新兴市场国家如印度、菲律宾等国的股市受其影响大幅下跌。而2014年美国真正退出量化宽松后，阿根廷、土耳其等国金融市场也爆发了危机，由此可见美国退出量化宽松政策会对新兴市场国家的金融体系造成巨大影响。

美国量化宽松政策产生的过剩资本溢出也对我国经济有一定的影响。首先，我国面临"输入型通货膨胀"的压力。美国量化宽松政策推高了原油、金属等工业原材料的价格，增加了我国工业产品的成本，我国的物价也随之上涨。同时，量化宽松导致的国际农产品如玉米、大豆等价格上涨，也同样提高了我国国内的物价水平。其次，有学者认为，影响我国房地产价格快速上涨的因素较多，而金融危机后形成的全球性货币宽松环境是其中重要的解释因素。最后，由于量化宽松政策造成国际金融资产价格剧烈波动，我国一些企业在境外投资的金融资产受到影响，存在较大的不确定性。

4.3 量化宽松政策对各国货币政策的影响

基于前两节的分析，美国的量化宽松货币政策对国际外汇市场和国际资本流动都产生了较大的影响，因此，一些国家也进行了相应的政策调整。自美国实施量化宽松货币政策后，欧洲、日本等主要经济体以及一些新兴市场国家也相继推出宽松的货币政策，全球经济进入了一个低利率时代。低利率促进了全球的经济复苏，但世界各国都采用过于宽松的货币政策可能存在一定的风险。比如，当美国逐步退出量化宽松政策时，在一些新兴市场国家中的投机资本会迅速撤离，此时这些新兴市场国家为了避免大量资本外流也不得不相应提高本国利率。由于新兴经济体经济基础较弱，加息可能会加速国内资产泡沫的破裂，导致资产市场暴跌甚至引发经济危机和大范围的经济萧条。

我国的货币政策相对独立，受美国量化宽松政策的影响有限。在金融危机后我国经济逐渐恢复，同时受到国际大宗商品价格上涨的影响，国内经济整体面临通货膨胀压力。在此情景下，为了应对美国量化宽松政策造成的人民币升值压力，我国央行不得不在外汇市场进行对冲，这又会进一步增加货币供给量。因此，我国在制定货币政策时既需要应对人民币升值压力，又需要避免过高的通货膨胀，政策制定面临挑战。从图 17-5 中可以看出，我国外汇储备在 2008 年至 2014 年一直处于增长之中。而我国的通货膨胀率除了在 2010 年末到 2012 年初这段时间居于高位，其他时间均处在 2% 至 3% 这一温和区间，如图 17-6 所示。

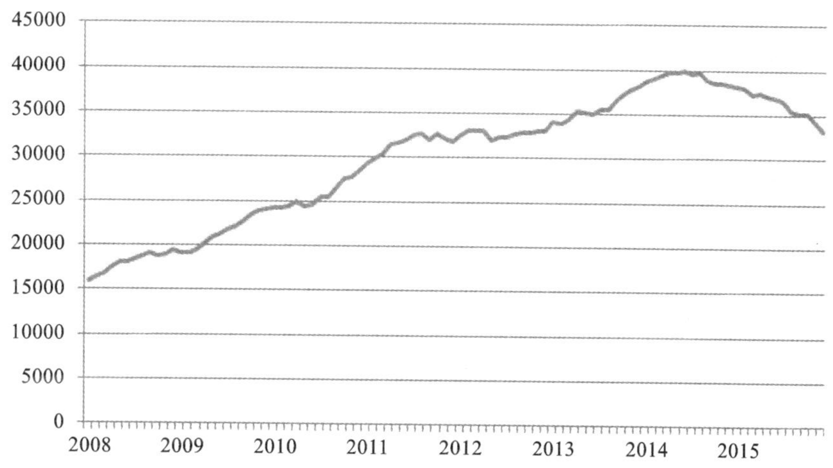

图 17-5　2008 年至 2015 年中国外汇储备规模月度数据（单位：亿美元）

资料来源：国家外汇管理局。

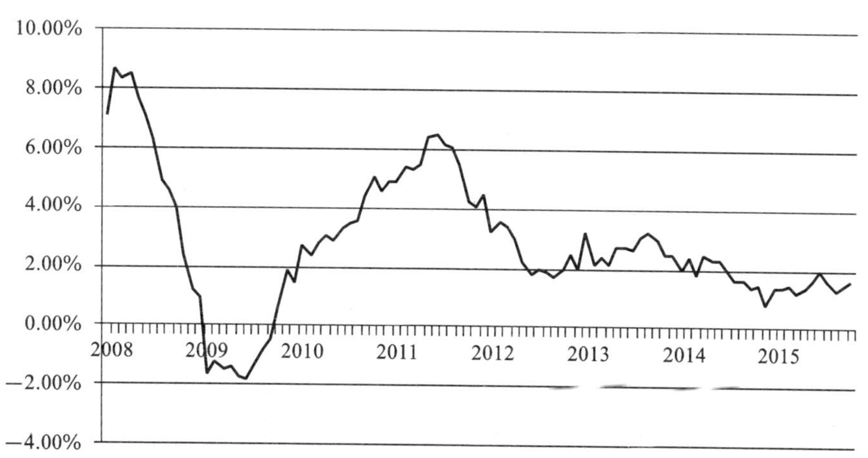

图 17-6　2008 年至 2015 年中国 CPI 月度数据

资料来源：国家统计局。

5 总结

量化宽松货币政策为美国金融体系注入了流动性，刺激了美国经济的复苏，使美国的失业率逐渐下降到了历史的低位，美国股市也不断创造新高。但不可否认的是，量化宽松导致的流动性泛滥也使一些大量持有美元资产的国家遭受重大损失。正如美联储前主席伯南克所说："经济是使一切回归正途的基础，货币政策虽然可以刺激经济，但不能解决所有问题。"所以，更重要的是总结过往的经验和教训，在下次危机到来之时提出更合理的解决方案。

案例使用说明

一、关键点

本案例介绍了量化宽松政策的主要内容及政策目的，并以2008年金融危机后美国实施的三轮量化宽松政策为例详细分析了量化宽松政策的政策效果以及量化宽松货币政策对全球经济的溢出效应和对我国经济的影响。本案例的关键点如下：

(1) 理解量化宽松货币政策的定义与本质内涵以及与传统扩张型货币政策的区别与联系。

(2) 了解美国三轮量化宽松货币政策的内容以及政策效果。

(3) 辩证地分析美国量化宽松政策对世界及我国的影响。

二、知识点

1. 量化宽松(quantitative easing，简称QE)

量化宽松也被称为大规模资产购买政策(large-scale asset purchases)，是指当传统货币政策刺激经济无效时，中央银行采取的一种非传统的扩张型货币政策。具体而言，中央银行通过在市场上大规模购买政府担保债券，为市场注入流动性并将利率维持在较低的水平。其政策目的是维护金融系统的稳定，扩大投资和消费，以解决通货紧缩和失业问题。

2. 货币政策(monetary policy)

货币政策是指中央银行为实现特定的政策目标，运用各种工具调节货币供给量和利率，进而影响宏观经济所采取的一系列政策措施。货币政策的主要工具有存款准备金率、公开市场操作和再贴现率；货币政策的操作目标包括基础货币量和基准利率；货币政策中介目标包括货币供应量和各种类型的利率；货币政策的最终目标是经济增长、充分就业、物价稳定和国际收支平衡等。

3. 收益率曲线(yield curve)

收益率曲线指一组风险相同但期限不同的债券的收益率连成的曲线。

4. 扭转操作(operation twist,简称 OT)

扭转操作实质上是一种形式特别的公开市场操作,是指央行在保证基础货币供应量不变的前提下,卖出较短期限的政府担保债权的同时买入相同数额较长期限的政府担保债权,从而调整收益率曲线结构,进一步降低中长期利率。与第一阶段的量化宽松只是单纯购买中长期债券不同,扭转操作的手段是双向进行的。由于买入与卖出国债的数额相同,所以不会改变市场的基础货币量;同时政府担保债券的长期利率下降也会促使投资者转而投资于其他类型的中长期债券,如企业债券,刺激实体经济的投资,以增加就业并避免通货紧缩。从理论上说,这样的操作相当于使国债收益率曲线的较远端向下弯曲,降低了长期国债收益率从而降低长期利率,引导市场投资向长期转化。

5. 输入型通货膨胀(imported inflation)

输入型通货膨胀是指由于外国的生产要素或者产品价格上涨,导致国内物价水平持续上涨,在经济开放且经济体量较小的国家比较常见,又被称为斯勘的纳维亚小国型通货膨胀。

三、启发思考题

通过学习本案例,了解美国量化宽松政策的相关知识后,请思考以下问题:

(1) 结合货币政策调控经济的相关原理和美国经济的现实情况,试分析金融危机期间传统货币政策失灵的原因以及美国量化宽松政策刺激经济、改善就业的传导机制。

(2) 结合金融机构资产负债表的相关知识,分析量化宽松货币政策对美联储以及金融机构资产负债表的影响。

(3) 试分析美联储退出量化宽松对全球经济产生的影响。

(4) 为应对美国量化宽松政策对我国带来的挑战,我国采取的措施是什么?

参考文献

[1] Belke A, Gros D, Osowski T. The effectiveness of the Fed's quantitative easing policy: New evidence based on international interest rate differentials[J]. Journal of International Money & Finance, 2017, 73(PT. B): 335-349.

[2] Christensen J H, Rudebusch G D. The response of interest rates to US and UK quantitative easing[J]. The Economic Journal, 2012, 122(564): 385-414.

[3] Curdia V, Woodford M. Technical Appendix: The Central Bank's Balance Sheet as an Instrument of Monetary Policy[J]. Ssrn Electronic Journal, 2010.

[4] Fratzscher M, Lo D M, Straub R. On the international spillovers of US quantitative easing[J]. The Economic Journal, 2017, 7(3): 113-161.

[5] Joyce M, Miles D, Scott A, et al. Quantitative easing and unconventional monetary

policy-an introduction[J],The Economic Journal,2012,122(564):271-288.

[6] Kapetanios G,Mumtaz H,Stevens I,et al. Assessing the economy-wide effects of quantitative easing[J]. The Economic Journal,2012,122(564):316-347.

[7] Krishnamurthy A, Vissing-Jorgensen A. The effects of quantitative easing on interest rates: channels and implications for policy [J]. National Bureau of Economic Research,2011,42(2):215-287.

[8] Ramon E,Caldentey P. Quantitative Easing (QE),Changes in Global Liquidity, and Financial Instability[J]. International Journal of Political Economy, 2017, 46(2-3):91-112.

[9] 刘晓兰,赖明勇.美国量化宽松货币政策对中国溢出效应研究——基于贸易渠道分析[J].财经理论与实践,2014,35(05):2-7.

[10] 路妍,吴琼.量化宽松货币政策调整对人民币汇率变动的影响分析[J].宏观经济研究,2016(02):137-149.

[11] 苏治,尹力博,方彤.量化宽松与国际大宗商品市场:溢出性、非对称性和长记忆性[J].金融研究,2015(03):68-82.

[12] 张靖佳,孙浦阳,古芳.欧洲量化宽松政策对中国企业出口影响——一个汇率网状溢出效应视角[J].金融研究,2017(09):18-34.

案例 18

欧债危机与欧洲央行的货币政策

摘要:欧债危机期间,欧洲央行采取了一系列货币政策来调控经济。本案例介绍了欧债危机的起因、经过及对欧元区尤其是金融市场的影响,深入分析了欧洲央行的常规货币政策以及非常规货币政策的工具及传导机制。在此基础上,比较分析了危机期间欧洲央行货币政策与美国的“量化宽松”政策的区别和联系,并评述了两者的实施效果。

关键词:欧债危机;欧洲央行;货币政策工具;货币政策传导机制

1 引言

继次贷危机爆发之后,欧债危机爆发,欧元区金融市场的流动性趋紧,信贷急剧收缩,实体经济得不到恢复。像希腊等国家由于债台高筑,国债收益率飙升,增加了政府的融资困难,财政政策的调控受到限制。危机期间,高额的风险贴水以及流动性陷阱的存在,常规的货币政策在危机期间作用有限,欧洲中央银行采取了一系列非常规的货币政策,旨在缓解金融市场流动性趋紧的局面,扩张信贷,刺激投资和消费。

纵观货币金融学的发展历史,不少经济学家从理论上探讨了货币政策的有效性,而欧债危机中欧洲央行货币政策的调控过程为我们提供了一个如何理论联系实际运用货币政策应对国家间债务的经典案例,研究欧洲央行在债务危机期间的货币政策对防范国际间的债务危机与传染以及制定合理货币政策具有一定的指导作用。

2 欧债危机的起因和经过

2.1 欧债危机的爆发

2008 年美国次贷危机爆发,随后危机蔓延至全球,各国开始运用财政政策和货币政策稳定经济。在欧元区，欧洲央行负责统一实施货币政策，以稳定物价水平为目标。在此背景下，当经济危机到来时，欧洲各国主要依赖财政政策刺激经济，从而导致财政赤字不断扩大，国债违约风险不断上升，为债务危机埋下了伏笔。

受美国次贷危机的影响，欧洲最早出现问题的是冰岛。2008 年冰岛银行出现巨额坏账，大量外债无法偿还，金融危机爆发，不得不向国际货币基金组织寻求贷款，由于国际救助及时加之冰岛政府实施了有效的财政政策和货币政策，其债务问题并未酿成较大全球性金融动荡。2009 年希腊的主权债务问题凸显，由于希腊的经济发展对外依赖度太高，在出口急剧萎缩的情况下，政府不得不动用大规模资金来救市。2009 年希腊政府赤字占 GDP 比重高达 12.7%，远远超过欧盟规定的 3%，三大国际评级机构相继调低希腊债务评级，国际投资者开始对希腊政府失去信心，希腊国债收益率飙升，政府借贷成本加大，无力应付国内的经济疲软。随后，西班牙等国家也相继爆出财政问题，债务危机逐渐蔓延至整个欧洲。

2.2 欧债危机发生的原因

欧债危机的爆发，既有外因——美国次贷危机的冲击、国际资本的攻击，也有内因——欧元区各成员国经济发展水平差异很大，区域之间发展不平衡，某些国家产业结构不合理，经济发展过度依赖信贷，房地产泡沫严重，以维持低通胀，保持欧元对内币值稳定为目的的统一货币政策无法满足每个国家的需要，在经济危机到来时，各国分散的财政政策和统一货币政策无法协调发挥作用。类似于货币政策的“不可能三角形”，欧元区也面临着独立的货币政策、资本的自由流动及盯住通货膨胀这三者不可能同时实现的困境，一旦选择了盯住通货膨胀以及资本的自由流动，各国基本就丧失了运用货币政策解决国内危机的能力。在外债高启、风险贴水不断上升的危机期间，货币政策无法和财政政策保持一致。在次贷危机爆发后，由于缺乏独立的货币政策，成员国只能采用单一的财政政策应对各项冲击，致使政府赤字更加严重，特别是在金融危机蔓延时，放松财政监管，导致各国债务飞速增加。

3 欧债危机对欧元区金融市场的影响

欧债危机降低了金融市场的流动性，由于存在风险溢价，政府不得不以更高的成本进行借贷，这反过来又加重了政府债务负担，风险溢价再次上升，形成了一个恶性循环。由于政府的债务问题得不到解决，政府无法动用更有效的财政政策，国内经济形势恶化，市场的避险情绪明显，国际资本逃离欧元区，尤其是重债国。由此，政府债务违约风险上升引发了整个欧元区金融市场的流动性下降，严重阻碍了欧元区的经济恢复，也充分暴露了欧洲一体化进程中亟待解决的一些制度问题，给欧洲一体化进程蒙上了一层阴影。

3.1 重债国国债收益率上升

2010 年 1 月到 5 月，债务危机较为严重的 5 个国家的 10 年期国债收益率开始攀升。

图 18-1 是 2009 年 10 月至 2012 年 12 月欧元区 6 个国家的 10 年期国债收益率与德国的利差，其中除法国外，其他 5 个国家都是重债国。

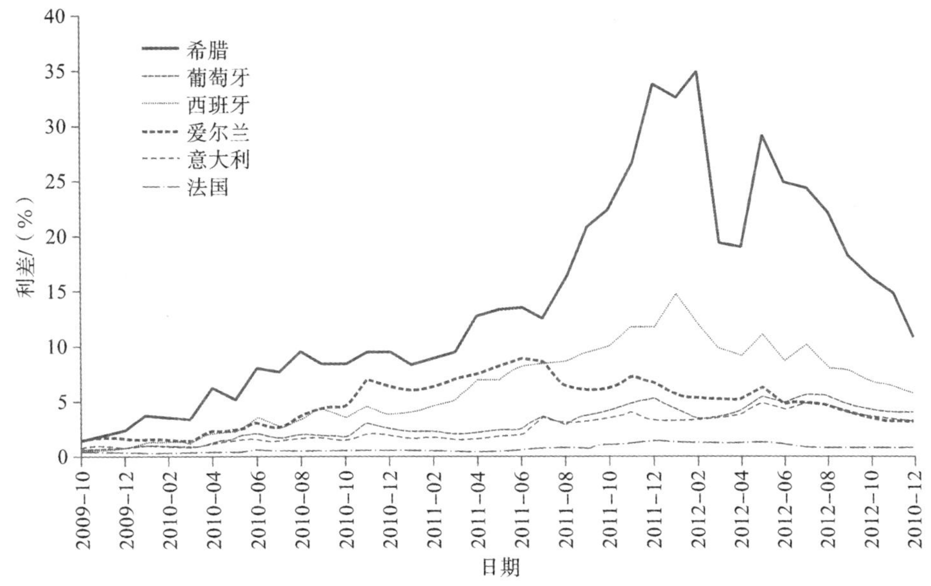

图 18-1 欧洲六国与德国 10 年期国债收益率的利差

资料来源：英为财经，每周收盘价绘制。

从图 18-1 中我们可以看到，法国的国债收益率与德国的国债收益率利差波动很小，其他 5 个国家利差在大部分时间里呈现出上升趋势。虽然由于欧洲央行的干预，10 年期国债收益率的利差在这期间出现过下滑，但是总体来看，利差扩大的时间居多。如图18-2所示，2011 年下半年重债国的国债收益率迅速大幅拉升，2012 年 2 月，希腊和德国国债收益率利差为 3478 个基点(英为财经)，打破前期历史高位。10 年期国债收益率的上升，直接反映了国际投资者对欧元区的信心逐渐下降，信贷收紧，欧洲各国政府的借贷成本升高。

3.2 欧元区银行长短期融资市场不确定性增加

首先，欧元区银行最主要的长期融资市场是欧元区担保债券市场。国债收益率上升意味着相对应国债价格的下跌，同时也意味着银行资产、抵押品价值的下降，给银行的经营带来了巨大压力。在欧洲央行第一轮担保债券购买计划刺激下，欧元区担保债券利差从 2009 年 5 月开始下降，但 2009 年 12 月至 2010 年 5 月期间显著回调。

其次，从 2009 年末到 2010 年上半年，希腊债务危机还没有扩散至欧洲其他地区，银行间短期融资市场的流动性仍然较为乐观。在此期间，由于前期欧洲央行出台的非常规货币政策，货币市场的 3 个月欧洲银行间欧元同业拆借利率(Euribor)与隔夜指数掉期利率(OIS)的利差从 0.334%缩小为 0.265%，这一事实反映出银行间的短期融资市场在危机初期仍然比较平稳。而 2010 年 6 月至 2011 年 5 月该利差出现波动，但均值维持在较低水平。随后，随着欧债危机的扩散，该利差逐步扩大，并于 2011 年 12 月上涨到

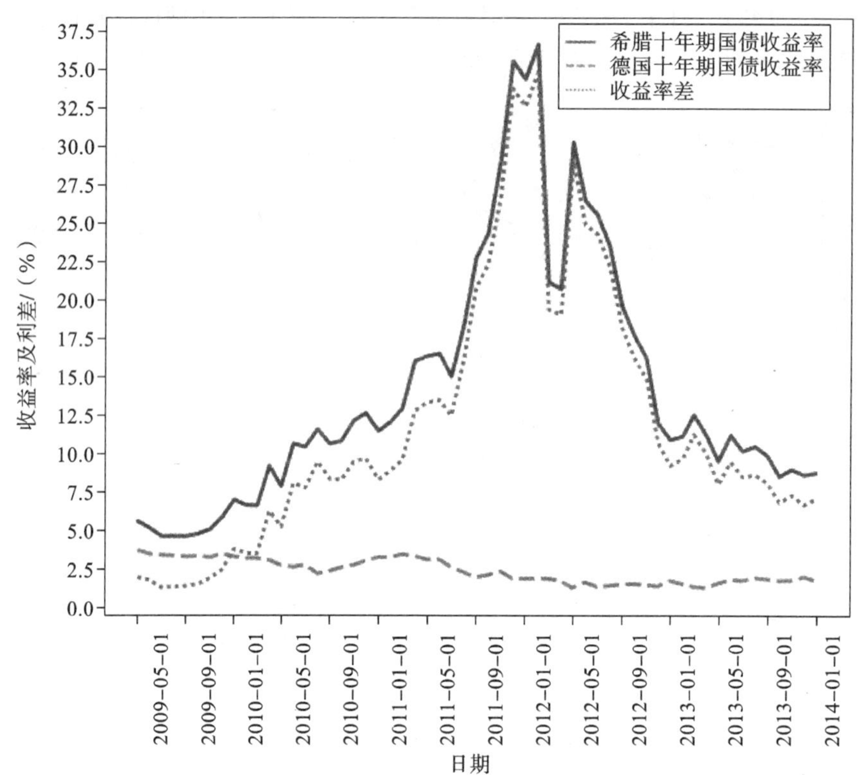

图 18-2 希腊与德国 10 年期国债收益率及其利差

资料来源：英为财经，每月收盘价绘制。

1.022%的最高点。

3.3 银行信贷收缩，重债国实体经济发展受阻

欧洲债务危机导致金融市场流动性趋紧，也使银行更加注重流动性管理以避免挤兑风险和市场的不确定性，银行的惜贷情绪上升。有关数据表明，在危机期间，银行信贷增长率较低，甚至在 2010 年出现了环比负增长的情况，较少的资金流入实体经济是危机期间欧洲各国经济疲软的一个重要原因。

欧洲央行在 2011 年初至 2013 年上半年，对德国(DE)、法国(FR)、西班牙(ES)和意大利(IT)四国的 SMEs(中小企业)所面临的最重要的问题包括竞争强度、劳动力生产的成本、监管、有技能的职员和有经验经理的可得性、找到客户及融资的难易程度进行了调查。调查发现相对德国和法国，西班牙和意大利融资更加困难，欧债危机结束后，这两个国家中小企业的融资水平才回到欧元区的平均水准(见图 18-3)。在 2017 年的一个相似的调查中，欧洲央行将中小企业融资的难度划分为 1～10 个不同标准，数值越大表明融资难度越高。希腊 SMEs 的评分最高为 6.2，而整个欧元区的平均值在 4.5，意大利、爱尔兰、葡萄牙的评分为 5，这反映出危机期间重债国信贷收缩使得中小企业融资难度加大，拖慢了实体经济的发展。

总之，在欧债危机期间，由于欧洲金融市场的流动性趋紧，实体经济的融资成本上

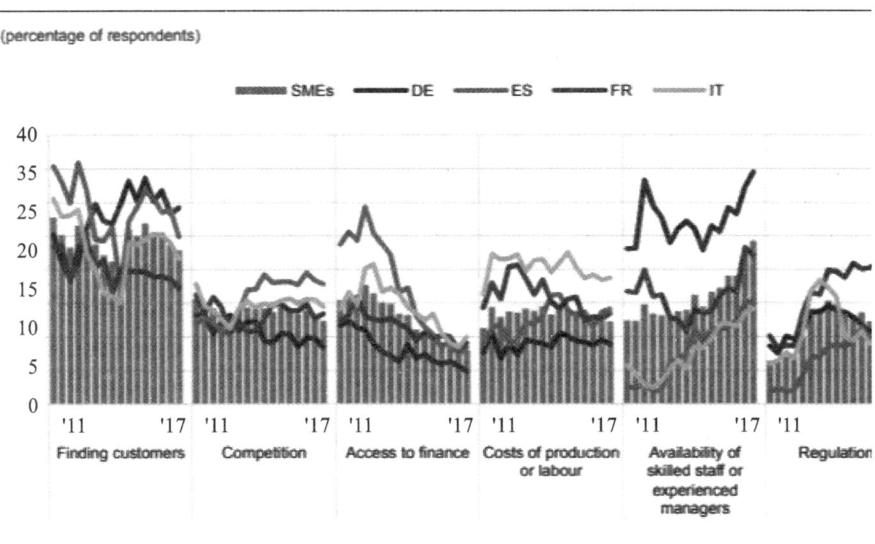

图 18-3 欧元区 4 个国家 SMEs 面临的最重要的问题

资料来源:欧洲央行 Survey on the Access to Finance of Enterprises in the euro area October 2017 to March 2018。

升,拖慢了整个欧元区经济复苏的进程,使得欧元区的经济政治面临诸多挑战,成员国的矛盾也体现出来。欧洲央行对重债国实施救助,实际上是拿着债权国纳税人的钱去救助债务国,例如直接购买重债国的债券就曾经遭到过德国的反对。同时,这可能会引发债务国的道德风险问题,这些因素都对欧洲一体化进程提出了挑战。

4 欧债危机期间欧洲央行的货币政策

一国调控宏观经济的两大政策——财政政策和货币政策的有效性一直是学术界争论的话题,其中对央行能否利用其货币政策达到“熨平”经济的效果一直没有形成统一的认识,以有效需求理论为基础的凯恩斯主义,以弗里德曼为代表、主张“单一规则”货币政策的货币主义以及新古典主义等学派的观点都不尽相同。近年来的一些研究表明,尽管购买流动性较差的资产并不是传统利率政策的完美替代品,但在金融市场上,中央银行运用有针对性的目标资产购买等非常规货币政策是有效的,特别是在利率达到或接近零下限时,这种资产购买能显著改善福利。因此,为了应对欧债危机,欧洲央行不仅运用了常规的货币政策工具,也进行了非常规的货币政策操作。

4.1 欧洲央行常规货币政策工具及其局限性

欧洲中央银行简称欧洲央行,是负责欧元区欧盟成员国货币政策的中央银行,其主要职能之一是制定货币政策,包括设定货币政策目标、关键利率、欧元体系储备供应以及实施这些决定的指导方针。欧洲央行货币政策的首要目标是保持物价稳定，即在中期内使欧元区每年的消费物价指数涨幅接近但低于 2%。而公开市场操作、最低法定准备金率和常设便利是欧洲央行实现其物价稳定目标的三大常规政策工具，其中，公开市场操作分为主要再融资业务、长期再融资业务、微调操作和结构操作。主要再融资业务和长期再融资业务是两大常用的再融资业务。主要再融资业务的利率是欧洲央行的杠杆利率，类似于基准利率，主要再融资业务相当于一个 7 天的逆回购，为银行提供短期流动性；长期再融资业务期限一般为 3 个月，为银行提供较为长期的流动性。最低法定准备金率则规定了银行最低持有的准备金比例。而常设便利(Standing Facilities)包括存款便利(Deposit Facility)和边际贷款便利(Marginal Lending Facility)，实际上是欧洲央行提供的隔夜拆借服务。存款便利是指金融机构将多余的头寸存入欧洲央行，所对应的利率就是存款便利利率，该利率是隔夜拆借的最低利率；而边际贷款便利利率是指金融机构以符合规定的抵押品作为抵押从欧洲央行获得隔夜流动资金的利率，也是隔夜拆借的最高利率。

在上述的三大工具中，欧洲央行最常用的工具是公开市场业务和常设便利，表 18-1 为欧洲央行在危机期间的主要再融资利率和常设便利利率。2008 年开始的金融危机使各国承受较大的经济下行压力，为应对金融危机，向市场投放更多的流动性，欧洲央行被迫从 2008 年 10 月 15 日起不断下调主要再融资利率，至 2009 年 5 月 13 日，这一利率已降至 1%水平，致使通胀抬头。由于欧洲央行在危机之前一直实施以控制通货膨胀为目标的货币政策，物价上涨的社会舆论压力迫使欧洲央行在 2011 年的 4 月和 7 月将主要再融资利率提高至 1.25%和 1.5%，以抑制通胀水平。然而，随着欧债危机的加剧，这些欧洲国家难以在国际金融市场上获得流动性。为了刺激产出和就业，欧洲央行从 2011 年 11 月开始通过常规货币政策工具多次降低利率，同年 12 月宣布将 2%的储备金率降至 1%。至 2013 年 11 月，主要再融资利率下跌至 0.25%这一空前的低水平；同时，欧洲央行将存款便利利率和边际贷款利率分别下调至 0%及 0.75%。

表 18-1　欧洲央行三大利率指标

利率指标 / 日期	存款便利	主要再融资业务 (fixed rate tenders)	边际贷款便利
2008.10.15	3.25	3.75	4.25
2008.11.12	2.75	3.25	3.75
2008.12.10	2.00	2.50	3.00
2009.01.21	1.00	2.00	3.00
2009.03.11	0.50	1.50	2.50
2009.04.08	0.25	1.25	2.25
2009.05.13	0.25	1.00	1.75
2011.04.13	0.50	1.25	2.00

续表

利率指标 / 日期	存款便利	主要再融资业务 (fixed rate tenders)	边际贷款便利
2011.07.13	0.75	1.50	2.25
2011.11.09	0.50	1.25	2.00
2011.12.14	0.25	1.00	1.75
2012.07.11	0.00	0.75	1.50
2013.05.08	0.00	0.75	1.00
2013.11.13	0.00	0.25	0.75

资料来源:欧洲央行。

然而在欧洲发生主权债务危机背景下,常规货币政策具有一定的局限性,主要表现在以下方面:其一,在经济不确定性增加时,为了回避危机期间上升的违约风险和流动性风险,银行通常惜贷,不愿扩张信贷,情愿持有较多超额准备金,企业也不愿投资,居民消费收缩,通过常规货币政策投放到银行体系的钱并没有进入实体,金融机构信贷传导机制被堵塞;其二,欧债危机期间,在欧洲央行多次降低利率后,利率已经处于历史低点。当欧洲央行继续通过常规货币政策向市场投放流动性时,人们不愿再购买金融资产,宁愿持有货币。因此,再融资利率几乎没有下降的空间,利率可能陷于凯恩斯的流动性陷阱,利率传导机制也被阻塞。在此情景下,实施非常规的货币政策十分必要。

4.2 欧洲央行的非常规货币政策操作

在欧洲债务危机期间,金融机构信贷传导机制失灵,企业外部融资成本大幅上升,特别是传统的货币政策在遭遇"流动性陷阱"时,无法影响长期利率及有效地刺激经济。为了迎接危机所带来的前所未有的挑战,欧洲央行开始运用非常规货币政策来解决金融机构及其他私人部门融资的问题,疏通货币政策传导渠道。自 2007 年金融危机开始以来,欧洲央行出台了多项非常规货币政策来应对危机不同阶段带来的挑战。

在金融危机的第一阶段,欧洲央行非常规货币政策的主要目标是向银行提供流动性,保持金融市场正常运行。2008 年秋季,银行很难从银行间市场获得融资,因此不再依赖相互借贷,欧洲央行也修改了其信贷方案,采用固定利率全额分配方法,即以固定利率向银行提供无限制的信贷。此外,还扩大了可用作再融资业务抵押品的合格资产的范围。

在危机的第二阶段,欧洲发生主权债务危机,欧洲央行采取了购买债务证券(证券市场计划)、进行长时期的再融资操作(VLTROs)以及宣布有条件的直接货币交易(OMT)等非常规货币政策措施,旨在解决市场失灵问题,减少不同欧元区国家企业和家庭面临的融资条件差异。

在危机的第三阶段,欧洲央行的非常规措施主要防范信贷紧缩和通货紧缩的风险。

由于短期利率已接近于零，欧洲央行的非常规措施意在影响与欧元区融资条件相关的整个利率，包括：①存款便利的负利率；②有目标的长期再融资操作（TLTROs），旨在支持银行向企业和家庭提供贷款；③涉及私营和公有机构证券的资产购买计划，对利率期限结构施加下行压力；④前瞻性指导，即中央银行通过传达其预计的未来经济状态、货币政策可能的发展方向以及哪些条件值得改变政策立场来引导未来利率的预期，使市场预期与央行目标预期靠拢的现代货币政策工具。

欧洲央行采取的非常规货币政策主要为两大系列：加强信贷支持和证券市场计划。加强信贷支持是指采取主要以银行为基础的特别措施，旨在增加银行的信贷流动，超越通过政策性降息可以达到的目标。其目的是向银行体系注入流动性，缓解金融机构的惜贷情绪，增强银行在金融市场的融资能力，从而促进银行对实体经济的支持，主要包括固定利率全额分配、长期再融资计划、扩大再融资中抵押品范围、实施担保证券购买计划和货币互换计划等一系列政策组合。例如，扩大再融资中抵押品的范围是指将一些评级较低的国债和部分资产抵押债券纳入抵押品范围；长期再融资计划是指在原来常规的三个月期限货币政策操作的基础上，延长贷款期限；而实施担保证券购买计划与欧洲央行的再融资业务不同，是指通过购买欧元区银行发行的债务证券，为银行提供长期融资支持，从而使银行有能力管理其资产和负债之间的期限错配问题。从 2008 年 9 月开始，受美国次贷危机的影响，经济不确定性增加，欧洲一些银行的批发融资业务也大不如以前，甚至出现了信贷紧缩的风险。欧洲央行在 2009 年 5 月大幅降息，同时加强信贷支持，拓宽银行的筹资渠道，缓解其流动性风险。2009 年 5 月 7 日，欧洲中央银行理事会决定实施担保证券购买方案，该方案采购的名义价值为 600 亿欧元，目的是支持受金融危机影响较大但对银行融资至关重要的特定金融市场部门。2009 年 7 月 2 日，欧元系统启动了第一次担保证券购买计划，开始在一级和二级市场购买担保证券，该方案按计划于 2010 年 6 月 30 日结束。2011 年 11 月，欧元系统又启动了第二次担保证券购买计划，该方案按计划于 2012 年 10 月 31 日结束，名义金额达到 164 亿欧元。欧元体系中央银行计划将两期所购买的担保债券都持有至到期日。2014 年 10 月 20 日至 2018 年 12 月 19 日，欧元系统在第三次担保债券购买计划(CBPP3)下，进行了担保债券的净购买操作。2019 年 1 月，欧元系统继续将 CBPP3 投资组合中持有到期证券的本金再投资，2019 年 11 月 1 日，欧元系统根据第三次担保债券购买计划重启净购买计划。

2010 年 5 月欧洲央行宣布实施证券市场计划，证券市场计划简称 SMP，是指欧洲央行在二级市场购买重债国的政府债券，以提供流动性从而缓解严重阻碍货币政策传导机制的某些市场部门债务风险等问题。该计划旨在降低重债国国债收益率，为政府投资提供资金支持，从而稳定市场恐慌情绪。为了抑制该计划所导致的通货膨胀，欧元系统通过每周流动性吸收操作来冲销证券市场计划释放的流动性。因此，SMP 实际上被官方称为对冲债务货币化工具，在欧洲央行的资产负债表上，这是两个步骤组合的操作：步骤一，结构性操作，欧洲央行直接购买一些受影响国家的政府债券；步骤二，微调、流动性吸收操作，旨在降低由于第一步操作所带来的潜在通胀效应，这种操作一直持续到 2014 年

6月,2014年6月欧洲央行才暂停了每周对证券市场计划注入的流动性进行对冲的微调操作。2012年9月,欧洲央行推出替代证券市场计划的货币直接交易计划,对符合条件的国家,欧洲央行会无保留地从二级市场购入该国政府债券。

在欧债危机期间,由于二级主权债券市场萎缩,某些重债国的中小型公司融资受损。因此,除了进一步降低利率,欧洲央行在二级市场购买政府债券即实施证券市场计划,同时,欧洲中央银行理事会于2011年12月8日宣布进一步强化信贷支持措施,以支持银行贷款和欧元区货币市场的流动性。特别是理事会决定进行两次长期再融资操作(LTROs),期限为36个月,一年后可选择提前还款。为了增加抵押品的可得性,理事会还决定降低某些资产支持证券(ABS)的评级门槛;作为临时解决办法,允许国家中央银行接受符合特定资格标准的额外可执行信用债权(即银行贷款)。

不同于常规的货币政策,欧洲央行的资产购买计划(APP)是一揽子非常规货币政策措施的一部分,这些措施还包括有针对性的长期再融资操作,该计划于2014年年中启动,旨在支持货币政策传导机制,并提供确保价格稳定所需的政策调整。2019年1月至2019年10月,欧元系统完全将APP投资组合中持有的到期证券的本金重新投资。根据理事会的资产购买计划(APP),从2019年11月1日开始,每月将重启净购买200亿欧元,以加强其政策利率的宽松效应。2020年3月12日,欧洲央行理事会决定在2020年年底之前增加1200亿欧元的额外净资产购买。央行在金融市场大规模购买资产相当于绕过了商业银行直接给市场注入了大量的流动性。通过在市场上直接购买企业债券、政府债券等资产,给市场主体提供资金,避免了危机时商业银行惜贷现象导致的货币政策失效。同时,大规模购买资产和前瞻指引,使市场形成预期——利率将会长期维持在较低水平,一方面,稳定了资产价格,缓解了市场恐慌情绪,恢复了公众和投资者的信心;另一方面,降低了企业的融资成本,从而刺激投资和消费,有助于欧元区各国尽快走出危机的阴影。

4.3 欧洲央行与美联储非常规货币政策的比较分析

2007年美国爆发了次贷危机,为了应对金融危机,各国开始大幅度降低利率,同时,也开始运用非常规的货币政策调控经济,其中,以美联储的量化宽松政策最为著名。美联储通过几次大规模资产购买使利率长期维持在几乎为0%的水平,刺激了投资和产出的增长。欧洲央行在危机爆发以后也采取了加强信贷支持和证券市场计划两大系列非常规货币政策工具,相对于美联储,欧洲央行的非常规货币政策有其特殊性和相似性。

4.3.1 政策的目标不同

在基准利率已经达到零下限水平,常规货币政策手段已无实施空间的情况下,美联储推出"信贷宽松"政策来替代常规利率政策,并通过前瞻指引和量化宽松这些非常规货币政策来降低长期利率,从而达到刺激私人部门的信用(借贷)和消费增长的目的。而对欧洲央行来说,非常规货币政策是常规货币政策的补充。由于危机期间常规货币政策的传导机制阻塞,加强信贷支持和证券购买计划这些非常规货币政策是为了疏通银行等金融机构的信贷传导渠道,恢复正常的货币传导机制。当通货膨胀严重时,欧洲央行迫于舆论压力，通过提高利率来降低通胀，并多次借助对冲机制来回笼非常规货币政策释放的流动性。

4.3.2 **政策的工具不同**

美联储的量化宽松主要手段是通过大规模购买政府担保证券，增加基础货币供给，向微观实体注入流动性并将利率维持在较低的水平。而欧洲央行在欧洲债务危机开始阶段以信贷支持为主要工具，即通过银行体系这一中介向市场释放流动性，但随着欧债危机的加深，欧洲央行也开始直接在市场上购买重债国的政府债券。然而由于成员国之间的分歧，资产购买的规模远远低于信贷支持的规模，加强信贷支持仍然是欧洲央行干预欧债危机的主要手段。另外，2012 年证券市场计划被货币直接交易计划所取代，该计划需要成员国提出申请，降低了非常规货币政策的主动性和灵活性。根据相关文献的分析，在市场上直接购买资产比加强信贷支持更加直接有效。

4.3.3 **非常规货币政策对资产负债表的影响**

常规货币政策主要是运用货币政策工具来调节利率，增加或减少货币供给量，从而影响经济增长。而非常规货币政策的实施使得美联储和欧洲央行的资产负债表规模大幅扩张并改变了资产负债表的结构。根据欧洲央行及美联储的数据，截至 2012 年 12 月 31 日，美联储和欧洲央行的资产负债表规模分别大约为 2.9 万亿美元和 2.96 万亿欧元，较危机之前 2006 年 12 月 31 日两者的资产负债表规模 0.9 万亿美元及 1.15 万亿欧元，分别增加大约 2 万亿美元和 1.81 万亿欧元。同时，资产负债表的结构和质量也发生了变化，美联储和欧洲央行作为“最后贷款人”购买不良资产以降低企业风险的行为实际上将风险转移到了美联储和欧洲央行，因此，提高了危机期间美联储和欧洲央行的风险资产比例。然而，美联储和欧洲央行对资产的直接购买等非常规货币政策，缓解了市场流动性的风险，改善了商业银行或私人部门资产负债情况，缓解了市场融资压力，为其他国家应对金融危机提供了借鉴和参考。

5 欧洲央行货币政策的有效性分析

5.1 非常规货币政策对欧元区重债国金融市场的影响

在上述一系列非常规货币政策的干预下，欧元区金融市场流动性紧张得到缓解，银行体系和债券市场的融资功能得到一定程度的恢复。以债市为例，重债国的国债风险溢价在政策实施后大幅回落。从图 18-1 中可以看出希腊与德国的利差在 2010 年 5 月份开始回落，而这个时期正好是欧洲央行开始实施证券市场计划，并且首次允许银行以高风险的希腊国债做抵押换取流动性。随后，欧洲央行在 2011 年 12 月和 2012 年 2 月推出两个规模分别为 4890 万亿欧元和 5000 亿欧元的 3 年期长期再融资方案，利率为固定利率，前者涵盖 500 家银行，后者涉及 800 家银行，同时扩大抵押品的范围，将政府债券和中小企业债券包括进来。根据欧洲中央银行的统计数据，这两笔贷款合计约 1 万亿欧元，占欧元区 GDP 的 10.8%，图 18-1 显示这个时期希腊和德国居高不下的利差大幅回落。

另外，一些学者对欧洲中央银行非常规货币政策有效性进行了研究，发现欧洲央行的证券购买计划确实对降低目标国国债的收益率和风险溢价有帮助。特别是 Falagiarda 和 Reitz(2015)分析了欧洲央行公布的非常规货币政策不同的时间点希腊、葡萄牙、意大利、西班牙、爱尔兰 5 个国家与德国的利差变化，结果表明非常规货币政策降低了风险溢价，至少从短期来看，这些政策增加了重债国金融市场的流动性。

5.2 货币政策对欧元区实体经济的影响

学术界众多学者对欧洲央行的货币政策对实体经济的影响进行了实证研究，研究结果显示欧洲央行的非常规货币政策有效改善了企业的信贷条件，有助于刺激居民的住房贷款和消费贷款增长，对实体经济的增长有一定的促进作用。如果欧洲央行没有实施非常规货币政策，经济增长和通货膨胀指标则会显著低于实施后的水平。

银行贷款是实体经济融资的重要来源，银行贷款供给和需求状况影响着企业的贷款利率和贷款成本，从而影响企业的盈利。欧洲央行用来衡量银行信贷宽松程度的一个指标是信贷标准，该标准越低，表明银行越倾向于提供贷款，因此，该指标可以大致反应银行的贷款供给情况。2011 年下半年，债务危机加重，欧元区的信贷标准激增，根据欧洲银行贷款调查报告的数据，第四季度银行对非银行企业及家庭住房贷款的信贷标准分别为 35%和 29%(见图 18-4)，这表明银行的惜贷情绪十分严重。为了缓解银行的惜贷情绪，欧洲央行于 2011 年 12 月和 2012 年 2 月，实施了两个 3 年期的长期再融资计划，并扩大抵押品范围，使得欧元区信贷标准迅速下降。该货币政策缓解了银行的惜贷情绪，有利于对实体经济的发展。

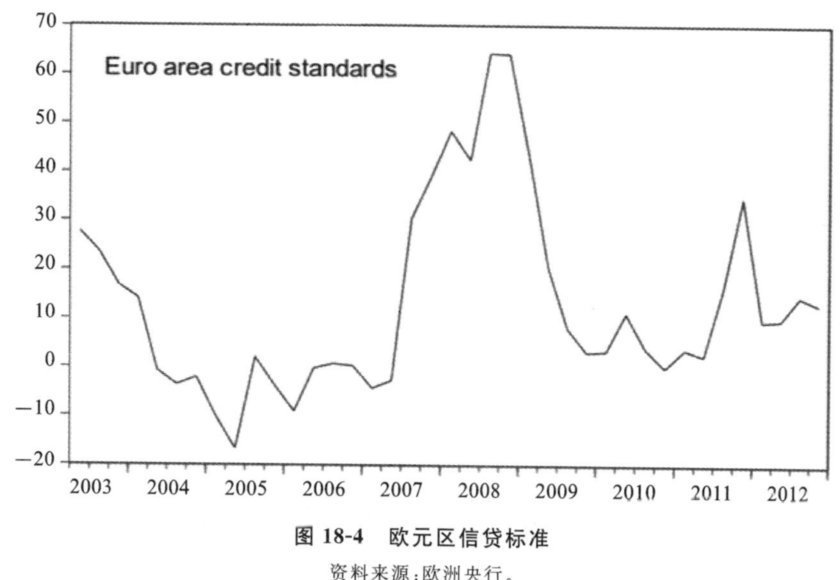

图 18-4 欧元区信贷标准

资料来源：欧洲央行。

但是在信贷需求方面，由于受到世界经济形势的影响，情况仍然不容乐观。表 18-2 描述了 2011 年和 2012 年的银行信贷需求情况。虽然央行非常规货币政策缓解了银行的惜贷情绪，但是从表中可以看出，非银企业以及个人的借贷需求并没有增加，对贷款的需求仍然是负增长，这一情况直到2014年才结束，这在一定程度上削弱了货币政策的效果。由于在此期间的信贷并没有得到十分有效的扩张，对实体经济的促进作用有限，货币政策不足以支持欧元区在短时间内走出债务危机和金融危机的泥潭。

表18-2　2011年和2012年银行贷款需求增长率

日期 贷款需求	2011 Q1	2011 Q2	2011 Q3	2011 Q4	2012 Q1	2012 Q2	2012 Q3	2012 Q4
企业贷款需求	19%	4%	-8%	-5%	-30%	-25%	-27%	-26%
家庭住房贷款需求	-4%	-8%	-24%	-27%	-43%	-21%	-25%	-11%
消费贷款需求	-10%	-3%	-15%	-16%	-26%	-27%	-22%	-14%

资料来源：欧洲央行 Euro Bank lending survey。

6　结论

从以上分析表明在欧债危机期间，欧洲央行的货币政策效果总体上是显著的，主要表现在以下几个方面：①深陷主权债务危机的各主要国家的流动性资金要求基本得到满足，如意大利、西班牙等；②降低了英、法、德等国家出现债务危机的潜在可能性；③缓释了银行机构出现大范围潜在系统性流动性风险。

但是，欧债危机也暴露了欧洲央行的一系列问题。一是危机期间的主要救助框架存在相当程度的道德风险和债务违约风险，购买重债国的债务加大了该国政府的道德风险。二是该救助框架只是一个权宜之计，欧元区需要更加合理规范化的长效机制。欧债危机在一定程度上是制度性矛盾的产物，各国的经济差异、利益冲突及统一的货币政策使欧元区各国在经历经济冲击时更容易发生危机，现有救援框架只是解决流动性问题的缓兵之计。三是政策提振实体经济的作用有限，因为银行信贷渠道不畅，实体经济复苏的效果并不十分理想。与此同时，欧洲央行要密切关注物价走势，防止因资产负债表大幅扩大引发的通货膨胀风险。

解决债务危机的根本之道在于各主要经济体（英国、德国、法国等）偿付能力的实质性提高、成员国财政收支结构的优化和经济结构的完善，这是一个长期的过程，并非短期救援框架所能解决。

案例使用说明

一、关键点

本案例通过分析欧债危机中欧洲央行的货币政策，旨在帮助学生理解欧债危机产生的原因及其影响，特别是危机期间欧洲央行货币政策的工具、传导机制以及影响货币政策有效性的因素。关键点梳理如下：

（1）欧债危机爆发的原因以及影响是理解欧洲央行货币政策的基础；

（2）欧债危机期间，欧洲央行常规货币政策以及非常规货币政策的工具；

（3）欧债危机期间，欧洲央行常规货币政策失效的原因以及非常规货币政策的作用；

（4）比较欧洲中央银行在欧债危机时期的非常规货币政策与美国联邦储备银行在金融危机时期非常规货币政策的差异，有助于帮助学生理解富有创造性的非常规货币政策的不同目的和具体的运作。

二、知识点

1.《马斯特里赫特条约》(Treaty of Maastricht)

《马斯特里赫特条约》正式名称为《欧洲联盟条约》，是 1991 年 12 月在荷兰马斯特里赫特由欧洲共同体（欧共体）政府首脑批准的国际协定，该条约于 1992 年 2 月 7 日签署并于 1993 年 11 月 1 日生效。这一条约是对《罗马条约》(Treaty of Rome)的修订，为欧共体建立政治联盟和经济与货币联盟确立了目标与步骤，是欧洲联盟成立的基础。该条约还规定成立欧洲中央银行制度和实行统一货币（欧元），承诺成员国执行共同外交和安全政策，并呼吁在环境和社会政策等其他问题上加强合作。

2. 欧洲银行间欧元同业拆借利率(Euribor)

欧洲银行间欧元同业拆借利率是指欧元区银行在银行间市场拆借资金的平均利率，该利率被认为是欧洲货币市场最重要的参考利率。其中，拆进利率表示金融机构愿意借款的利率，拆出利率表示金融机构愿意提供贷款的利率。

3. 隔夜指数掉期(Overnight Index Swaps)

隔夜指数掉期简称 OIS，是一种将隔夜利率交换成若干固定利率的利率掉期，用来衡量市场对于中央银行利率预期的指标。在正常的市场情况下，隔夜指数掉期往往低于英国银行间同业拆借利率 (Libor)。

4. 常设便利(Standing Facilities)

常设便利分为存款便利(Deposit Facility)和边际贷款便利(Marginal Lending Facility)，实际上是欧洲央行提供的隔夜拆借服务。存款便利是指金融机构将多余的头寸存入欧洲央行，所对应的利率就是存款便利利率，该利率是隔夜拆借的最低利率；而边际贷款便利利率是指金融机构以符合规定的抵押品作为抵押从欧洲央行获得隔夜流动资金的利率，也是隔夜拆借的最高利率。

5. 前瞻性指引(Forward Guidance)

前瞻性指导是指中央银行通过传达其预计的未来经济状态、货币政策可能的发展方向以及哪些条件值得改变政策立场来引导未来利率的预期，使市场预期与央行目标预期靠拢的现代货币政策工具。

6. 加强信贷支持(Enhanced Credit Support)

加强信贷支持是指采取主要以银行为基础的特别措施，旨在增加银行的信贷流动，超越通过政策性降息可以达到的目标。其目的是向银行体系注入流动性，缓解金融机构的惜贷情绪，增强银行在金融市场的融资能力，从而促进银行对实体经济的支持，主要包括固定利率全额分配、长期再融资计划、扩大再贴现中抵押品范围、实施担保证券购买计划和货币互换计划等一系列政策组合。

7. 实施担保证券购买计划(Covered Bond Purchase Programme)

实施担保证券购买计划与欧洲央行的再融资业务不同，是指通过购买欧元区银行发行的债务证券，为银行提供长期融资支持，从而使银行有能力管理其资产和负债之间的期限错配问题。

8. 证券市场计划(Securities Market Programme)

证券市场计划简称 SMP，是指欧洲央行在二级市场购买重债国的政府债券，以提供流动性从而缓解严重阻碍货币政策传导机制的某些市场部门债务风险等问题。该计划旨在降低重债国国债收益率，为政府投资提供资金支持，从而稳定市场恐慌情绪。

三、启发思考题

(1) 欧债危机爆发的原因有哪些？你认为其中最根本的原因是什么？

(2) 什么是货币政策的流动性陷阱？为什么当利率接近零时，量化宽松的货币政策仍然有效？

(3) 什么是常规货币政策以及非常规货币政策工具？欧债危机期间，欧洲央行如何运用常规和非常规货币政策工具来刺激经济？

(4) 欧洲央行的货币政策在欧债危机时期效果如何？

参考文献

[1] Allen F, Carletti E, Gale D. Interbank market liquidity and central bank intervention[J]. Journal of Monetary Economics, 2009, 56(5): 639-652.

[2] Baldi G, Staehr K. The European debt crisis and fiscal reactions in Europe 2000—2014[J]. International Economics and Economic Policy, 2016, 13(2): 297-317.

[3] Eser F, Schwaab B. Evaluating the impact of unconventional monetary policy measures: Empirical evidence from the ECB's Securities Markets Programme[J]. Journal of Financial Economics, 2016, 119(1): 147-167.

[4] Falagiarda M, Reitz S. Announcements of ECB unconventional programs: Implications for the sovereign spreads of stressed euro area countries[J]. Journal of International Money and Finance, 2015, 53: 276-295.

[5] Ghysels E, Idier J, Manganelli S, et al. A high-frequency assessment of the ECB Securities Markets Programme [J]. Journal of the European Economic Association, 2017, 15(1): 218-243.

[6] 袁佳. 欧债危机中欧央行的救助措施与救助成本研究[J]. 西部金融, 2015(02): 8-13.

[7] 李亮. 欧债危机中欧央行货币政策应对和实施效果[J]. 国际金融研究, 2013(03): 12-21.

案例 19 东南亚金融危机与我国央行降息

摘要:1997 年一场始于泰国的金融危机,迅速席卷亚洲,对世界各国经济造成了严重冲击。尽管东南亚金融危机已经过去 20 多年,但是探讨危机爆发的原因及应对措施对我国经济发展和金融稳定具有一定的现实意义。本文梳理了东南亚金融危机爆发的过程及原因,阐述了金融危机爆发前国内的宏观经济背景,分析了金融危机对我国的影响及央行采取的降息政策。在此基础上,总结了此次金融危机对我国的启示。

关键词:东南亚金融危机;央行降息;金融开放

1 东南亚金融危机的始末

1997 年 7 月,泰国从固定汇率制转向浮动汇率制,一场从泰国开始迅速遍及整个东南亚的金融危机正式爆发。东南亚各国及地区的外汇市场和股票市场均出现了大幅度的下跌,本就脆弱的金融系统遭受了严重的打击。截至 1998 年 1 月,大多数东南亚国家和地区的货币贬值幅度高达 30%至 50%。其中,印尼盾贬值幅度最大,超过了 70%。股市方面,东南亚地区的股市跌幅达到了 30%至 60%。这次金融危机给世界投资者造成的直接经济损失高达 7000 亿美元,相当于第一次世界大战经济损失的两倍多,并且造成了长达数年的经济衰退。

1997 年 7 月 2 日,泰国政府被迫宣布泰铢与美元脱钩,实行浮动汇率制,并且不再干预外汇市场,让泰铢的币值完全由市场决定。当天,在各种市场力量的博弈下,泰铢暴跌 20%。同时,马来西亚、菲律宾和印度尼西亚等与泰国具有相同经济问题和极强经济联系的国家,也受到了泰铢暴跌的冲击。7 月 11 日,马来西亚为了防止林吉特遭受更大幅度的贬值,迅速提高了银行利率,以期加重做空者的卖空成本,为保护货币做最后的努力。同一天,菲律宾宣布允许扩大比索与美元的兑换范围,比索当日应声贬值 11.5%。印度尼西亚也被迫放弃印尼盾与美元的固定汇率,在 7 月 2 日至 14 日的 13 天时间内贬值了近 14%。

席卷东盟诸国的风波尚未平息，中国台湾也开始受到影响。10月17日，台币兑美元汇率创下近十年来的新低。截至当天收盘，股票市场总共下跌165.55点。10月20日，台币继续贬值至1美元兑换30.45台币，股市继续下跌301.67点，台币贬值和股票市场下跌也给中国香港股市带来负面影响。恒生指数于10月21日、27日和28日分别下跌765.33、1200和1400点，三天累计跌幅超过25%。东南亚金融危机的进一步加剧，产生了负面的溢出效应。10月27日，美国股市大幅下挫，道琼斯工业指数暴跌554.26点，迫使纽交所9年来第一次暂停股票交易。10月28日，泰国、新加坡和马来西亚的股票市场跌幅分别达到了6.3%、7.6%和6.6%。11月下旬，韩国股市、汇市相继下跌，至11月底，韩国股票市场跌幅超过20%，韩元兑美元的汇率也下跌了30%。在韩国有大量投资的日本金融业也受到韩元危机的冲击，仅11月份日本就有一系列证券公司和银行相继破产或倒闭，与年初相比，日元兑美元汇率跌幅达到了17.03%。

1998年初，印度尼西亚金融风暴再起，由此开启了东南亚金融危机的第二阶段。1月8日当天，印尼盾跌幅为26%。为稳定印尼盾，2月11日印尼政府宣布将与美元保持固定汇率。由于政府持有大量的外债，该决定遭到美国、西欧、IMF的一致反对，导致印尼政府陷入政治经济大危机。16日印尼盾兑美元汇率降至10000∶1，受其影响，泰铢、马币、比索、新元等纷纷下跌。与东南亚各国有密切联系的日本也陷入经济危机，日元汇率一路下跌，6月中旬跌至146.58日元兑1美元。随着日元的大幅贬值，亚洲金融危机的影响继续扩大。

1998年8月，随着日元大幅度贬值、美元股市动荡，国际炒家趁机疯狂沽空港元，市场出现恐慌情绪，恒生指数一度跌至6600多点。香港政府动用外汇基金入市干预，使国际炒家遭到重大损失。与此同时，俄罗斯宣布扩大卢布兑美元的浮动范围，9月初卢布贬值近70%。受上述因素的影响，欧美国家股市和汇市剧烈波动。1999年，亚洲金融危机结束。

2　东南亚金融危机爆发的原因

东南亚金融危机持续的时间跨度之长，波及的范围之广，带来的危害之大，早已远远超出了人们的预想。虽然此次金融危机的导火索是国际投机资本撤离引起的泰国货币贬值，但深层次原因是东南亚国家内部经济失衡以及政府金融监管放松。具体原因有以下几点：

(1) 外向型经济比重过高，资源的价格优势难以维系。东南亚国家多以劳动密集型产业为主，人均收入较低，内需不足，产能过剩，多以出口为导向。廉价的劳动力成本在出口市场具有一定的优势，但是，随着劳动力成本的不断上升，这种优势逐渐被削弱。在激烈的国际竞争下，东南亚各国出口减少，贸易状况恶化，国际收支赤字大幅上升。

(2) 内部经济结构失衡。东南亚国家在经济高速发展时期，为了追求短期利益，将大量资金投向需求不足或投机性强的非生产领域。其中，投资于房地产市场的占比较大，形成房地产市场泡沫。随着房地产商投资过度，房屋空置率上升，银行贷款出现大量呆账和坏账,不良率高企,金融机构面临着严重的资金周转问题,引发债务危机。这些经济因素从各个方面影响了汇市和股市。

(3) 外债规模庞大,债务结构不合理。东南亚一些国家巨额的贸易逆差导致其经济体对外资有很强的依赖性,短期债务较多,还本付息压力较大。当市场经济恶化时,短期外资大量流出将严重破坏金融稳定。截至1997年6月,泰国的外债总额从1992年的419亿美元增加至900亿美元以上,超过GDP总量的50%,其中短期外债总额超过400亿美元,占当年外债总额的45%。

(4) 金融监管体制不健全,金融自由化过度。在缺乏完善的金融监管体系、相关监管部门对金融市场的调控能力和调控经验不足的情况下,东南亚国家急于对外开放资本市场,盲目加入全球化进程。当房地产和股市出现严重泡沫时,国际投机家大量抛售股票等金融资产,国际资本大量流出。在正常情况下,可以通过提高利率和抛售美元来维持币值稳定,但是东南亚国家不充裕的外汇储备和脆弱的金融体系难以抵御国际投机资本的强大冲击,导致各国金融市场及房地产市场价格大幅下跌,银行坏账急剧上升。

3 东南亚金融危机对我国的影响

3.1 危机前夕我国宏观经济背景

1992年我国开始出现经济过热现象,金融市场信贷急剧扩张,物价指数一路飙升,CPI在1994年达到历史最高涨幅达24.1%。1993年6月,为了抑制通胀,政府出台了包含16项措施的《中共中央、国务院关于当前经济情况和加强宏观调控的意见》(简称"中发6号文件"),这些措施主要包括严格控制货币发行与信贷规模、灵活运用利率杠杆,大力增加储蓄存款等。通过实施紧缩的货币政策,经济过热的势头逐渐稳定下来,CPI在1994年触顶之后的两年时间内也持续下跌(见图19-1),但紧缩的货币政策对我国企业影响较大,特别是不少国有企业亏损增加,债务急剧上升。为了维持正常运转,众多国企采取结构性重组、减员增效等措施,失业率呈现上升的趋势。

1994年,人民币官方汇率与外汇调剂价格正式并轨,我国开始实行以市场供求为基础的、单一的、有管理的浮动汇率制。人民币与美元汇率保持在1美元兑8.27至8.28元人民币的狭窄范围内浮动。这次汇改在降低人民币汇价的同时也增加了我国外贸行业的竞争力,有利于我国推进出口导向型战略。此外,大量剩余劳动力带来的人口红利为我国产品出口提供了价格优势,因此,从1994年起我国对外贸易大幅增长,如图19-2所示。

3.2 东南亚金融危机对我国的影响

这次东南亚金融危机对亚洲以至全球都产生了重大影响,欧洲和美国的股市因此下挫,拉丁美洲和俄罗斯也受到波及,我国也不例外,东南亚金融危机对我国的影响主要包括以下几个方面。

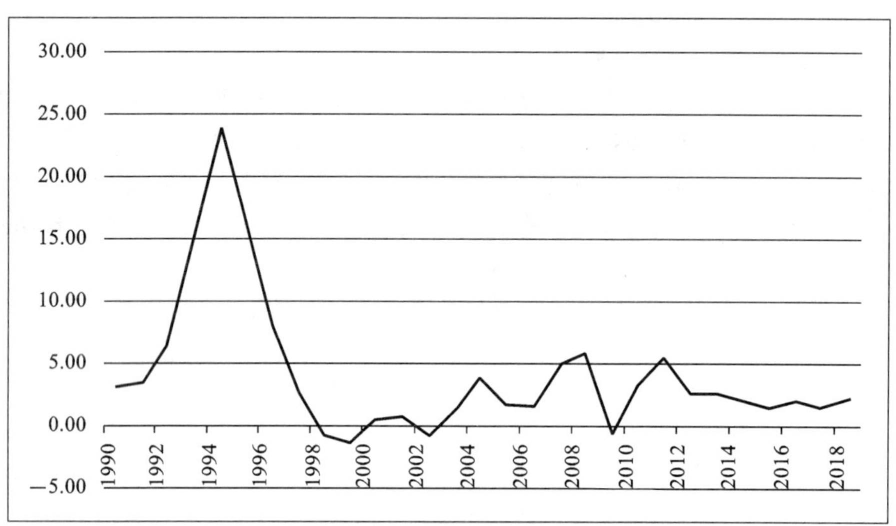

图 19-1　我国 CPI 指数同比变动图(单位:%)

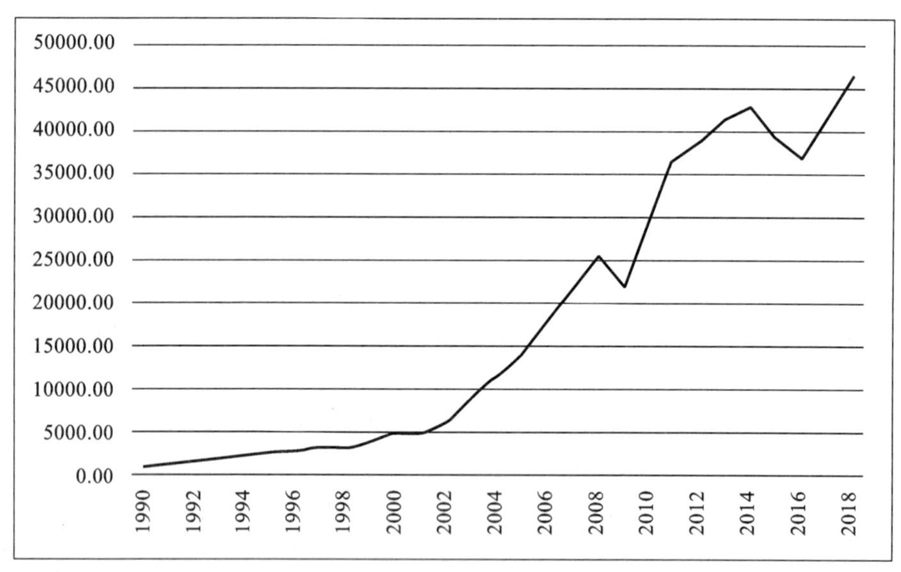

图 19-2　我国进出口总额(单位:亿美元)

3.2.1　出口减少

首先,东南亚金融危机爆发后,相关国家和地区的货币普遍贬值,在一定程度上降低了这些国家出口产品的价格成本,而人民币相对升值给我国的出口带来较大压力,降低了我国的出口竞争力。

其次,东南亚国家与中国的出口结构相似程度较高,竞争性大于互补性。中国有20%～30%的出口产品与东南亚国家类似,如玩具、化纤、纺织品、鞋类等劳动密集型产品,出口市场也都集中在美国、欧盟、日本等地。因此,对于相同的出口产品,中国缺乏价格优势,竞争力不足,对外贸出口产生不利影响。

最后，东盟是中国的第四大贸易伙伴。从贸易结构上看，我国出口至东南亚国家的产品需求弹性较大，进口产品弹性较小。受金融危机影响，东南亚各国经济下滑、需求疲软，使我国出口到东南亚各国的产品大幅度减少。以印度尼西亚为例，1997 年我国与印度尼西亚的出口总额为 18.41 亿美元，1998 年下滑到 11.71 亿美元，如表 19-1 所示。

表 19-1　1997—1998 年中国对东南亚部分国家出口额(单位:亿美元)

	文莱	缅甸	印尼	日本	老挝	马来西亚
1997	0.33	5.70	18.41	318.39	0.23	19.22
1998	0.09	5.19	11.71	396.92	0.18	15.96
	菲律宾	新加坡	韩国	泰国	越南	柬埔寨
1997	13.40	43.23	91.27	15.01	10.80	0.76
1998	15.01	39.30	62.69	11.48	10.28	1.14

资料来源:国家统计年鉴。

3.2.2　引进外资形势严峻

根据国家统计年鉴的数据，中国对外签订利用外资协议(合同)金额在 1997 年达 610.58 亿美元，同比下降 25.18%。其中外商投资项目数 21001 个，下降了 14.48%；外商直接投资额为 510.04 亿美元，下降了 30.40%。以上数据均创 5 年来的新低。

造成这种局面有以下几方面因素。首先，受东南亚金融危机的影响，东南亚各国的企业经济实力受到沉重打击，对我国的投资严重萎缩。1997 年泰国、印尼、菲律宾、韩国、马来西亚的 GDP 实际同比增长分别为－1.37%、4.70%、5.18%、5.77%、7.32%；1998 年，各国经济增长进一步放慢，印尼、泰国、马来西亚、韩国、菲律宾分别为－13.13%、－10.51%、－7.36%、－5.71%、－0.58%。[①] 经济下滑导致股市低迷、公司资产缩水，同时东南亚国家在金融危机后均采取经济紧缩政策，这直接影响到这些国家上市公司的资金借贷能力和市场融资水平，企业对外投资能力和欲望减弱。即使是已经在我国设立的外商投资企业，也面临资金到位率下降的问题。更为严重的是，部分跨国企业的母公司在金融危机中宣告破产，这些因素直接影响了跨国公司在我国的投资水平。

其次，香港股市波动加剧，我国上市企业面临融资困境。香港资本市场是我国企业吸引境外资金的最大融资场所。在香港上市的我国企业大多经营业绩好、规模大、实力强劲，1997 年 1 月至 10 月，在港股市场融资达 950 亿港元。随着金融危机的爆发，香港股市受到巨大冲击，H 股和红筹股受创，跌幅超过恒生指数，内地企业增发和配股受阻，融资难度增加。

① 数据来源:国际货币基金组织。

4 我国央行连续降息

受国内和国际经济形势的影响，我国经济在 20 世纪 90 年代中后期呈现下行的趋势。为此，从 1996 年 5 月 1 日到 2002 年 2 月 21 日，央行连续 8 次降低利率。1996 年 CPI 持续下降，而较高的存款利率意味着实际利率高企。为了降低实体经济的融资成本，我国央行于 1996 年 5 月 1 日和 8 月 23 日两次降低存款利率，分别降低 0.98、1.5 个百分点(见图 19-3)。

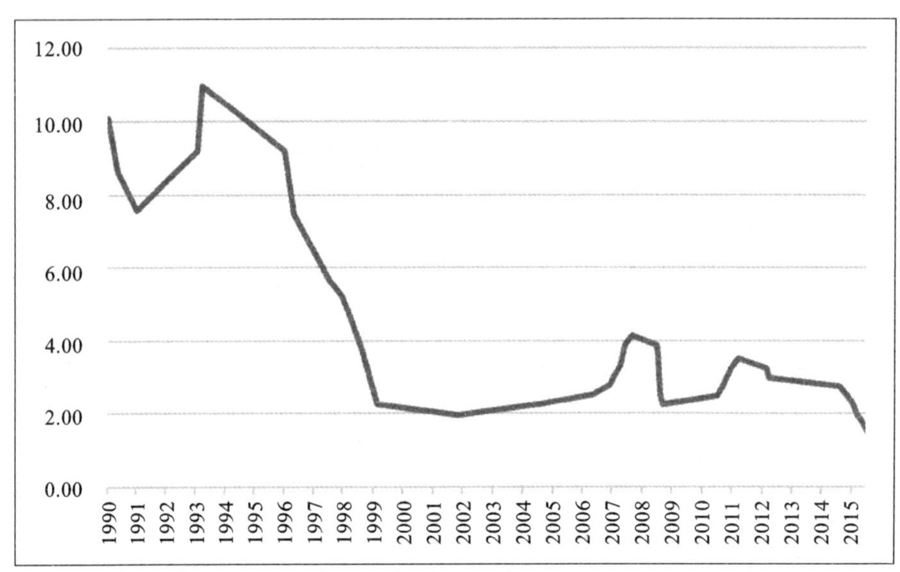

图 19-3 我国银行一年期定期存款利率(%)

受亚洲金融危机的影响，东南亚各国货币严重贬值，为了维护东南亚经济和金融体系的稳定，我国政府承诺人民币不贬值，然而此举使我国出口产品成本相对东南亚其他国家有所增加，出口减少。在当时内需不足的经济背景下，我国产品供给进一步超出市场需求，形成通货紧缩。为了应对东南亚金融危机给我国经济带来的负面影响，1997 年 10 月 23 日至 1999 年 6 月 10 日短短 3 年不到的时间内，央行连续 5 次降息。

1997 年 10 月 23 日，央行第三次降息。存贷款年利率分别平均降低了 1.1% 和 1.5%。由于东南亚金融危机的影响，我国国有企业因多种因素陷入困境。央行及时采取降息政策，灵活运用利率杠杆，减轻企业利息负担，刺激了国内需求。同时，此次降息有效抑制了本外币利差，促进了经济的增长。

1998 年 3 月 25 日，央行第四次降息。存贷款利率分别平均降低了 0.16% 和 0.6%，这次利率下调幅度较小，但法定存款准备金率由 13% 降低至 8%，调整幅度较大。1998 年初，由于国内消费和投资需求不足，为了改善宏观经济状况，央行通过调整利率，降低国企成本，刺激投资和消费。同时，法定存款准备金比率的大幅下调意味着央行将增加货币投放量，促进商业银行信贷扩张，为国企改革创造了良好的资金环境。

1998 年中期，我国物价水平继续走低、实际利率持续升高，为利率再次下调创造了空间。为有效扩大内需，1998 年 7 月 1 日，央行第五次降息，存贷款利率分别平均降低了 0.49%和 1.12%。特别是中长期贷款利率的降低，刺激了居民住房消费，提高了基础设施建设投资水平，缓解了经济下滑的压力。

1998 年前 11 个月我国 RPI 同比平均下降 2.5%，CPI 同比平均下降 0.8%，因此，实际存款利率仍然偏高，特别是国内企业从银行获得贷款的利率与平均利润率出现倒挂。在西方国家纷纷降息的环境下，1998 年 12 月 7 日，央行第六次降息，金融机构存贷款利率平均降低了 0.5%。这次降息进一步拉动了内需，扩大了出口。

1999 年 6 月 10 日，央行第七次降息。金融机构存贷款利率分别平均降低了 1.00%和 0.75%，贷款利率降幅小于存款利率降幅，存贷款利差扩大。同时，央行调低了存款准备金率和再贴现率。在世界经济形势不明朗，全球笼罩在通货紧缩的氛围下，我国经历了连续 19 个月的物价负增长，4 月 RPI 同比下降了 3.5%（见图 19-4），导致实际利率居高不下，内需依旧不振。因此，这次降息央行综合考虑了居民、企业和银行的利益，配合积极的财政政策，刺激消费市场，为股市的“5・19”行情奠定了基础。

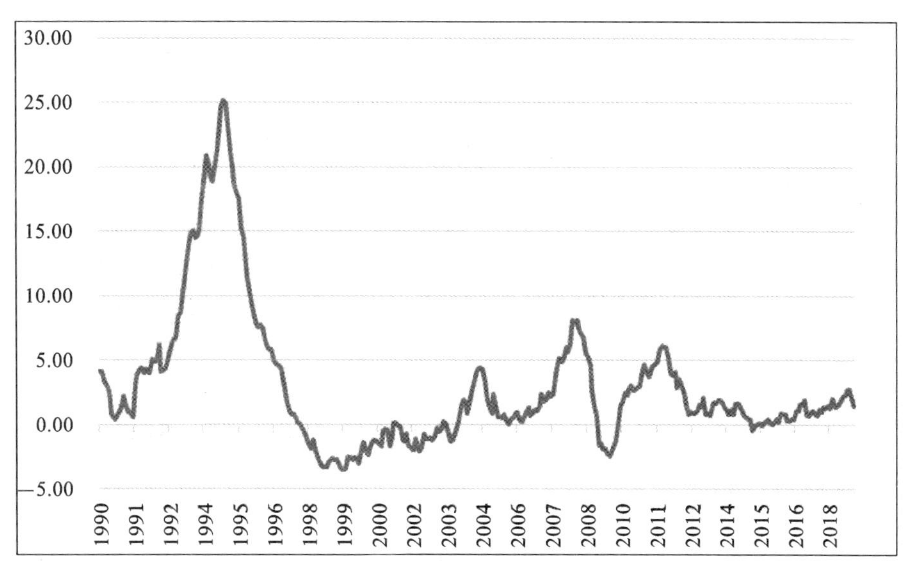

图 19-4 我国 RPI 指数同比变动图（单位：%）

2002 年 2 月 21 日，央行第八次降息。金融机构存贷款利率分别平均降低了 0.25%和 0.5%。2001 年 10 月以后，由于外需增速的急速回落，通货紧缩压力不断增大，为了进一步促进储蓄向投资和消费的转化，我国央行再次实施了降息政策。

通过 1996 年至 2002 年的 8 次降息，我国一年期定期存款利率从 9.18%降为 1.98%，降幅超过 78%。连续降息不仅有效降低了实际利率、扩大了内需、促进了企业投资，而且在一定程度上缓解了失业问题，降低了东南亚金融危机对我国经济运行的不利影响。

5 东南亚金融危机对我国的启示

虽然东南亚金融危机已经过去20多年，但仍对东南亚各国经济产生了深远的影响。在当今世界变局下，为了防范金融系统性风险，我国应调整产业结构，严控外债规模，加强金融体系监管。具体应把握以下几点：

第一，制定有效的宏观经济政策，防止经济过热，确保经济稳定增长。亚洲金融危机发生前，由于我国经济快速增长，出现投资过热现象。我国政府及时采取适度从紧的宏观经济政策对过热的经济体进行降温，防止资金过度投向房地产和证券市场，顺利实现了经济运行的“软着陆”，有效地阻止了金融危机的发生。这充分说明各国应从本国实际出发，制定有效的宏观经济政策，保障经济的高质量增长。

第二，加快产业升级，促进经济增长方式转变。经济危机爆发前后，一些东南亚国家劳动成本上升较快，却没有及时进行产业升级，实现经济转型，导致在国际市场上竞争力下降。因此，在当今全球化的背景下，我国应培养新的经济增长点，完善产业政策，促进高新技术产业的发展，优化产业结构，最终实现经济增长方式的转变。

第三，合理控制外债规模和外债结构。东南亚国家对外资有很强的依赖性，当经济恶化时，短期外资大量流出将严重破坏金融稳定。因此，一国应根据本国的经济发展水平和本国对外债的消化吸收能力及偿付能力确定合理的外债规模，同时，合理配置短期债务和中长期债务的比例，优化外债结构。

第四，谨慎有序实行资本项目自由化。东南亚金融危机证明了当一国不具备完善的金融体系和成熟的监管机制时，过早开放资本项目，将无法抵御国际短期投机性资本的冲击。因此，对于不同的发达国家和发展中国家来说，经济基础和经济发展程度不同，在对外开放的进程中，应从本国国情出发，采取适合本国经济发展的政策，谨慎有序地实现资本项目自由化。

第五，加强监管，保障金融体系健康发展。东南亚各国金融机构较高的不良贷款率与较低的资本充足率是东南亚金融危机爆发的重要原因。在经济繁荣时期，东南亚国家的一些金融机构盲目扩张信贷、不良率高企；在经济低迷时，由不良贷款引发的主要金融机构破产导致整个金融体系的崩溃，加剧了经济萧条。当前我国经济下行，金融机构不良贷款率上升，因此，强化金融监管、建立风险预警系统、降低金融机构不良资产是我国金融体系健康发展、国民经济正常运行的重要保障。

案例使用说明

一、关键点

本案例的关键点在于了解东南亚金融危机发展过程及原因，分析此次危机对我国的影响以及我国央行针对这次金融危机而采取的降息政策，总结此次金融危机对我国的启示。关键点梳理如下：

(1) 东南亚金融危机发展过程；

(2) 东南亚金融危机对我国的影响；

(3) 实际利率与 CPI 的关系；

(4) 央行采取降息措施的宏观经济背景与政策目的；

(5) 东南亚金融危机对我国的启示。

二、知识点

1. 经常项目

经常项目是指在国际收支中经常发生的涉及经常生产的商品和劳务的交易项目，主要包括贸易收支、劳务收支和单方面转移等。

2. 资本项目

资本项目是指国际收支中因资本的输入和输出而产生的外汇资产与负债的增减项目，包括直接投资、各类贷款、证券投资等。

3. 有管理的浮动汇率制度

浮动汇率制度是指一国货币对另一国货币的汇率随外汇市场供求状况变动而变动的汇率制度。而有管理的浮动汇率制度是指中央银行采取有限的干预措施，引导以市场供求为基础的汇率在一定限度内波动。

4. 股市 5·19 行情

1999 年 5 月 19 日，由于国务院发布关于大力发展资本市场的利好消息，中国股市开启了长达两年的牛市行情，上证指数从 1999 年 5 月 19 日的 1058 点开始启动，一个多月后的 6 月 30 日便达到 1756 点，并于 2001 年 6 月 14 日达到最高点 2245 点。由于此轮行情的起始日为 1999 年 5 月 19 日，因此此轮行情被称为“5·19”行情。

三、启发思考题

(1) 东南亚金融危机发生的原因是什么？

(2) 请对比分析东南亚金融危机和美国次贷危机对我国经济的影响。

(3) 东南亚金融危机与我国中央银行多次降息有什么关联？

(4) 东南亚金融危机期间，我国连续降息对资本市场、居民消费和企业投资的影响效果如何？

(5) 在经济全球化的背景下，分析开放金融市场对金融稳定的影响。

参考文献

[1] 蔡浩仪，汪小亚. 再析东南亚金融危机成因：整体视角——金融层面[J]. 金融研究，

1998(07):12-14.

[2] 良雨.东南亚金融危机对我国的影响及教训[J].杭州科技,2000(01):38-41.

[3] 默顿·米勒.论今日东南亚金融危机[J].金融研究,1998(02):2-6.

[4] 庞中英.东南亚金融危机的成因、教训与影响[J].国际问题研究,1998(01):41-46.

[5] 秦柳.当前世界金融危机与东南亚金融危机的比较——兼谈中国应对当前世界金融危机的措施[J].中国发展,2009,9(04):38-43.

案例20 瑞士央行为什么实施负利率政策？

摘要:2008年金融危机及随后爆发的欧债危机等事件都对欧洲整体经济造成极大冲击,欧洲呈现出经济增长缓慢、通胀下降的趋势。在此背景下,为防止国际投机资本大规模流入,缓解本币升值压力,瑞士央行出台并实施了名义负利率政策。瑞士政府于2015年发行十年期负利率国债,成为世界上第一个以负利率发行长期国债的国家。此外,投资者对负利率债券的抢购也引发各界关注。本案例结合欧洲宏观背景及瑞士的国内经济状况,分别从瑞士央行及投资者的角度分析瑞士央行实施负利率政策的原因以及投资者购买负利率债券的动机。在此基础上,简要阐述了瑞士央行实施负利率的政策效果。

关键词:负利率;汇率;避险货币;通货紧缩

1 事件回顾

在欧洲多国五年以下的短期国债收益率跌至负值的背景下,2015年4月8日,瑞士政府发行2025年和2049年到期的长期国债,总规模达3.779亿瑞郎(约合3.91亿美元),其中到期日为2025年的十年期国债收益率为−0.055%(该债券规模超过2.325亿瑞郎,约合2.413亿美元),而在短短两个月前,此类国债的收益率还在0.011%左右。此前,世界上还从未出现负利率国债的先例,瑞士因此成为有史以来首个发行负利率长期国债的国家。负利率债券意味着投资者们"借钱"给瑞士政府不但没有利息收入反而亏钱。即便如此,该国债一经发行便获得投资者的数倍认购,其中的前因后果与经济逻辑都值得我们探讨。

2　宏观经济背景

2.1　国际宏观背景

2.1.1　欧债危机爆发

欧债危机始于希腊债务危机。希腊经济以旅游业为主，体量小，经济竞争力相对其他欧元区国家较弱，在金融危机爆发后，希腊的经济支柱旅游业发展惨淡，加上长期存在的贸易逆差导致财政赤字问题积重难返，最终发展到举债度日的地步。2009 年 10 月，希腊政府预计其当年的公共债务与政府财政赤字占国内生产总值的比例将分别达到 113% 和 12.7%，远超欧盟《稳定与增长公约》规定的 60%和 3%的上限。受此影响，国际三大评级机构惠誉、标准普尔和穆迪先后下调了希腊的主权债务评级，因而导致希腊股市大幅下跌，至此正式拉开希腊危机的序幕。受到希腊债务危机的影响，2010 年西班牙、葡萄牙等南欧国家及爱尔兰、比利时等国家也预计国内会出现较高的财政赤字，德国、法国和意大利等欧元区大国也或多或少受此牵连，最终危机蔓延至整个欧盟。这场始于希腊，最终却席卷多个欧元区国家的主权债务危机对欧盟各国经济产生了较强的负面冲击，许多南欧国家政府信誉蒙受损失，国际市场避险情绪大幅升温。丹麦、瑞士等非欧元区国家在欧债危机中受到的冲击较小，因此成为国际资本避险的天堂。

2.1.2　主要欧洲国家和地区的负利率政策

受 2008 年美国金融危机的影响，许多发达经济体为了刺激经济将名义利率降至极低的水平，基准利率甚至趋于零下限。根据凯恩斯的流动性陷阱理论，此时实施传统货币政策效果不再显著，为促进经济回暖西方各国采取了一系列创新性货币政策。美联储卓有成效的量化宽松政策扩张了银行信贷并增加了货币供给，对美国经济复苏起到重要的推动作用，美元逐渐走强。但在其他地区国家，例如欧元区国家，多轮量化宽松政策未达到预期效果。随后一场席卷整个欧洲的主权债务危机使各国经济持续低迷，自 2009 年 7 月到 2015 年 2 月，瑞典、丹麦、瑞士三国央行及欧洲央行相继推出名义负利率政策，即中央银行将存款基准利率、超额准备金利率、隔夜存款利率及回购利率等政策利率下调至负利率。

目前，学者公认实行负利率政策的目的主要有两个。其一，扩大信贷，提高通货膨胀水平；其二，稳定汇率，减少国际投机资本流入，降低本币升值压力，平衡国际收支。

由表 20-1 统计数据可知，实施该政策的国家及地区有 GDP 增速低、消费增长缓慢等明显特征，反映出这些国家或地区宏观经济增长不足，特别是欧元区失业率过高的状况。因此，欧洲央行实施名义负利率政策的目标是刺激投资，拉动消费，提升通胀率。与此类似，瑞士实施负利率政策是为了在调节市场流动性的同时也尽量减缓本币升值压力。

表 20-1 实施负利率政策的国家或地区的宏观经济指标情况

国家（地区）	指标	2005	2006	2007	2008	2009	2010	2011	2012	2013	2014
欧元区	GDP	1.68	3.24	3.05	0.47	−4.54	2.07	1.64	−0.88	−0.28	0.87
	CPI	2.2	2.2	2.2	3.3	0.3	1.6	2.7	2.5	1.3	0.4
	消费	1.84	2.07	1.79	0.33	−1.11	0.78	−0.03	−1.24	−0.69	0.76
	PPI	2.9	3	2.4	3.8	−4.5	3.5	4.9	2	−0.4	−0.9
	资本	2.86	5.62	4.78	−0.69	−11.22	−0.34	1.57	−3.33	−2.57	1.31
	失业率	9	8.3	7.4	7.4	9.5	10.1	10.1	11.3	11.9	11.6
	贷款/GDP	181.93	193.03	207.33	226.42	222.32	215.29	213.73	205.28	193.54	185.83
瑞典	GDP	2.82	4.69	3.4	−0.56	−5.18	5.99	2.66	−0.29	1.24	2.27
	CPI	0.5	1.4	2.2	3.4	−0.5	1.2	3	0.9	0	−0.2
	消费	2.77	2.67	3.79	0.23	0.35	3.89	1.87	0.79	1.86	2.23
	PPI	3.8	3.9	4.1	3	1.3	0.4	1.3	0.1	−2.4	1.8
	资本	5.07	9.34	8.11	0.56	−13.37	6.02	5.65	−0.23	0.63	7.54
	失业率	7.5	7.1	6.2	6.2	8.3	8.6	7.8	8	8.1	8
	贷款/GDP	111.88	116.15	123.67	150.75	149.23	146.85	152.47	156.56	149.21	157.49
丹麦	GDP	2.44	3.8	0.82	−0.72	−5.09	1.63	1.15	−0.07	−0.24	1.26
	CPI	1.8	1.9	1.7	3.4	1.3	2.3	2.8	2.4	0.8	0.6
	消费	3.69	2.94	1.76	0.47	−3.45	0.77	0.24	0.37	−0.13	0.51
	PPI	3.1	3.2	3.3	4.4	−1.5	3.6	3.7	2.5	0.6	0
	资本	4.77	15.1	0.66	−3.3	−14.26	−3.98	0.34	3.9	1.08	3.37
	失业率	4.8	3.9	3.8	3.4	6	7.5	7.6	7.5	7	6.6
	贷款/GDP	173.61	184.24	200	239.64	238.3	235.69	239.52	233.95	219.48	224.9
瑞士	GDP	3.04	4.01	4.14	2.28	−2.13	2.95	1.79	1.12	1.77	1.89
	CPI	1.2	1.1	0.7	2.4	−0.5	0.7	0.2	−0.7	−0.2	0
	消费	1.48	1.48	2.33	1.51	1.26	1.63	0.82	2.74	2.23	1.31
	PPI	1.2	2	2.5	3.1	−1.6	−0.2	−1.4	−0.5	0.2	−0.9
	资本	3.2	4.68	4.95	0.74	−7.52	4.38	4.26	2.85	1.16	2.08
	失业率	—	—	—	—	—	4.5	4	4.2	4.4	4.5
	贷款/GDP	161.78	165.53	168.12	165.84	176.14	173.54	175.64	183.02	173.56	175.99

资料来源：中经网统计数据库。

注："GDP"代表"不变价格 GDP 同比增长率"；"CPI"代表"CPI 同比增长率"；"消费"代表"不变价居民最终消费同比增长率"；"PPI"代表"PPI 同比增长率"；"资本"代表"不变价固定资本形成总额增长率"；"失业率"代表"15 岁及以上人口失业率"。欧元区贷款/GDP 是利用货币金融机构贷款与 GDP 计算得出，其余三国的贷款/GDP 是银行贷款与 GDP 的比值。

2.1.2.1 以提升通胀预期为目的(瑞典及欧洲央行)

2009 年 7 月,瑞典国内生产总值增长率为－5%,通胀率低至－1.2%,为抵御通货紧缩的风险并应对大规模资金流入,瑞典央行将存款利率降至－0.25%,率先开始了负利率政策的尝试。2010 年,瑞典经济状况逐渐回升,央行又将存款利率恢复至零利率。但随后瑞典的通胀率再次下滑,2015 年 2 月,瑞典央行宣布再次实施负利率政策,将回购利率下调 10 个基点至－0.1%,次月下调至－0.25%。

从 2013 年底开始,欧元区通胀率始终在 0～1%徘徊。欧债危机后,欧元区经济逐渐复苏,但通胀水平仍不断下降。为达到中长期的通胀预期,2014 年 6 月 11 日,欧洲央行宣布开始实行负利率政策,将商业银行在央行的隔夜存款利率下调至－0.1%。2014 年 9 月欧洲央行又先后两次下调隔夜存款利率至－0.2%。

2.1.2.2 以防止本币升值为目的(丹麦及瑞士)

继希腊危机之后,伴随着欧洲多国主权债务危机恶化,丹麦成为投资者的避风港,大量资金涌入丹麦,使丹麦克朗对欧元持续升值,极大打击了丹麦出口。同时欧洲央行为促进经济复苏,采取量化宽松的货币政策。在上述背景下,为缓解丹麦克朗的升值压力,2012 年 7 月,丹麦央行开始实施负利率政策,将存款基准利率下调至－0.2%,丹麦克朗因此稍有贬值。之后丹麦央行又将存款基准利率上调至 －0.1%,并于 2014 年 5 月暂停负利率政策。同年 9 月,丹麦央行再次将存款基准利率下调至－0.05%。2015 年 1 月 19 日、22 日和 29 日,丹麦央行连续三次下调存款基准利率,每次下调 15 个基点,累计 45 个基点至－0.5%。2015 年 2 月 5 日,丹麦央行再次下调存款基准利率 25 个基点至－0.75%。

2.2 瑞士国内宏观背景

2.2.1 瑞士经济背景

瑞士具有稳定的社会经济环境及规范的法律体系,特别是信用制度极度发达,其专业的客户服务和成熟的金融体系吸引了来自世界各地的巨额财富。在世界经济论坛发布的全球竞争力排行(GCI)中,瑞士连续 9 年蝉联榜首,在 12 项测评指标(制度,基础设施,宏观经济环境,健康和基础教育,高等教育和培训,金融市场,产品市场,劳动力市场,技术准备,商业成熟度,市场规模,创新)中,除市场规模外都排名前十。作为一个不靠海、少耕地、坐落于阿尔卑斯群山之间的小国,瑞士凭借独一无二的社会文化与政治体制、发达的产业与先进的教育,被称为"隐形的冠军"。

瑞士经济结构多样,从钟表制造、医药化工到银行保险、旅游服务都是其优势产业。由于其人口不足九百万,内需较小,经济发展以出口为主,国内制造业出口额占国内生产总值的 35%;旅游、银行、保险等服务业的出口额占国内生产总值的 15%。同时,作为世界上私人银行业发源地之一,瑞士银行业十分发达,并拥有许多国际投资机构和信托公司,也是全球最大的离岸金融中心,全球有约四分之一的跨境金融交易在瑞士完成。从金融业对国内生产总值的贡献来看,瑞士排在全球首位。此外,瑞士作为永久中立国,也是众多国际组织的所在地。

2.2.2 瑞士名义负利率政策及“黑天鹅”事件

由于前述种种原因，加之2014年底俄罗斯卢布大幅下跌，众多投资者将目光瞄准以低风险著称的瑞士金融市场，大量资本流入瑞士，瑞郎升值压力骤升。为防止瑞郎升值，促进本国出口增长，2014年12月18日，瑞士国家银行（Swiss National Bank，SNB）即瑞士央行宣布自2015年1月22日起，将下调商业银行在央行的即期存款账户利率至－0.25％，将三月期的Libor利率区间扩大到－0.75％至0.25％，并表示将继续维持欧元兑瑞郎1∶1.20的汇率下限。但令人大跌眼镜的是，在2015年1月15日，SNB宣布将三月期的伦敦银行同业拆借利率区间从原先设定的－0.75％至0.25％调整为－1.25％至－0.25％，并放弃自2011年起实施的瑞郎与欧元挂钩政策，允许瑞郎自由浮动，同时将活期存款利率降至－0.75％。16日瑞郎大幅升值，欧元兑瑞郎汇率大幅贬值，瑞士央行这一举动令许多人措手不及，不少企业蒙受巨大损失，这就是瑞士著名的“黑天鹅”事件。随后，瑞士政府在2015年4月8日以－0.055％负利率发行十年期国债，再次引发市场波动。但需强调的是，瑞士采取的是分级负利率政策，即只对金融机构在瑞士央行存放的活期存款余额超过特定上限的部分实行负利率，对于限度以内的活期存款，则依然是零利率。

3 瑞士央行实施负利率政策的原因

瑞士是世界上最重要的金融中心之一，瑞士银行业历史悠久，也是瑞士经济的支柱行业之一。瑞士以其稳定的政治局势、永久中立的政治态度和极其严格的银行保密制度而广受信任，瑞郎也自然是投资者心中传统的避险货币。当国际政治局势紧张或经济风险增加时，瑞郎便成为投资者转移资金的首选。特别是在2008年金融危机后，瑞士被认为是国际金融市场上最安全的地方，大量资金流入瑞士金融系统。然而，大规模的资金流入使瑞郎面临较大的升值压力，瑞郎升值不利于外向型经济体瑞士的国民经济增长，因此，瑞士央行于2011年9月宣布将欧元兑瑞郎最低汇率目标设定在1∶1.2水平上。同年欧债危机大面积爆发，希腊、爱尔兰和葡萄牙等国家深受债务问题困扰，不得不寻求欧盟其他国家的援助，一些较大的欧元区经济体如意大利等国也处于不确定风险中。瑞士由于受欧债危机冲击较小，吸引了大量的国际避险资本，瑞郎也再次发挥其避险货币的功能。在汇率挂钩的制度下，瑞郎仅有小幅波动，并未大幅升值（见图20-1）。2014年底俄罗斯卢布大跌，瑞士作为“避险天堂”又一次吸纳大量国际资本。在投机资本不断涌入和欧洲央行大规模实施量化宽松政策的双重冲击下，瑞士央行为维持汇率目标付出了巨大的代价，不得不取消汇率挂钩的政策，同时为抑制瑞郎暴涨，采取名义负利率政策自然成为一种必要的尝试和创新。

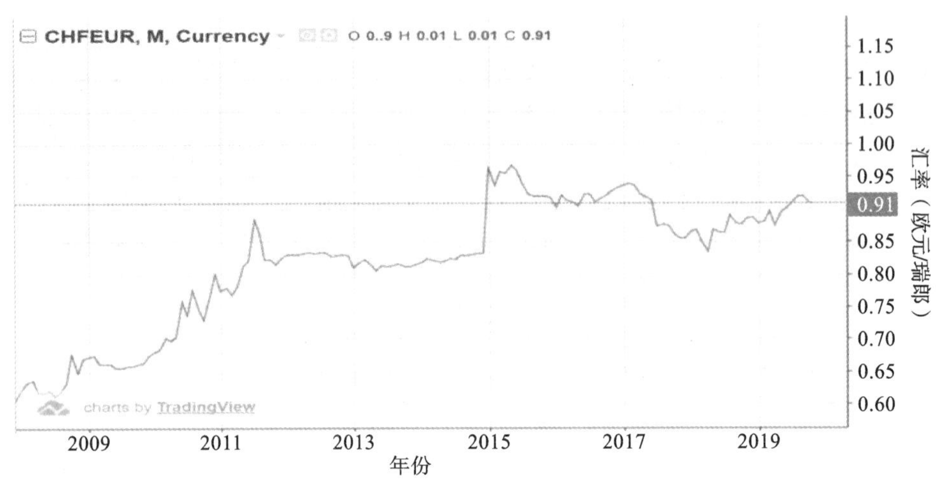

图 20-1　2009—2019 年瑞郎兑欧元汇率变化图

4　投资者购买负利率债券的动机

投资者购买瑞士十年期负利率国债在到期时，获得的本利和总额会少于投入时的本金。这看似是一场得不偿失的投资，却在欧洲债券市场上掀起一股抢购狂潮，其主要原因有以下几点。

4.1　金融机构对低风险债券的需求刚性

无论债券的回报高低，央行及金融机构都需要持有一定量的债券以满足特定需求。各国央行需要持有外国债券作为外汇储备的一部分；商业银行需持有一定量的政府债券来满足流动性要求，在同业拆借市场上以这些债券作为抵押品进行借款；保险公司需要持有债券作为其储备的一部分。正如摩根大通在其报告中所述，银行和保险公司等金融机构几乎是负利率债券最大的购买团体。

4.2　国际金融环境恶化凸显了瑞士债券的投资价值

欧洲各国相继爆发债务危机，南欧国家政府信誉极端脆弱，俄罗斯的卢布暴跌，这些不确定性因素增加了投资者的避险需求。作为与欧元区有着极其紧密关系的国家之一，瑞士向来有“避险天堂”之称，其极高的金融信誉、良好的经济环境和稳定的金融结构体系使瑞郎及其资产具有良好的避险和保值功能。

4.3　负利率债券仍有可能带来正收益

瑞士此次发行十年期国债是名义负利率债券，但名义利率为负并不等于投资者最终获得的真实收益为负。自瑞士取消欧元兑瑞郎的汇率下限后，瑞郎大幅升值，由于国际投资者预期瑞郎升值,因此愿意持有这些债券以对冲其他货币贬值的风险。当由瑞郎升值带来的收益大于持有负利率债券的损失时,投资者仍然能获得收益。

对于瑞士国内投资者来说,当时欧洲正陷入经济衰退,欧元区物价不断下滑,不能排除通货紧缩风险加剧的可能性(见图 20-2)。由费雪方程[①]可知,尽管名义利率为负,在预期通货膨胀率也为负的情况下,实际利率可能为正。加之当债券需求增加时,债券价格会上涨,因此投资者可能获得较高的资本利得。如果投资者不购买债券直接持有现金,大量现金的存储管理成本会更高。总之,当时的全球经济环境使瑞士国债具备较高的“含金量”。

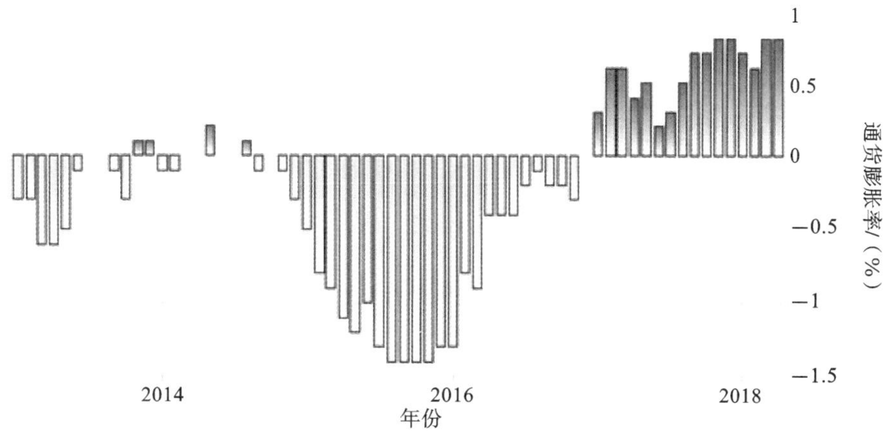

图 20-2 瑞士 2013—2018 年通货膨胀率直方图

资料来源:https://tradingeconomics.com/。

5 负利率的政策效果

许多经济学家曾持有如下观点:在货币政策调节过程中,央行对利率的操控不应使其接近零利率,更不可能突破零下限为负利率。凯恩斯在 1936 年提出流动性陷阱的观点,其经典定义是:“短期名义利率触及零利率下限(zero lower bound,ZLB)时,传统的货币政策变得无关紧要。”凯恩斯主义认为当短期利率接近零时,任何传统的货币政策都将失效,央行将失去对产出及物价的调控能力。类似地,费雪也曾提出过零利率下限的问题,即任何时期名义利率不能低于零,如果零利率存在,由于没有收益,将不会有人愿意借出资金。这些关于零利率下限的研究只出现在理论范围中,而 2008 年金融危机后,部分国家实施了负利率政策,在实际现象与传统主流理论相悖的情况下,负利率政策效果究竟如何?

根据国际货币基金组织对丹麦的负利率政策实践的相关研究报告,丹麦的分级负利

① 费雪方程:$r^{*}=r-\pi$,即实际利率等于名义利率减预期通货膨胀率。

率政策有效减少了境外资金流入，丹麦克朗的升值压力得以缓解。与丹麦类似，对同样有较大升值压力的瑞郎而言，负利率是抵御资本流入的有效措施。2019 年 12 月，瑞士国家银行理事安德烈·梅希勒表示瑞郎仍处于“高估值”状态，央行为扭转局面而采取扩张性货币政策的压力越来越大，为了币值稳定和支持经济发展，负利率政策对瑞士来说是绝对必要的，币值稳定是企业投资的前提条件，是经济增长和繁荣极其重要的因素。但该政策是否存在弊端，还要结合实际经济情况来分析。如有些学者认为当瑞士央行实施负利率政策时，瑞士房地产市场有过热的危险，因为投资者急于将其资金投入其中，养老金和存款也无法从传统的计息投资中获得增长，同时诱使许多金融机构为获取收益而投资于风险较高的项目，从而增加了金融脆弱性。

案例使用说明

一、关键点

本案例的关键在于理清瑞士负利率政策实施的过程，结合当时宏观经济背景，理解瑞士央行实施负利率政策的原因和投资者购买负利率债券的动机。教学中的关键要点主要包括：

(1) 名义负利率政策实施的目的；

(2) 瑞士央行实施负利率政策及瑞士政府发行负利率债券的原因；

(3) 投资者购买负利率债券的动机。

二、知识点

1. 名义利率

名义利率是指央行或其他提供资金借贷的机构所公布的未调整通货膨胀因素的利率，即利息与本金的比率。

2. 实际利率

实际利率等于名义利率减去预期通货膨胀率，是指名义利率剔除通货膨胀率后的真实利率。

3. 费雪效应

费雪效应是指预期通货膨胀率上升，名义利率也将随之上升。

4. 避险货币

避险货币也叫保值货币，是指在不确定性和市场不稳定时期倾向于保持或增加价值的货币。这样的货币不易受政治、战争、市场波动等因素影响，能最大限度地避开上述风险。

三、启发思考题

(1) 为什么瑞士中央银行实施负利率政策？

(2) 结合当时宏观背景，为什么投资者愿意购买负利率的瑞士国债？

(3) 为减缓由于投机资本流入引起的本币升值压力，实施资本流入管制可行吗？针对该问题，你还能提出哪些政策建议？

参考文献

[1] Rossi S. The dangerous ineffectiveness of negative interest rates: the case of Switzerland[J]. Review of Keynesian Economics, 2019, 7(2): 220-232.

[2] Ziegler-Hasiba E, Turnes E. Negative Interest Rate Policy in Switzerland[J]. Entrepreneurial Business and Economics Review, 2018, 6(3): 103-128.

[3] 巴曙松，邵杨楠，廖慧. 名义负利率及其影响[J]. 中国金融，2016(10): 58-60.

[4] 陈建. 瑞士央行缘何实行负利率[J]. 人民文摘，2015(02): 38.

[5] 戴新海，郁苗. 名义负利率的国际实践及对我国的启示[J]. 金融纵横，2016(08): 13-19.

[6] 贺立平. 瑞士央行负利率政策的来龙去脉[J]. 国际金融，2015(4): 3-7.

[7] 娄飞鹏. 国外央行实施名义负利率政策的原因与利弊分析[J]. 金融发展研究，2016(07): 45-51.

案例 21
“广场协议”与日本失去的十年

摘要:20 世纪 80 年代,美国政府迫于巨大的财政赤字压力,在 1985 年与日本等四国签署了旨在促使美元逐步贬值的“广场协议”。在此之后,日元持续升值。由于日本央行货币政策失误,日本国内经济泡沫急剧扩大并最终破灭,日本进入经济衰退期。日本经济泡沫破灭的过程引发我们思考,日本经济所经历的衰退也对我国经济发展具有重要的启示意义。

关键词:广场协议;货币政策;双边贸易

1 “广场协议”签订的背景

20 世纪 80 年代,西方国家先后经历了两次严重的石油危机,国内失业率上升,通货膨胀严重,经济发展缓慢,世界经济进入萧条阶段。西方最发达的资本主义国家美国为了应对经济萧条问题,实行扩张性的财政政策,发行国债,增加财政支出和减少税收,导致美国政府财政赤字严重,同时使国内通货膨胀进一步恶化。为促进经济增长和抑制通货膨胀,美联储提高利率,外资大量流入,导致美元急剧升值,美国出口大幅减少,贸易赤字严重。1985 年美国贸易逆差已高达 1217 亿美元①,经济领域出现了财政赤字与贸易赤字长期并存的局面。

20 世纪 50 年代日本提出贸易立国的方针,大力发展对外贸易,与美国形成巨额的贸易顺差,日本商品充斥美国市场。在广场协议签订之前,日本已经成为美国最大的债权国。由于战后长达 30 年的和平发展,20 世纪 70 年代末,日本国内总产值跃居世界第二,国际贸易额占世界的比重不断上升,跻身于世界一流的资本主义经济强国之列。

① 数据来源:20 世纪 50 年代以来的日美贸易摩擦及其现实意义,彭敬,《世界经济研究》2004 年第 4 期,61 页。

2 日本经济的衰落过程

2.1 广场协议

在这种国际经济形势之下，美国希望通过美元贬值来增加产品的出口竞争力以改善国际收支不平衡状况。时任美国财政部长詹姆斯·贝克积极游说联邦德国和日本，希望两国干预外汇市场使马克和日元升值，以减少美国与两国之间的逆差，改善美国国内的经济状况。与此同时，为了解决贸易赤字以及日本产品占领美国市场的问题，美国开始推行贸易保护主义，通过出口限额、加征关税、设定最低价等方式向日本施压。此外，由于日本拥有大量的外汇储备，客观上日元也有升值的压力与动机。在这些因素的共同作用之下，日本最终同意进行谈判。

在欧洲的认同以及日本的妥协之下，1985 年 9 月，美国、日本、联邦德国、英国和法国的财政部部长与央行行长在纽约广场饭店举行会议并且达成协议，这就是著名的“广场协议”。广场协议宗旨在于促使五国共同合作，联合干预外汇市场，使美元有序贬值。

广场协议签署之后，日本政府遵照协议内容开始在外汇市场进行干预，日元迅速升值，日元兑美元汇率从干预开始时的大约 220∶1 上升到一年后的 150∶1 左右，日元对美元在短短的一年时间内升值超过 30%。日元的大幅升值无疑在短时间内重创了日本的对外出口行业，日本的对外出口增速由 1985 年的 2.4% 迅速下降至 1986 年的 −4.8%，经济增长率也由 5.1%下降至 3.0%。[①]

为了阻止出口贸易额和经济的下滑，日本推行了一系列的经济刺激计划，1987 年日本经济恢复平稳。随后几年（1987 年至 1991 年）日本经济呈现出稳定增长态势，进入了二战之后最为繁荣的时期。此后日本开始大量购买美国资产，比如索尼公司以 34 亿美元的价格收购了哥伦比亚电影公司；而三菱集团更是以 14 亿美元购买了美国著名的洛克菲勒中心。至 20 世纪 80 年代末，美国 10%左右的资产已经归日本所有。[②]

2.2 卢浮宫协议

广场协议签署后，美元大幅度过快贬值并没有对美国的经济发展起到立竿见影的作用，美国的贸易出口赤字仍然不断扩大，同时，疲软的美元也不利于世界经济的稳定与持续发展。因此，在 1987 年 2 月 22 日，美国、日本等 G7 国家再次在法国卢浮宫举行会议，签署了著名的“卢浮宫协议”。与会国家一致同意要在国内宏观政策和外汇市场干预两方面加强“紧密协调合作”，采取联合措施制止美元的跌势，保持美元汇率在当时水平上的基本稳定。卢浮宫协议签订后，虽然日元继续升值三个月，但从 1987 年 5 月开始，日元对美元出现短暂性的逆转，从 1987 年 5 月的 143∶1 贬值到 1987 年 7 月的 150∶1。

---

① 数据来源：日本总务省统计局（http://www.stat.go.jp/）。

② 数据来源：根据公开资料和报道整理。

1987 年 8 月，日元再次升值，直到 1987 年底，日元终于结束了长达两年的升值过程。

2.3 日本经济“失去的十年”

广场协议签署之后的两年时间内，日元经历了大幅度的升值过程。在此背景下，为了防止经济过度低迷，扩大内需，日本政府出台了诸多经济刺激政策，同时，逐步转变经济发展模式，由外贸推动型经济向内需推动型经济转型，减少储蓄，扩大投资。这种改革措施在一定程度上改善了国际收支失衡的现状，但也使国内房地产市场过热，金融资产价格虚高，致使日本经济出现了严重的泡沫。

建立在泡沫上的经济繁荣终究会破灭，日经指数在 1989 年 12 月 29 日达到 38915 点的峰值之后开始下跌①，更为严重的是，1990 年 2 月 27 日，日本财务省开始限制房地产贷款。这一措施被认为是刺破日本经济泡沫的利刃。此后，市场恐慌情绪开始蔓延，股票与房地产价格下滑。但日本政府仍然认为经济过热，于 1990 年 8 月中央银行提高贴现率至 6%水平，股市与地价急剧下滑。至此日本政府才意识到问题的严重性，为稳定价格与安抚市场情绪，日本政府开始下调存款利率并废除房地产贷款限制措施，但为时已晚，这些政策未能阻止股市与房地产市场下跌。1992 年，日本经济进入衰退期。

为了促使股市回暖，日本政府推出了大规模的财政刺激方案，并逐步下调存款利率至 0.5%。因此，日本经济在 1994 年开始回暖，投资者信心逐步恢复。然而 1997 年亚洲金融危机再次重创日本经济，一些银行陷入流动性危机，政府不得不对金融机构大规模注资以保持市场稳定。

1999 年，日本开始实行零利率政策，扩大了货币供给，使金融机构的流动性危机得到缓解，同时，随着 IT 产业的蓬勃发展以及 IT 产品出口的不断增加，日本经济逐步恢复，股市开始反弹。但 2000 年受美国互联网金融泡沫破灭的影响，日本的 IT 产业遭到重创，日本经济再次陷入低谷。

综上所述，日本经济自 1990 年房地产与金融泡沫破灭以来，先后经历两次复苏与衰退，日本 90 年代的平均经济增长率仅为 1.2%，经济长期处于低增长状态。因此，这一时期也被称为日本经济“失去的十年”。

3 广场协议后日本央行的货币政策及其效果

广场协议的签署国家并非只有日本，在广场协议签署之后，联邦德国、英国、法国三国的货币也出现了大幅度的升值，但是却没有像日本一样出现严重的泡沫经济。日本经济泡沫及衰退的原因是多方面的，其中最主要的原因之一是日本央行所施行的不合时宜的货币政策。

为了扩大内需，防止日本经济由于日元升值而进入萧条，日本政府连续降低中央银行贴现率，中央银行对商业银行贴现率水平由 1985 年的 5%下降至 1986 年的 2.5%，如

① 数据来源：wind 日本经济数据库。

表21-1所示。同时，日本政府将基准利率(银行间无担保隔夜拆借利率)也维持在相对较低的水平。这种极其宽松的货币政策一直持续到1989年5月。

表21-1 日本央行连续下调中央银行贴现率①

调整时间	下调幅度
1986年1月	5.0%至4.5%
1986年3月	4.5%至4.0%
1986年4月	4.0%至3.5%
1986年11月	3.5%至3.0%
1987年2月	3.0%至2.5%

在此期间，货币大量流入股票与房地产市场，导致股票与房地产价格急剧上涨。资产价格的持续上涨使投资者盲目乐观，也使更多的资金流入到房地产和金融市场，日本经济出现严重的泡沫。在1985年至1989年4年的时间内，日本股市市值以平均每年50%左右的速度增长。企业通过正常生产所获得的利润率远远低于金融投机的利润率，越来越多的企业将资金投入金融市场，社会投机氛围极其浓厚。

更为严重的是，当日本央行发现经济已经出现泡沫时，采取了严格而迅速的紧缩政策，导致日本经济“硬着陆”。1989年5月，日本央行将贴现率提高至3.25%的水平，结束了2.5%的低贴现率时代(见表21-2)。随后，被誉为日本“反通胀斗士”的三重野康出任日本央行行长，在缺乏对市场全面认识以及对未来经济走向正确判断的情况下，三重野康继续实施紧缩政策，连续调高贴现率至6%。日本央行所实行的货币政策很快刺破了日本经济的泡沫，股票、债券和日元价格在短时间内急剧下降。一年之后，日本央行才意识到紧缩政策过于激进并采取补救措施，但日本经济已经无可挽回地进入了衰退期。

表21-2 日本央行连续上调中央银行贴现率②

调整时间	上调幅度
1989年5月	2.5%至3.25%
1989年10月	3.25%至3.75%
1989年12月	3.75%至4.25%
1990年3月	4.25%至5.25%
1990年8月	5.25%至6.0%

从以上分析可以看出，日本央行的货币政策出现多次失误。那么，究竟是什么原因导致了日本央行采取不合时宜的货币政策？主要原因如下：

由于历史原因，以大藏省③为代表的政府机构对日本中央银行的政策具有较强的影

---

① 数据来源：日本银行统计数据库 www.boj.or.jp。

② 数据来源：日本银行统计数据库 www.boj.or.jp。

③ 大藏省是日本自明治维新后直到2000年期间存在的中央政府财政机关，主管日本财政、金融、税收。2001年1月6日，中央省厅重新编制，大藏省改制为财务省和金融厅。

响力，货币政策缺乏独立性，以致对经济造成了巨大的负面影响。此外，广场协议的签订是为了缓解美国对日本的巨额逆差问题。广场协议之后，美元出现了预期之中的贬值，时任美国财政部长贝尔大受鼓舞，认为找到了解决美国经济问题的正确道路。但日元的升值重创了日本的出口，使日本经济增长放缓，为对冲日元升值的压力，日本央行最终在1986年1月至1987年2月期间内连续5次调低贴现率，采用了过于宽松的货币政策，使日本经济出现严重的泡沫。随后为消除经济泡沫又实行了过于激进的紧缩政策。日本央行这些不合时宜的货币政策最终导致了日本经济"失去的十年"。

案例使用说明

一、关键点

本案例的关键在于理解20世纪"广场协议"签订前的经济背景以及日本经济泡沫产生及破灭的过程，在此基础上，分析广场协议签订后，日本央行货币政策的失误及其原因。教学中的关键点主要包括：

(1) 广场协议签订前日本及美国的经济背景；

(2) 日本经济产生泡沫的过程与原因；

(3) 日本央行货币政策的失误及其原因。

二、知识点

1. 广场协议

1985年9月22日，美国、日本、联邦德国、法国以及英国的财政部部长和中央银行行长在纽约广场饭店举行会议，达成五国政府联合干预外汇市场，使美元对主要货币的汇率有秩序地贬值，以解决美国巨额贸易赤字问题的协议。因协议在广场饭店签署，故该协议又被称为"广场协议"。

2. 财政赤字

财政赤字是指在财政年度内财政支出大于财政收入的差额。我国财政收支是通过国家预算平衡的，财政赤字通常表现为预算执行结果支出大于收入的差额，故亦称预算赤字。

3. 贸易顺差

贸易顺差亦称"贸易出超"，是指一国或地区在一定时期内的出口贸易总额大于进口贸易总额，一般表明一国在对外贸易中处于较为有利的地位。

4. 再贴现率

再贴现率是商业银行或其他金融机构以贴现所获得的未到期票据向中央银行申请再贴现时的预扣利率。再贴现率是中央银行运用货币政策调控信贷规模和货币供给量的一个重要政策工具，也是商业银行获取资金的一种融资方式。

三、启发思考题

(1)"广场协议"签订的历史背景是什么?

(2)日本泡沫经济产生的原因是什么?

(3)"广场协议"签订后,日本央行货币政策的效果如何?

参 考 文 献

[1] 陈建华.广场协议对日本经济的影响[J].中国金融,2014(12):61-63.

[2] 龚健.从"广场协议"谈中日经济发展状况的差异性[J].商业时代,2011(07):70-71.

[3] 黄大慧.从"村山谈话"到"安倍谈话":日本在历史认识上"失去的二十年"[J].现代国际关系,2015(08):8-15,63.

[4] 蓝裕平."广场协议"及其对日本经济的影响[J].国际融资,2018(10):61-66.

[5] 王鹏飞.日本"失去的十年"及对中国经济发展的警示[J].北方经贸,2013(11):128-130.

[6] 徐可,孟牧麟.从日本"失去的二十年"看我国的发展阶段与路径抉择[J].经济界,2018(06):24-31.

[7] 中国人民大学国际货币研究所.IMF:日本中期经济增长会比"失去的十年"更弱[C].2015 年国际货币金融每日综述选编,2015:1697.

[8] 周见.日本经济的回顾与展望[J].世界经济,2001(02):36-37.

[9] 增永,常思纯.广场协议后的日本经济[J].银行家,2008(05):30-32.

与本书配套的二维码资源使用说明

本书部分课程及与纸质教材配套数字资源以二维码链接的形式呈现。利用手机微信扫码成功后提示微信登录，授权后进入注册页面，填写注册信息。按照提示输入手机号码，点击获取手机验证码，稍等片刻收到 4 位数的验证码短信，在提示位置输入验证码成功，再设置密码，选择相应专业，点击"立即注册"，注册成功。（若手机已经注册，则在"注册"页面底部选择"已有账号？立即注册"，进入"账号绑定"页面，直接输入手机号和密码登录。）接着提示输入学习码，需刮开教材封面防伪涂层，输入 13 位学习码（正版图书拥有的一次性使用学习码），输入正确后提示绑定成功，即可查看二维码数字资源。手机第一次登录查看资源成功以后，再次使用二维码资源时，只需在微信端扫码即可登录进入查看。